经世济民

诚信服务

德法兼修

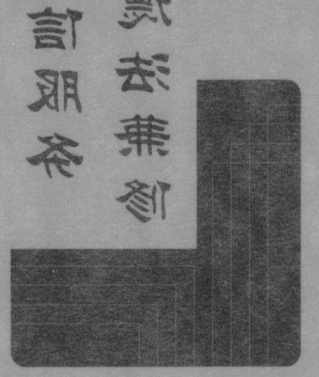

国家职业教育
国际贸易专业教学资源库
Teaching Database in
International Trade

国家职业教育国际贸易专业教学资源库升级改进配套教材

iCVE
智慧职教　高等职业教育在线开放课程新形态一体化教材

进口业务操作

主　编　王纪忠　张　坚

高等教育出版社·北京

内容提要

本书是国家职业教育国际贸易专业教学资源库升级改进配套教材。

本书在进口业务员岗位工作任务和职业能力分析的基础上，依据国家职业教育国际贸易专业教学资源库"进口业务操作"的课程标准，以进口业务员的工作流程为线索，采用工学结合、任务驱动、项目教学的编写模式，紧紧围绕工作任务的需要来选取理论知识，以学生为主体，以培养职业能力为核心目标，强调对各种进口业务操作能力的训练。

本书共分为寻找客户与交易磋商、合同的订立、进口开证与改证、进口货运与保险、进口付汇操作、进口接货及清关操作、进口善后业务操作、进口代理业务操作八个项目。每个项目包括学习目标、项目背景、知识要点、任务处理和能力训练等内容。

本书既可作为高职高专院校和应用型本科院校经济贸易类专业的教材，也可作为相关从业人员的业务参考书及培训用书。

与本书配套的在线开放课程"进口业务操作"，可通过扫描教材封面的二维码，登录"智慧职教"（http://www.icve.com.cn）平台进行在线学习。"进口业务操作"在线开放课程建设了课程标准、微课、动画、视频、图表、案例、习题、实训等类型丰富的数字化教学资源，精选其中具有典型性、实用性的资源在教材中进行了标注，并将优质资源以二维码方式突出，供读者即扫即用。其他资源服务详见"郑重声明"页资源服务提示。

图书在版编目（ＣＩＰ）数据

进口业务操作 / 王纪忠，张坚主编. -- 北京：高等教育出版社，2022.5
ISBN 978-7-04-053557-0

Ⅰ. ①进… Ⅱ. ①王… ②张… Ⅲ. ①进口贸易-贸易实务-高等职业教育-教材 Ⅳ. ①F740.44

中国版本图书馆CIP数据核字(2020)第023712号

进口业务操作
JINKOU YEWU CAOZUO

策划编辑	康 蓉	责任编辑	康 蓉	封面设计	张 志	版式设计	徐艳妮
插图绘制	于 博	责任校对	李大鹏	责任印制	存 怡		

出版发行	高等教育出版社	咨询电话	400-810-0598
社　　址	北京市西城区德外大街4号	网　　址	http://www.hep.edu.cn
邮政编码	100120		http://www.hep.com.cn
印　　刷	鸿博昊天科技有限公司	网上订购	http://www.hepmall.com.cn
开　　本	787 mm×1092 mm　1/16		http://www.hepmall.com
印　　张	16.5		http://www.hepmall.cn
字　　数	330 千字	版　　次	2022 年 5 月第 1 版
插　　页	1	印　　次	2022 年 5 月第 1 次印刷
购书热线	010-58581118	定　　价	42.00 元

本书如有缺页、倒页、脱页等质量问题，请到所购图书销售部门联系调换
版权所有　侵权必究
物 料 号　53557-00

"智慧职教"服务指南 <<<<<<<<<<<<

"智慧职教"是由高等教育出版社建设和运营的职业教育数字教学资源共建共享平台和在线课程教学服务平台，包括职业教育数字化学习中心平台（www.icve.com.cn）、职教云平台（zjy2.icve.com.cn）和云课堂智慧职教App。用户在以下任一平台注册账号，均可登录并使用各个平台。

• 职业教育数字化学习中心平台（www.icve.com.cn）：为学习者提供本教材配套课程及资源的浏览服务。

登录中心平台，在首页搜索框中搜索"进口业务操作"，找到对应作者主持的课程，加入课程参加学习，即可浏览课程资源。

• 职教云（zjy2.icve.com.cn）：帮助任课教师对本教材配套课程进行引用、修改，再发布为个性化课程（SPOC）。

1. 登录职教云，在首页单击"申请教材配套课程服务"按钮，在弹出的申请页面填写相关真实信息，申请开通教材配套课程的调用权限。

2. 开通权限后，单击"新增课程"按钮，根据提示设置要构建的个性化课程的基本信息。

3. 进入个性化课程编辑页面，在"课程设计"中"导入"教材配套课程，并根据教学需要进行修改，再发布为个性化课程。

• 云课堂智慧职教App：帮助任课教师和学生基于新构建的个性化课程开展线上线下混合式、智能化教与学。

1. 在安卓或苹果应用市场，搜索"云课堂智慧职教"App，下载安装。

2. 登录App，任课教师指导学生加入个性化课程，并利用App提供的各类功能，开展课前、课中、课后的教学互动，构建智慧课堂。

"智慧职教"使用帮助及常见问题解答请访问help.icve.com.cn。

请加入国际贸易职教云课程QQ群：329372443，开通职教云教师账号。

国家职业教育国际贸易专业教学资源库配套教材共有6种数字资源标注形式，当教材中出现相应图标时，可在在线开放课程中获取该种类型的资源。

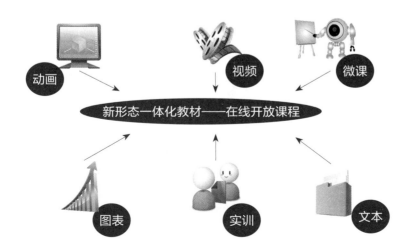

动画　视频　微课

新形态一体化教材——在线开放课程

图表　实训　文本

总序 <<<<<<<<<<<<

随着"一带一路"倡议的深入推进，我国外贸发展必将迎来越来越多的新机遇。2018年以来，中美贸易摩擦愈演愈烈，国际贸易形势错综复杂，给我国外贸发展带来了各种新挑战。面对外贸发展的新机遇和新挑战，应对"关检合一"机构改革和INCOTERMS® 2020行业惯例的新变化，站在《国家职业教育改革实施方案》（简称"职教20条"）发布的职业教育新起点，提高外贸从业人员的素质，培养大批熟悉国际贸易规则的复合型外贸技术技能人才，已成为我国从贸易大国向贸易强国转变的关键。

"国家职业教育国际贸易专业教学资源库"介绍

为顺应外贸发展新趋势和2019年6月发布的《教育部关于职业院校专业人才培养方案制订与实施工作的指导意见》（教职成〔2019〕13号）的新要求，在商务部和全国外经贸职业教育教学指导委员会的指导下，浙江金融职业学院联合天津商务职业学院、安徽国际商务职业学院等20多所全国一流外贸高职院校和浙江五金矿产控股有限公司、浙江成套设备进出口有限公司等20多家外贸龙头企业，共同建设并持续改进国家职业教育国际贸易专业教学资源库项目（简称"国贸资源库"）。国贸资源库于2014年6月获教育部正式立项，2017年6月顺利通过教育部验收，2019年11月立项升级改进。在国贸资源库的12门核心课程中，"外贸单证操作""国际结算操作""国际商务礼仪""外贸英文函电"4门课程先后被认定为国家精品在线开放课程。

本系列教材是国贸资源库的研究成果之一，具有如下4个突出优势：

1. 集中体现国贸资源库的建设成果

国贸资源库以国际贸易专业学习者的职业生涯发展及终身学习需求为依据，按照"一体化设计、结构化课程、颗粒化资源"的建设原则，基于"能学、辅教"的功能定位，构筑专业级资源中心、课程级资源中心、素材级资源中心、用户学习中心和运行管理中心的五层资源库框架，共建共享面向学生、教师、企业在职人员、社会学习者四类用户的国际贸易专业教学资源库，提供专业建设、课程建设、素材建设、资源应用和运行管理的一揽子解决方案。国贸资源库的框架如图1所示。

2. 实现了在线开放课程与新形态一体化教材的"互联网＋"式互动

本系列教材是资源库课程开发成果的重要载体和资源整合应用的实践。实现了在线开放课程与新形态一体化教材的"互联网＋"式互动。学习者使用本系列教材时，扫描封面的二维码，即可进入在线开放课程学习平台，及时、便捷、灵活地使用课程资源；扫描总序边白处的二维码，即可观看国贸资源库介绍视频，了解资源库建设的整体设计思路和全貌；扫描前言边白处的二维码，即可观看该门课程的介绍视频，了解该门课程的设计思路与结构框架；扫描正文边白处的二维码，即可获取与重要知识点、技能点对应的优质数字化教学资源。

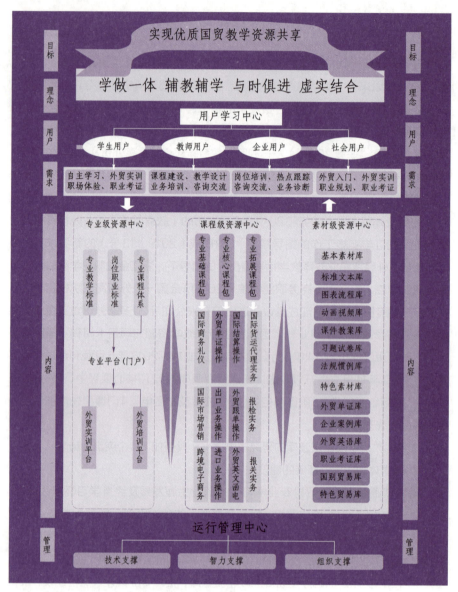

图1　国贸资源库的框架

3. 建设了内容优质、类型丰富、形式新颖的数字化教学资源

国贸资源库的在线开放课程建设，以知识点和技能点为颗粒度，建设了微课、动画、视频、沙画、漫画、图表、课件、习题、实训、案例等类型丰富的高级别数字化教学资源，精选其中具有典型性、实用性的教学资源在新形态一体化教材中进行了标注，并将优质资源以二维码形式标出，即扫即用，推动线上线下混合式教学、翻转课堂等教学改革。

4. 边建边用、以用促建，保持建设的可持续性和应用的广阔性和便捷性

国贸资源库按照"边建边用、以用促建"的方针，保持建设的可持续性、应用的广阔性和便捷性。采用职业教育数字化学习中心、MOOC学院、职教云、云课堂四位一体的智慧职教平台，实现MOOC、SPOC、O2O三种数字化教学功能，既能实现开放共享学习，又能实现信息化教学的深度应用，助力实现智慧课堂。国贸资源库中各门课程都建立了QQ群（见表1），指导教师用户高效应用资源库，促进国际贸易专业教师深入探讨依托资源库的各类教育教学改革与实践。

表1　国贸资源库课程交流QQ群

序号	课程名	QQ群号
1	出口业务操作	54778953
2	进口业务操作	473308557
3	外贸单证操作	571513152
4	外贸跟单操作	159296462
5	报检实务	539401647
6	报关实务	366821897
7	国际货运代理实务	322680209
8	国际结算操作	513045393
9	国际商务礼仪	249235383
10	国际市场营销实务	244098745
11	跨境电子商务	338448359
12	外贸英文函电	201708351

期待国贸资源库成为学生外贸学习的乐园、教师教改创新的平台、企业外贸培训的课堂。期待本系列教材助力全国高职院校应用型外贸人才培养，服务"一带一路"，助推外贸行业转型升级。

国家职业教育国际贸易专业教学资源库建设项目组
2021年9月

"进口业务操作"课程介绍

课程负责人：王纪忠

主 编 简 介

王纪忠，海南经贸职业技术学院三级教授、副院长，海南省对外经济贸易合作研究基地执行主任，海南大学经济与管理学院硕士研究生导师，省级学科带头人、省级教学名师。国家职业教育国际贸易专业教学资源"进口业务操作"课程负责人。讲授的课程主要有：市场营销、财政金融、发展经济学、国际金融、国际贸易、服务营销、消费心理学和管理心理学等。公开发表论文60余篇，主持和参与教科研课题30余项，出版教材20余本。

张坚，海南经贸职业技术学院教务处副处长、副教授、国际商务师。曾任工商管理学院副院长、商务管理专业带头人。国家职业教育国际贸易专业教学资源库"进口业务操作"课程主要参建人。主要讲授国际贸易实务、国际商务综合实训、国际贸易理论与实务等课程。研究方向为国际经济与贸易。主持/参加多项省部级课题，出版教材、专著3本，其中"十二五"职业教育国家规划教材1本，多次获得国家级、省级教学、技能竞赛奖项。

前言 <<<<<<<<<<<<

改革开放以来，经过40多年的努力，中国已经成为世界第二大经济体、货物贸易第一大国、商品消费第二大国。随着综合国力的提升，我国外贸政策也从单纯追求贸易顺差，向追求进出口平衡转变。截至2020年，中国设立了上海、海南等21个自由贸易试验区和粤港澳大湾区，推进建设海南自由贸易港，支持深圳建设中国特色社会主义先行示范区，每年举办中国国际进口博览会。随着中国对外开放的大门越开越大，国内营商环境持续优化，更高水平的跨境贸易便利化措施持续推进实行，中国进口贸易获得显著发展。中国庞大的消费需求为世界各国提供庞大市场。

在这样的时代背景下，培养符合时代新需求的进口业务人才就显得重要而紧迫。本书在国家职业教育国际贸易专业教学资源库"进口业务操作"课程的建设基础上，认真梳理了进口业务操作流程，提炼了进口业务员从业能力与要求，以进口业务员工作过程为线索，充分体现工学结合、任务驱动、项目教学的教学模式，注重学生主体地位、加强培养职业能力、强调对进口业务素质的培养和对操作能力的训练，以实现培养新时期合格进口业务人才的目标。

本书实现了在线开放课程与新形态一体化教材的"互联网＋"互动。与本书配套的在线开放课程建设了微课、动画、视频、课件、习题等类型丰富的数字化教学资源。为了紧贴外贸业务实际，本书中的图片、合同、单证等均仿照真实文件的外观样式。但涉及的原交易当事人、交易内容等关键信息均已隐去，换之以化名公司机构名称、地址、交易内容等。所述内容如与真实生活中的人物、组织或事件雷同，实属巧合。

本书由海南经贸职业技术学院王纪忠、张坚担任主编，由张坚、陈广对全书进行统稿。具体编写分工为：王纪忠编写绪论，覃娜编写业务一，吴爽编写业务二，陈广编写业务三，王明严编写业务四，陈广、张梅英编写业务五，周健编写业务六，陈丽云编写业务七，张坚编写业务八。

本书的编写还得到了江西财经职业学院李辉、山东外贸职业学院程炜杰等同行专家的指导和帮助，在此一并表示衷心感谢。

由于编写时间紧、任务重，书中难免存在疏漏和错误之处，恳请广大读者批评指正，使其日臻完善。

编　者

2021年12月

目录 <<<<<<<<<<<<

绪论

一、进口业务

进口业务是指将境外市场购买的商品用于本企业的生产或在本国市场进行销售。进口业务可分为自营进口业务和代理进口业务。自营进口业务是指外贸企业自己经营进口业务，进口商品用于本企业生产或在本国市场销售获取进口商品的对外成交价和对内购货企业结算价之间的差价利润。代理进口业务是指外贸企业接受国内购货企业的委托，利用自己的进口经营资格和进口业务优势代理国内购货企业对外购买货物、签约、运输、保险、报关报检、结算等进口相关业务，并收取进口代理费用。外贸企业与国内购货企业是委托代理关系，国内购货企业是委托人，外贸企业是代理人。

二、进口业务员的含义和岗位要求

进口业务员是指在进口业务中，从事寻找客户、贸易磋商、签订合同、组织履约、处理争议等进口业务全过程操作和管理的综合性外贸从业人员。

合格的进口业务员需达到以下职业素质、职业能力和专业知识三方面的岗位要求。

（一）进口业务员的职业素质要求

进口业务员应具备以下职业素质：

1. 开拓精神

在进口工作中，进口业务员要积极进取，不断开拓新市场。

2. 责任意识

在进口工作中，进口业务员要一丝不苟，做好每一个环节。

3. 团队精神

在进口工作中，进口业务员要以大局为重，与同事精诚合作。

4. 敬业精神

在进口工作中，进口业务员要吃苦耐劳，热爱进口业务岗位。

5. 诚信品质

在进口工作中，进口业务员对待客户，要做到诚实与守信。

（二）进口业务员的职业能力要求

进口业务员应具备以下职业能力：

1. 市场营销能力

进口业务员要能借助各种渠道收集和捕捉市场信息，及时掌握市场变化和需求动态；能运用收集整理的市场信息资料，分析市场行情动态和客户需求状况，撰写进口可行性调研报告，提出营销方案。

2. 商务谈判能力

进口业务员要能敏锐洞察谈判对方的心理，具备高度预见能力和较强的应变能力；能熟练运用各种谈判技巧，用外语进行进口业务谈判，并能最终达成双赢的贸易协议。

3. 函电处理能力

进口业务员要能用外语准确地撰写建立业务关系、询盘、发盘、还盘、接受、改证、装船指示、索赔等业务处理函电。

4. 业务操作能力

进口业务员要能快速准确地进行进口成本核算；能科学合理地签订内外贸合同；能办理开证和改证业务；能及时安排出运、报关报检和投保业务；能办理内外货款结算；能处理各种进口争议。

5. 综合管理能力

进口业务员要能有效地进行各项风险管理；能合理地进行进口融资管理；能成功地进行客户的开发和维护管理；能系统全面地进行整个进口业务操作管理。

6. 政策理解能力

进口业务员能够迅速掌握进口关税、征免税等最新进口相关政策，能完全理解政策的精神，并能依据政策准确地办理相关环节业务。

（三）进口业务员的专业知识要求

进口业务员应熟悉以下专业知识：

1. 商品基础知识

进口业务员应了解商品基本理论，熟悉进口商品的性能、品质、规格、标准、包装、用途、生产工艺和原材料等知识。

2. 外贸基础知识

进口业务员应熟悉进口业务流程，掌握价格术语、支付方式、运输、保险、检验、索赔、仲裁、不可抗力等外贸基础知识。

3. 进口业务知识

进口业务员掌握进口磋商谈判、签订内外贸合同、开证改证、订舱投保、报关报检、货款结算、付汇核销、争议解决等进口业务知识。

4. 国际贸易惯例

进口业务员应掌握《国际贸易术语解释通则2020》（INCOTERMS2020）、《跟单信用证统一惯例》（UCP600）和《托收统一规则》（URC522）等国际贸易惯例。

5. 外贸法律法规政策

进口业务员应熟悉《联合国国际货物销售合同公约》（简称《公约》）、

《中华人民共和国专利法》《中华人民共和国商标法》《中华人民共和国对外贸易法》《中华人民共和国民法典》《中华人民共和国海关法》《中华人民共和国进出口关税条例》《中华人民共和国进出口商品检验法》《中华人民共和国进出口货物原产地条例》等外贸法律法规政策。

6. 国际经贸地理

进口业务员应熟悉各出口国家或地区的政治、经济、文化、宗教、地理、风土人情、消费水平，以及有关出口国家（地区）的法律法规和规定。

三、进口业务员的工作任务

为了尽可能全面阐述进口业务员可能面临的工作任务，下面介绍FOB术语条件下自营进口业务中进口业务员的工作任务，然后补充说明代理进口业务时进口业务员工作任务的不同之处。

（一）自营进口业务中的工作任务

1. 市场调研

进口业务员通过有效途径收集产品信息、国际市场与国内市场信息、国内外客户信息，分析进口商机的可行性，书写可行性调研报告。

2. 进口磋商

进口磋商工作包括询盘、发盘、还盘、接受四个工作任务。一般情况下，是由进口商先向出口商进行询盘。

3. 进口签约

当进口商与出口商就进口达成协议后，双方签订进口合同。同时，进口商与国内购货企业签订国内销售合同。

4. 办理进口批件

在进口业务中，进口业务员往往需要向商务部、海关等有关部门办理自动进口许可证、免税证明等进口批件。

5. 开证和改证

在L/C结算方式下，进口业务员要按进口合同规定的开证时间向银行办理开证申请，开证申请时须向银行提交开证申请书、进口合同副本和其他规定文件等。当进口商或出口商需要修改信用证条款时，进口业务员需向开证行办理改证手续。

在前T/T结算方式下，进口业务员需要通过银行向出口商电汇合同规定的预付款；在后T/T、D/P和D/A结算方式下，办理进口批件后直接进入租船订舱工作。

6. 订舱和投保

根据出口商备货情况通知，进口业务员自己或指示外贸单证员通过货代公司向船公司办理租船、订舱等托运工作。配舱成功后，向出口商发装船指示，让出口商准备发货。在CFR和CIF术语下，无租船订舱工作任务。

进口业务员可在装运前与保险公司签订进口货物预约保单，待收到出口商装运通知后，向保险公司正式投保；或在收到出口商装运通知后，向保险公司办理投保手续。保险公司同意承保后，签发保险单据。在CIF术语下，无投保工作任务。

7. 对外付款

在L/C结算方式下，出口业务员审单无误后，向开证行付款赎单；在前T/T结算方式下，收到进口商寄单；在后T/T结算方式下，收到出口商寄单后付款；在D/P或D/A结算方式下，向代收行付款或承兑后取单。

8. 接货

进口业务员接到到货通知后，凭付款换取的正本提单或副本提单加换单保函或凭"电放保函"至船代处换取提货单。

9. 清关

对于法定检验商品，必须在规定的期限内向海关提交入境货物报检单和其他随附单据办理进口报检。检验通过后，海关在报关单上盖"已接受登记"章后，进口商凭进口货物报关单和随附单据向海关办理报关手续。海关查验通过后，进口商向海关缴纳相关进口税费，海关放行，进口商提取货物。

10. 争议与索赔

在发生合同违约、货物遇险等意外事件时，进口业务员需处理争议与索赔工作。

11. 资料归档

进口业务结束后，进口业务员需把单证、信用证、合同等资料归档。

（二）代理进口业务中的工作任务

与自营进口业务相比，代理进口业务中，进口业务员工作任务的不同之处在于：若委托人自己对外磋商并签订进口合同，则进口业务员减少了签订进口合同及之前的工作任务，增加了签订委托代理进口协议、开证前向委托人收取保证金等工作任务。若委托人自己不便与外商直接对接进行进口磋商，签订进口合同，则增加了签订委托代理进口协议、开证前向委托人收取保证金等工作环节。

项目一 寻找客户与交易磋商

【学习目标】

知识目标:

- 了解熟悉产品的途径
- 掌握了解市场的方法
- 熟悉寻找客户的途径
- 掌握进口价格核算的原理与步骤
- 掌握询盘函和还盘函的格式要求和基本内容
- 掌握发盘的构成要件
- 熟悉询盘和还盘的基本含义

技能目标:

- 能利用多种途径熟悉产品
- 能通过各种途径了解市场
- 能运用各种途径寻找客户
- 能书写询盘函和还盘函
- 能核算进口价格、进口费用和进口利润
- 能进行还价核算

素养目标:

- 具备严谨进口磋商核算的责任意识
- 具备合作共赢的全球贸易共同体意识

项目背景

小符是海南海易商贸有限公司（简称"海易公司"）的业务经理。海易公司成立于1986年，是海南岛内一家专营食品、饮料、酒水批发、零售的型商贸流通类企业。公司成立30余年来专注并精耕于海南市场，建成并拥有岛内最大的零售分销网络，代理国内外逾万种品牌的商品，拥有岛内最完善的销售及售后服务系统。随着人们生活水平的不断提高，饮酒文化也发生变化，少饮酒、饮好酒、健康饮酒的观念深入人心。葡萄酒以其低酒精度，可以降低胆固醇、降低血液中的蛋白质浓度等特有功效，为广大消费者所接受。随之而来的是国内葡萄酒消费热潮的兴起。海易公司看准了市场环境，想利用自身成熟的分销体系在海南市场上引入原装进口葡萄酒。小符被委派全权负责海易公司的该项目。经过多方比较，小符将首批进口产品锁定为澳大利亚原产的葡萄酒。但海易公司自身并不具备进出口资质，也没有该类产品的进口经验。为此，海易公司选择了广东普华国际贸易有限公司（简称"普华公司"）作为自己的进口经销商，欲从澳大利亚进口一批葡萄酒。

普华公司是一家位于广东省广州市的专业进出口代理公司，拥有近300名进出口人才，服务网络覆盖全国九大网点，旗下拥有贸易公司、报关公司、物流公司等，专注于进口代理、进口海运代理、进口清关、进口仓储、进口商务采购等业务。公司本着差异化服务运营的宗旨，主打机械生产线的国际搬迁进口，原木进口，化工耗材原料进口，食品、饮料及酒水采购进口等七大类商品进口业务，能为客户提供从进口采购、租船订舱到通关等服务的进口业务全套解决方案。

普华公司经过比较、甄别，最终选择了历史悠久的澳大利亚革富酒业股份有限公司（简称"革富行"）的产品，革富行是澳大利亚历史最悠久的酒庄之一，也是最大的葡萄酒庄，被人们看作澳大利亚红酒的象征，被称为澳大利亚葡萄酒业的贵族。在澳大利亚，革富行是一个无人不知、无人不晓的品牌。

进口商普华公司与出口商革富行针对本次进口产品的品质、价格、支付、包装、运输等主要交易条件展开了全方位的磋商。

1. 海易公司的基本信息

中文全称：海南海易商贸有限公司

中文简称：海易公司

法定代表人：陈易海

业务联系人：小符

中文地址：海南省海口市流芳路10号

中文联系方式：

电话：+0086-898-65915800

传真：+0086-898-65913200

电邮：Hi Yeah@126.com

邮编：571127

英文全称：Hainan Hi Yeah Trading Company Limited

英文简称：Hi Yeah Co., LTD.

英文缩写：HYC

英文地址：10 Liufang Road, Haikou City, Hainan Province

英文联系方式：

Tel：+0086-898-65915800

Fax：+0086-898-65913200

E-mail: Hi Yeah@126.com

Postal Code：571127

2. 普华公司的基本信息

中文全称：广东普华国际贸易有限公司

中文简称：普华公司

法定代表人：黎普华

业务联系人：小赵

中文地址：广东省广州市北京路220号

中文联系方式：

电话：+0086-20-87654321

传真：+0086-20-87654321

电邮：Puhua@126.com

邮编：510000

主页：www.Puhua.com

英文全称：Puhua International Trade Co., Ltd. of Guangdong

英文简称：Puhua Co., LTD.

英文缩写：PHC

英文地址；220 Beijing Road, Guangzhou City, Guangdong Province

英文联系方式：

Tel: +0086-20-87654321

Fax: +0086-20-87654321

E-mail: Puhua@126.com

Postal Code：510000

URL：www.Puhua.com

3. 革富行的基本信息

中文全称：澳大利亚革富酒业股份有限公司

中文简称：革富行

法定代表人：Matthew Daniel Smith

业务联系人：Joshua Hwang

中文地址：维多利亚州南墨尔本阿尔博特街1701号

中文联系方式：

电话：+00613-87654321

传真：+00613-87654321

电邮：Genfolds@126.com

主页：www.genfolds winery.com

英文全称：Australian Genfolds Winery Company Limited

英文简称：Genfolds Co., LTD.

英文缩写：GCT

英文地址：1701 Albert Road, South Melbourne, Victoria

英文联系方式：

Tel：+00613-87654321

Fax：+00613-87654321

E-mail：Genfolds@126.com

URL：www.genfolds winery.com

任 务分解

作为海易公司的业务经理的小符，要想完成上述红酒的进口业务，需完成以下任务：

任务1　熟悉产品

任务2　了解市场

任务3　开发客户

任务4　交易磋商

任务完成 <<<<<<<<<<<<<<<<<<<<<<<<<<<<<<<<<<<<<<<<<<<<<<<<<<<<<<<<<

任务1 熟悉产品

一、了解产品背景

小符经过调研发现，葡萄酒有新、旧世界之分。旧世界以法国、意大利为代表，还包括西班牙、葡萄牙、德国、奥地利、匈牙利等欧洲国家。旧世界葡萄酒注重个性，通常种植为数众多、各种各样的葡萄。在葡萄园管理方面主要依赖人工，并严格限制葡萄产量来保证葡萄酒的质量。新世界以美国、澳大利亚为代表，还有南非、智利、阿根廷、新西兰等，基本上属于欧洲扩张时期的原殖民地国家，这些国家生产的葡萄酒被称为新世界葡萄酒。新世界葡萄酒更崇尚技术，多倾向于工业化生产，在企业规模、资本、技术和市场上都有较大优势。

（一）按照种类分类

按照种类分类，葡萄酒可分为以下7种：

（1）红葡萄酒（Red Wine）。

（2）白葡萄酒（White Wine）。

（3）葡萄汽酒（Sparking Wine）。

（4）加强葡萄酒（Fortified Wine）。

（5）加香料葡萄酒（Aromatized Wine）。

（6）玫瑰红酒（Rose Wine）。

（7）蒸馏酒（Distilled Wine）。

（二）按照产地分类

进军中国市场的国外葡萄酒产品主要来自法国、西班牙、意大利、德国、美国、智利、阿根廷、澳大利亚、新西兰、南非等国家。法国的葡萄酒源远流长，其品质得到世界各地的认可，得到消费者的赞誉。澳大利亚、意大利、德国、美国等国的葡萄酒在消费者心目中普遍具有良好的国家品牌形象。

这些进口葡萄酒的质量等级已有法律依据作为保障，在质量口感方面都有所保证，而且在各个国家区分等级。以法国为例：

（1）法定产区葡萄酒，简称AOC，是法国葡萄酒最高级别的酒。波尔多高级干红、斐兰德酒庄为此等级酒。

（2）优良地区餐酒，简称VDQS，是普通地区餐酒向AOC级别过渡所必须经历的级别。

（3）地区餐酒，简称VIN DE PAYS，日常餐酒中最好的酒被升级为地区餐酒。解百纳高级干红、霞多丽高级干白、至尊珍藏解百纳高级干红为此等级酒。

（4）日常餐酒，简称 VIN DE TABLE，是最低档的葡萄酒，作日常饮用。

目前市场上销售的进口红酒，一般都是法定产区酒和酒庄酒，质量都有所保证。但是产地不同也造成了口感的差异，因而价格参差不齐，其国内售价从几十元到几百元甚至千元不等。据调查，在一般的超市或者卖场，一瓶750 ml 的法国法定产区红酒的价格为 200 元左右。

二、澳大利亚进口红酒常识

澳大利亚进口红酒是产自澳大利亚的红酒，属于新世界葡萄酒，主要有四大产区，分别是南澳产区、新南威尔士产区、维多利亚（包括塔斯马尼亚岛）产区、西澳产区，其产量比依次为 8∶4∶2∶1。四大产区的葡萄酒各有特色，质量均堪称世界一流水平。作为新兴移民国家，与旧世界的葡萄酒产国相比，澳大利亚葡萄酒的酿制方式与众不同，除了严格遵循传统酿酒方式外，还采用先进的酿造工艺和现代化的酿酒设备，加上澳大利亚优越的气候条件，每年出产的葡萄酒品质都相对稳定。

澳大利亚葡萄酒以其优良的品质和合理的价格受到了世界各地众多消费者的喜爱。

澳大利亚各地不断筛选各种优质葡萄，以保证葡萄生长在最合适的环境中。澳大利亚主要葡萄产区及其特点如下：

1. 阿德莱德（Adelaide）

这是澳大利亚葡萄种植及酒的起源地，酒王葛兰许（Grange）在此诞生。20 世纪中期以后，因阿德莱德的城市扩展，这个葡萄园缩减至目前的 5 公顷，主要种植西拉子葡萄并出产量小但精致的高端革富葡萄酒。它是澳大利亚酿制奢华收藏级葡萄酒的主要原料。

2. 麦拿伦谷（McLaren Vale）

麦拿伦谷紧邻阿德莱德产区。这里的地中海气候导致常年气温不高，昼夜温差不大，主要种植歌海娜、赤霞珠、梅洛和长相思。

3. 巴罗萨谷（Barossa Valley）

这是现在澳大利亚葡萄的主产区之一。因为稳定的气候和充足的热量使这里酿造的葡萄酒有着深邃的颜色、多变的果香气息和良好的陈年能力，主要种植西拉子和赤霞珠葡萄。这是高端葛兰许酒的主产区。葛兰许（Grange）是澳大利亚历史最悠久、品质最上乘的葡萄酒产品。现在葛兰许已从最初的阿德莱德产区移至巴罗萨谷产区，这里有着最出色的西拉子。葛兰许代表了澳大利亚葡萄酒的传统酿酒技术，一切澳大利亚葡萄酒的特点都能从其身上找到。

4. 克莱尔谷（Clare Valley）

这里常年有着凉爽的海风和低温的夜晚，适合种植喜寒性葡萄，革富主要在此区种植白葡萄雷司令和霞多丽。

5. 古纳华拉谷（Coonawarra）

这是澳大利亚另一个葡萄主产区。古纳华拉谷特有的红土壤能够使葡萄藤有着更少的枝叶和更浓郁的果实，这里的赤霞珠闻名于全澳大利亚。在此种植的赤霞珠有着丰富浓郁的果香和扎实的酒体，非常适合陈年。这里的西拉子和霞多丽的产量占据整个澳大利亚的一半以上，部分葡萄园采用人工采摘，这些葡萄通常多用于高端产品，例如GIN 407、GIN 707、Grange等，而其他商业化气息较浓的系列则采用半机械采摘。

部分澳大利亚红酒的国内市场价格信息如表1-1所示。

表1-1　部分澳大利亚红酒的国内市场价格信息

年份	酒名称	品种	产地	国内零售价/元
2013	GIN 407	赤霞珠	古纳华拉谷	98
2012	GIN 407	赤霞珠	古纳华拉谷	138
2011	GIN 407	赤霞珠	古纳华拉谷	188
2013	GIN 707	赤霞珠	巴罗萨谷	568
2012	GIN 707	赤霞珠	巴罗萨谷	889
2011	GIN 707	赤霞珠	巴罗萨谷	1 688
2009	GIN 707	赤霞珠	巴罗萨谷	3 700
2013	Grange	西拉子	巴罗萨谷	3 800
2010	Grange	西拉子	巴罗萨谷	6 800

任务2　了解市场

调研中，小符发现中国葡萄酒市场近几年一直以15%左右的速度增长。自2019年1月1日起，澳大利亚葡萄酒正式进入中国免关税时代。近两年，中国人对葡萄酒的认识逐渐加深，并养成了消费葡萄酒的习惯，因此对葡萄酒的需求越来越多，中国葡萄酒市场大有可为。

中澳自贸区的设立，澳大利亚进口葡萄酒关税的减免必然会对中低价位（300元以下）的进口葡萄酒产生冲击。至于高价位（300元以上）的葡萄酒，澳大利亚葡萄酒在这个时间节点降低关税，并不会对在这个价位段占据优势的法国葡萄酒产生太多影响。澳大利亚酒庄和酒厂往往集生产、营销于一体，和过去的酒庄相比，更有规模优势。从距离来看，澳大利亚与中国的距离比法国近，船最快两周就能将进口葡萄酒运到中国。

进口葡萄酒的优势在于：第一，葡萄酒文化是外来文化，消费者潜意识中认为进口葡萄酒更正宗；第二，相对国产葡萄酒品类的单一，进口葡萄酒代理商一般掌握了几百种不同国家、不同风格的葡萄酒，消费者选择空间大。

一、海易公司引进中高端进口红酒的战略意义

（一）提升公司品牌形象

公司目前经营的高端酒主要集中在茅台、五粮液、剑南春等白酒品牌上，红酒除了国人熟知的长城、张裕、王朝这三大国酒品牌，公司缺乏知名的高档进口红酒来提升公司品牌形象。

（二）丰富公司的酒文化

作为酒类行业的领军公司，丰富的酒文化是必不可少的，而海易公司在白酒、红酒等领域的酒文化都有一定的影响力。此次引进高档进口红酒，可以进一步体现公司的酒文化。

（三）良好的市场前景

重要葡萄酒产国都在抢滩登陆中国市场，把中国市场作为未来最有发展潜力的战略阵地。法国两大葡萄酒产区之一的波尔多就将中国内地列为除欧盟外的第一大葡萄酒出口市场。

（四）丰厚的收益

葡萄酒的收藏与投资在国外已经有300多年的历史，它以稳定的投资回报率及投资与爱好于一体的特性越来越受到投资者的追捧。真正具有投资价值的"酒庄酒"在业界被称为投资级葡萄酒。一瓶年份较大的拉菲酒售价最便宜也要10 000元左右，销售一瓶拉菲酒所获得的利润是销售一瓶普通红酒的几十倍。

二、海南高档进口红酒专卖调查及分析

（一）高档进口红酒的主要销售渠道

高档进口红酒由于价格因素，很难在以中低消费者为主流的中小型商超、餐饮市场上与国产酒拼抢，夜场由于加价率普遍在100%~150%，对高价位酒是个很大的限制。因此，专卖店、会员制、大卖场、高级酒店，以及供应商与经销商底价操作等常规形式仍是高档进口红酒现阶段的主要销售渠道。

（二）高档进口红酒的主要消费群体

第一类消费群体是懂酒群体。他们知识渊博、收入高，并且懂得红酒品质的真正品鉴。这类消费者消费的是品质、文化，占葡萄酒消费总人数的15%左右。这类消费者由于个体对葡萄酒的浓厚兴趣，通过不断学习、品鉴，慢慢积累过渡成为葡萄酒发烧友，进而形成专业群体。

第二类消费群体则有着独特的消费需求背景，并且已经形成较固定的消

费人群和消费认同。如高档餐饮消费人群在业务招待及商务中的用酒。这类消费者重品牌和广告效应，占葡萄酒消费总人数的50%左右。

第三类是新兴成长型消费群体。这是个动态发展，可以捕捉并引导的群体。新兴成长型消费群体主要是社会白领新贵一族。他们年轻、高知、高收入，喜欢交际，追求时尚，享受并注重生活品质，受广告和时尚元素影响较大。他们占葡萄酒消费总人数的25%左右。

第四类消费群体是中老年保健群体。中老年人注重自身保健和健康。他们看重价格因素，注重产品的保健宣传，占葡萄酒消费总人数的10%左右。

（三）中高档进口红酒销售情况分析

1. 每个洋酒行都有自己独家垄断代理的产品

法国仅波尔多这一个产区就包含了61家列级酒庄（分五级），以及上千家不知名的小酒庄，所以海南市场目前红酒销售方面品牌杂乱，每个酒行都有自己独家代理的产品，这些酒的共性是：全部来自波尔多、勃艮第等法国知名产区，而且都是法定产区AOC级别的酒。产品只要有卖点，再加上酒行自身的宣传包装及推销，市场前景广阔。

2. 每个洋酒行都会引进名庄酒来充门面

法国的五大名庄即拉菲、拉图、木桐、玛歌、奥比昂被人们熟知，尽管价格昂贵，但还是被一些红酒收藏家或者高消费群体青睐。法国名庄酒从来不设代理商，这些酒行都会从富隆酒业、建发酒业、ASC（圣皮尔）、美夏国际贸易、凯普（上海）商贸、福建酩汇等知名红酒经销商引进少许的名庄酒来收藏或销售。

3. 每个洋酒行都有来自世界不同国家的红酒

多国家、多品牌、多品种的红酒更有利于适应市场需求，带动人们对红酒的消费。

不同国家的酒针对的消费人群也不同，论品质，法国是世界第一大葡萄酒生产国和出口国，法国酒中名牌较多；论数量，意大利酒占据霸主地位，因为官方容许的每亩①地葡萄产量可以很高，葡萄汁浓度可以相应降低；与意大利相反，德国的白葡萄酒和冰酒更加著名。

旧世界红酒一般指欧洲（尤其是法国和意大利以及德国、西班牙）出产的红酒，以传统家族经营模式为主，规模相对较小，比较注重传统酿造工艺，以优雅型为主，较为注重多种葡萄的混合与平衡，在国际市场上价格略贵。

新世界红酒是指澳大利亚、智利、南非、美国、新西兰等国家出产的红酒，注重科技与管理，葡萄种植的规模都比较大。该类红酒以果香型及突出

---

① 亩为非法定面积计量单位。

单一葡萄品种风味为主，产品的性价比相对较高。

任务3 开发客户

海易公司看准了市场环境，想利用其自身成熟的分销体系，在海南市场上引入原装进口葡萄酒。经过多方比较，将首批进口产品锁定于澳大利亚原产的葡萄酒。但海易公司自身并不具备进出口资质，也没有该类产品的进口经验。为此，海易公司选择了普华公司作为进口商，进口本批次葡萄酒。

普华公司作为国内领先的葡萄酒供应链服务商，整合各方资源，从现有的合作伙伴中筛选出部分优质的供应商，为客户和国外供应商之间建立桥梁，提供寻找产品、安排物流、代办进口手续、协助制作宣传册等一站式供应链服务。让客户拥有自己命名的个性化品牌、独立的销售网络，降低同类产品的竞争风险，并且最大限度地控制成本，提高核心竞争力。经过多方比较，决定选择澳大利亚革富行的红酒作为进口货源。

任务4 交易磋商

经过磋商，海易公司通过普华公司进口革富行的红酒，并签订了进口代理委托书。普华公司业务员小赵向革富行的业务联系人Joshua Hwang发送询盘建立业务联系。

一、书写询盘函

电子邮件与普通信件相比，格式更为随意、简单，一般包括邮件头、尊称、正文、结尾套语和签署五部分内容，对于关系很好的老客户，有时也省略结尾套语。有的企业规定用Word、PDF等程序制作信函，以附件的形式附加在电子邮件中。

（一）邮件头

邮件头一般包括发件人邮箱地址（Fm）、收件人邮箱地址（To）、抄送（Cc）、密件抄送（Bcc）、发信时间（Time）、主题（Subject）、优先级（Priority）、附件（Attach）等栏目。其中，发件人邮箱地址和发信时间无须输入，邮件系统会自动生成。在实务中，一般情况下只填写收件人邮箱地址和主题。若有图片、技术资料等可通过附件发送。在给客户发送询盘、发盘和还盘等重要函电时，不适宜采用抄送、密件抄送方式发给其他客户，否则会使收件人对发件人产生不良印象。优先级栏目较少使用。

收件人：	Genfolds@126.com
主　题：	Enquiry on bottled red wine
附　件：	

（二）尊称

如果知道收信人姓名，男性可用Mr.称呼，未婚女性用Miss称呼，已婚女性用Ms.称呼；如果不知道收信人姓名，尊称可用Dear Sirs，Dear Sir or Madam，Gentlemen等。对于一些关系很好的老客户，可以采用比较亲切的问候语，如Hi，Andy。

（三）正文

正文是电子邮件的主体，常采用每段顶格书写、段落之间空一行的格式。

（1）由于普华公司以前从未与革富行交往，因此询盘函应首先告诉对方自己是如何知道其信息的，并表达建立业务关系的愿望，即We have obtained your relative information by ×××, you are one of the leading exporters of bottled red wine in Australia. We avail ourselves of this opportunity to write to you and see if we can establish business relationship with you.

（2）简要自我介绍。我公司是中国进口食品、饮料及酒水等商品的专业公司，即We are one of Chinese professional importers of foodstuff, beverage and wine.

（3）要求对方就赤霞珠和西拉子两个品种的瓶装葡萄酒按美元/瓶FOB澳大利亚主要港口进行报价，并提供包装、起订量和交货期等详细信息，即Now we are keenly interested in your bottled red wine of Cabernet Sauvignon and Syrah, and shall be glad if you could send us details of your price in USD/bottle on FOB Australian main port, packing, minimum order quantity, delivery period, etc. 不让对方在报价时知道我们的实际进口数量，是为今后的磋商留有余地。

（4）要求对方通过DHL把每个品种各两件样品快递给我公司，快递费用由我公司承担，我公司的DHL协议号是966 353 128，即Meanwhile, please forward two samples each of the above items irrespectively by DHL as soon as possible. We will pay the courier charge via DHL No. 966 353 128.

（5）表达成交的诚意，如If the sample tests well, and your price is reasonable, we'd certainly be able to place the order.

（四）结尾套语

结尾套语紧贴正文书写，并加逗号。常见的表述方式有Yours faithfully，Yours sincerely，Yours truly等。

（五）签署

外贸电子邮件的签署一般包括写信人的姓名，头衔（若有），公司名称、地址、联系电话、传真和电子邮件。

Zhao Peng

Puhua International Trade Co., Ltd. of Guangdong

220 Beijing Road, Guangzhou, Guangdong, China

Tel: +0086−20−87654321

Fax: +0086−20−87654321

E-mail: Puhua@126.com

　　最后，检查书写的询盘函的内容正确无误后，发送电子邮件给革富行联系人 Joshua Hwang。为了加强业务函电管理，在发电子邮件的同时保存所发电子邮件的内容。

发件人：Puhua@126.com

收件人：Genfolds@126.com

日　期：2020−12−04　　09: 50: 12

主　题：Enquiry on bottled red wine

附　件：

Dear Mr. Hwang,

We have obtained your relative information by ×××, you are one of the leading exporters of bottled wine in Australia. We avail ourselves of this opportunity to write to you and see if we can establish business relationship with you.

We are one of Chinese professional importers of foodstuff, beverage and wine. Now we are keenly interested in your bottled wine of Cabernet Sauvignon and Syrah, and shall be glad if you could send us details of your price in USD/bottle on FOB Australian main port, packing, minimum order quantity, delivery period, etc.

Meanwhile, please forward two samples each of the above items irrespectively by DHL as soon as possible. We will pay the courier charge via DHL No. 966 353 128. If the sample tests well, and your price is reasonable, we'd certainly be able to place the order.

We anticipate your early reply.

Yours sincerely,

Zhao Peng

Puhua International Trade Co., Ltd. of Guangdong

220 Beijing Road, Guangzhou, Guangdong, China

Tel: +0086−20−87654321

Fax: +0086−20−87654321

E-mail: Puhua@126.com

二、书写发盘函

2020年12月6日，普华公司外贸业务员小赵收到了革富行的业务联系人 Joshua Hwang 的发盘电子邮件。

微课：交易
磋商发盘

| 发件人：Genfolds@126.com |
| 收件人：Puhua@126.com |
| 日　期：2020-12-6　　10：12：56 |
| 主　题：Offer on bottled red wine |
| 附　件：Picture of goods： |

Dear Mr. Zhao，

Thanks for your inquiry on Dec. 4, 2020. Our offer is as follows:

Description of Goods	Unit Price	Minimum Order Quantity
Australian Sauvignon Wine	FOB Melbourne, Australia	
GIN 407 2013	USD9.20/bottle	
GIN 407 2012	USD11.70/bottle	
GIN 407 2011	USD15.20/bottle	
GIN 707 2013	USD48.50/bottle	
GIN 707 2012	USD78.00/bottle	
GIN 707 2011	USD105.50/bottle	
GIN 707 2009	USD325.00/bottle	
Australian Shiraz Wine	FOB Melbourne, Australia	
Grange 2013	USD268.00/bottle	
Grange 2010	USD523.00/bottle	

Packing: Imported from Australia with original package.

Payment: 50% of the total amount by T/T in advance, 50% of the contract value by L/C at sight.

Delivery Period: from 2021-04-16 to 2021-05-15

This offer is valid subject to your reply here before Dec. 13, 2020, our time.

Meanwhile, we have forwarded samples of the above items irrespectively by DHL on Dec. 6, 2020. The sample is free of charge. If necessary, we can remake the sample to meet your demand.

Awaiting your early reply.

Yours truly,

Joshua Hwang

Sales Manager

续表

Australian Genfolds Winery Company Limited

1701 Albert Road, South Melbourne, Victoria

Tel: +00613–87654321

Fax: +00613–87654321

E-mail: Genfolds@126.com

外贸业务员小赵的任务是，结合海易公司的意向订单，查询进口关税率和增值税率及消费税，并根据以下信息对澳大利亚革富行的报价核算进口利润率（以国内销售价格为基础）。

（1）按照以前进口的经验统计，除了进口关税、增值税、消费税之外的其他进口费用，每瓶按国内销售价格的10%计算。

（2）考虑在该业务中，国外运费和国外保费在价格中所占的比重很小，因此计算过程忽略不计。

（3）在还价核算过程中，保留小数点后4位。

（一）核算前的准备工作

（1）通过查询中国海关报关实用手册，该葡萄酒（小包装的鲜葡萄酿造的酒）的H.S.CODE是2204210000；监管证件代码是AB，即进出口报关时需进行检验申报。由于中澳自贸协定的实施，2015年12月20日，自贸协定生效并首次对从澳大利亚进口的整瓶葡萄酒开始降税。2016年1月1日及2017年1月1日进行了第二次和第三次降税，分别将关税降为8.4%和5.6%。最后一次降税已于2019年1月1日进行，整瓶葡萄进口关税已经降至0。

自2019年4月1日起，海关总署宣布进口货物原适用16%增值税税率的，税率调整为13%；原适用10%增值税税率的，税率调整为9%。货物在2019年4月1日或之后到港，均适用新的增值税税率。

（2）通过查询中国进出口银行网站得知，当天美元卖出价都是1美元=6.85元人民币。

（二）核算进口利润率

通过考察市场与产品，最终确定进口2011/2012/2013年产的GIN 407、2011/2013年产的GIN 707和2010/2013年产的Grange七种产品，针对革富行的报价进行进口利润率核算（以2013年产的GIN 407为例）。

1. 核算进口关税额

按照业务惯例，估算每瓶葡萄酒的海运费及保险费约为1.2美元，所以

$$进口关税的完税价格CIF=FOB+海运费+保险费$$

$$=9.2+1.2$$

$$=10.4（美元/瓶）$$

$$进口关税额=进口关税的完税价格×进口关税率$$

$$=CIF×进口关税率$$

$$=10.4×5.6\%×6.85=3.989\ 4（元/瓶）$$

2. 核算进口消费税额

$$进口消费税额=（进口关税的完税价格+进口关税额）÷$$

$$（1-消费税率）×消费税率$$

$$=（10.4×6.85+3.989\ 4）÷（1-10\%）×10\%$$

$$=75.229\ 4÷90\%×10\%$$

$$=8.358\ 8（元/瓶）$$

3. 核算进口增值税额

$$进口增值税额=进口增值税的完税价格×进口增值税率$$

$$=（进口关税的完税价格+进口关税额+消费税）×进口增值税率$$

$$=（10.4×6.85+3.989\ 4+8.358\ 8）×13\%$$

$$=10.866\ 5（元/瓶）$$

4. 核算实缴增值税额

$$实缴增值税额=国内销售价格÷（1+增值税率）×增值税率-进口增值税额$$

$$=98÷（1+13\%）×13\%-10.866\ 5=0.407\ 8（元/瓶）$$

5. 核算其他国内费用

$$其他国内费用=国内销售价格×10\%=98×10\%=9.8（元/瓶）$$

6. 核算利润和销售利润率

$$利润=国内销售价格-进口价格-进口环节税-其他国内费用$$

$$=98-10.4×6.85-（3.989\ 4+8.358\ 8+10.866\ 5+0.407\ 8+9.8）$$

$$=98-71.24-33.422\ 5$$

$$=-6.662\ 5（元/瓶）$$

$$销售利润率=进口利润÷国内销售价格=-6.662\ 5÷98×100\%$$

$$=-6.79\%$$

通过核算可知，根据革富行现行报价，普华公司销售2013年产的GIN 407葡萄酒每瓶亏损6.66元，销售亏损率约为-6.79%，这使普华公司无法接受上述报价。因此，普华公司选择了还盘。

（三）核算进口价格

由于根据革富行的现行报价，普华公司的进口利润率为负值，未达到预期的利润水平，业务员小赵遂根据预期利润率核算进口价格。

1. 按15%的预期进口利润率

设进口CIF价格为X美元/瓶。

微课：进口

还价核算

（1）核算进口关税额。

$$进口关税额=进口关税的完税价格 \times 进口关税率$$

$$=CIF \times 进口关税率$$

$$=5.6\% X=0.056X（美元/瓶）$$

（2）核算进口消费税额。

$$进口消费税额=(进口关税的完税价格+进口关税额) \div$$

$$(1-消费税率) \times 消费税率$$

$$=(X+0.056X) \div (1-10\%) \times 10\%=0.117\,3X（美元/瓶）$$

（3）核算进口增值税额。

$$进口增值税额=进口增值税的完税价格 \times 进口增值税率$$

$$=(进口关税的完税价格+进口关税额+消费税) \times 进口增值税率$$

$$=(X+0.056X+0.117\,3X) \times 13\%=0.152\,5X（美元/瓶）$$

（4）核算实缴增值税额。

$$实缴增值税额=国内销售价格 \div (1+增值税率) \times 增值税率-进口增值税额$$

$$=98 \div (1+13\%) \times 13\% \div 6.85-0.152\,5X=1.645\,9-0.152\,5X$$

（5）核算其他进口费用。

$$其他进口费用=国内销售价格 \times 10\%=98 \times 10\% \div 6.85$$

$$=1.430\,7（美元/瓶）$$

（6）核算进口税费。

$$进口费用=进口关税额+进口消费税额+进口增值税额+实缴增值税额+$$

$$其他进口费用$$

$$=0.056X+0.117\,3X+0.152\,5X+(1.645\,9-0.152\,5X)+1.430\,7$$

$$=3.076\,6+0.173\,3X（美元/瓶）$$

（7）核算进口利润。

$$进口利润=国内销售价格 \times 进口利润率$$

$$=98 \times 15\% \div 6.85=2.146\,0（美元/瓶）$$

（8）核算进口价格。

$$进口价格=国内销售价格-进口费用-进口利润$$

$$X=98 \div 6.85-(3.076\,6+0.173\,3X)-2.146\,0$$

通过计算得到：$X=7.74$美元/瓶，则CIF报价为7.74美元，去除1.2美元的运保费，FOB报价应为6.54美元/瓶。

2. 按20%的预期进口利润率

设进口CIF价格为X美元/瓶。

（1）核算进口关税额。

$$进口关税额=进口关税的完税价格 \times 进口关税率$$

$$=CIF \times 进口关税率$$

$$=X \times 5.6\%=0.056X（美元/瓶）$$

（2）核算进口消费税额。

$$进口消费税额=（进口关税的完税价格+进口关税额）\div（1-消费税率）\times$$

$$消费税率$$

$$=（X+0.056X）\div（1-10\%）\times 10\%=0.117\,3X（美元/瓶）$$

（3）核算进口增值税额。

$$进口增值税额=进口增值税的完税价格 \times 进口增值税率$$

$$=（进口关税的完税价格+进口关税额+消费税）\times 进口增值税率$$

$$=（X+0.056X+0.117\,3X）\times 13\%=0.152\,5X（美元/瓶）$$

（4）核算实缴增值税额。

$$实缴增值税额=国内销售价格 \div（1+增值税率）\times 增值税率-$$

$$进口增值税额$$

$$=98 \div（1+13\%）\times 13\% \div 6.85-0.152\,5X$$

$$=1.645\,9-0.152\,5X$$

（5）核算其他进口费用。

$$其他进口费用=国内销售价格 \times 10\%=98 \times 10\% \div 6.85$$

$$=1.430\,7（美元/瓶）$$

（6）核算进口税费。

$$进口税费=进口关税额+进口消费税额+进口增值税额+实缴增值税额+$$

$$其他进口费用$$

$$=0.056X+0.117\,3X+0.152\,5X+1.645\,9-0.152\,5X+1.430\,7$$

$$=3.076\,6+0.173\,3X（美元/瓶）$$

（7）核算进口利润。

$$进口利润=国内销售价格 \times 进口利润率$$

$$=98 \times 20\% \div 6.85=2.861\,3（美元/瓶）$$

（8）核算进口价格。

$$进口价格=国内销售价格-进口费用-进口利润$$

$$X=98 \div 6.85-（3.076\,6+0.173\,3X）-2.861\,3$$

通过计算得到：$X=7.13$美元/瓶。则CIF报价为7.13美元，去除1.2美元的运保费，FOB报价应为5.93美元/瓶。

据此，普华公司业务员小赵在请示公司上级后，向革富行进行还盘。

三、书写还盘函

（一）正文

（1）感谢对方寄样，并告知样品能满足我方客户要求，即Thanks for your

samples which can meet our customer's requirement.

（2）认为对方报价过高，如果能把价格降到以下水平，我公司将购买对方产品，即 For your offer on Dec. 6, 2020, your prices are too high to be acceptable. If the price could be reduced to the following level FOB Melbourne, Australia, we will be glad to place an order with you. The other terms of your offer remain valid.

（二）发送电子邮件

检查书写的还盘函内容正确无误后，发送电子邮件给革富行的业务联系人 Joshua Hwang。在发电子邮件的同时保存所发电子邮件的内容。

发件人：Puhua@126.com
收件人：Genfolds@126.com
日　　期：2020–12–09　　09：29：53
主　　题：Counter-offer on bottled red wine
附　　件：

Dear Mr. Hwang,

Thanks for your samples which can meet our customer's requirement.

For your offer on Dec. 6, 2020, your prices are too high to be acceptable. If the price could be reduced to the following level FOB Melbourne, Australia, we will be glad to place an order with you.

Commodity & specification	Quantity	Unit price	Amount
FOB Melbourne, Australia as per INCOTERMS2010			
Red wine GIN 407 (2013)			
GIN 407 (2012)	1 140 btls	USD 7.00/btl	USD 7 980.00
GIN 407 (2011)	1 200 btls	USD 8.90/btl	USD 10 680.00
GIN 707 (2013)	1 800 btls	USD 11.60/btl	USD 20 880.00
GIN 707 (2011)	1 200 btls	USD 37.00/btl	USD 44 400.00
Grange (2013)	1 200 btls	USD 80.50/btl	USD 96 600.00
Grange (2010)	600 btls	USD 204.40/btl	USD 122 640.00
As per the confirmed sample of Dec. 7, 2020	600 btls	USD 399.00/btl	USD 239 400.00
TOTAL	7 740 btls		USD 542 580.00

As regards your request for 50% of the total amount by T/T in advance, 50% of the contract value by L/C at sight, we regret being unable to meet your wishes as we are doing business

续表

with other buyers on the basis of payment by L/C.

Delivery Period: from 2021-04-16 to 2021-05-15

Consequently, we would suggest that you reconsider our terms and see your way to fall in line with other buyers.

Sincerely yours

Zhao Peng

 Puhua International Trade Co., Ltd. of Guangdong

220 Beijing Road, Guangzhou, Guangdong, China

Tel: +0086-20-87654321

Fax: +0086-20-87654321

E-mail: Puhua@126.com

微课：实质
性变更与非
实质性变更

四、反还盘

2020年12月10日，普华公司业务员小赵收到了革富行的业务联系人Joshua Hwang的反还盘。

发件人：Genfolds@126.com

收件人：Puhua@126.com

日　期：2020-12-10　　15：32：12

主　题：Bottled Red Wine

附　件：

Dear Mr. Zhao,

We are informed in your mail of Dec. 9 that our price for the subject goods is found on the high side. Desirous as we are to expand our business in China, we feel very regretful that we cannot accept your counteroffer. To set up trade, we make the following counteroffer, subject to your reply reaching us by Dec. 15, our time:

Commodity & specification	Quantity	Unit price	Amount
FOB Melbourne, Australia as per INCOTERMS2010			
Red wine GIN 407 (2013)			
GIN 407 (2012)	1 140 btls	USD 7.50/btl	USD 8 550.00
GIN 407 (2011)	1 200 btls	USD 9.50/btl	USD 11 400.00
GIN 707 (2013)	1 800 btls	USD 12.50/btl	USD 22 500.00

续表

Commodity & specification	Quantity	Unit price	Amount
FOB Melbourne, Australia as per INCOTERMS2010			
GIN 707 (2011) Grange (2013) Grange (2010) As per the confirmed sample of Dec. 7, 2020	1 200 btls 1 200 btls 600 btls 600 btls	USD 39.00/btl USD 86.00/btl USD 216.000/btl USD 420.00/btl	USD 46 800.00 USD 103 200.00 USD 129 600.00 USD 252 000.00
TOTAL	7 740 btls		USD 574 050.00

Packing: Imported from Australia with original package.

Payment: 50% of the total amount by T/T within 15 days after buyer's shipment instruction, 50% of the contract value by L/C at sight.

Delivery Period: from 2021-04-16 to 2021-05-15.

We hope you will direct the attention of your customers to the superior quality of our goods, and accept our counteroffer as soon as possible.

Awaiting your early reply.

Yours truly,

Joshua Hwang

Sales Manager

 Australian Genfolds Winery Company Limited

1701 Albert Road, South Melbourne, Victoria

Tel: +00613–87654321

Fax: +00613–87654321

E-mail: Genfolds@126.com

五、接受反还盘

经过与委托人海易公司代表的反复商讨与核算，为了市场长远发展考虑，决定接受外方报价。于是，普华公司和海易公司决定接受革富行的反还盘。

根据上述报价 GIN 407（2013）FOB 价格为 USD 7.50/btl，其他条件不变，则此时我方利润核算为：

（一）核算进口关税额

按照业务惯例估算每瓶葡萄酒的运费及保险费约为1.2美元，所以

$$进口关税的完税价格CIF=FOB+海运费+保险费$$

$$=7.5+1.2$$

$$=8.7（美元/瓶）$$

$$进口关税额=进口关税的完税价格×进口关税率$$

$$=CIF×进口关税率$$

$$=8.7×5.6\%×6.85=3.337\ 3（元/瓶）$$

（二）核算进口消费税额

$$进口消费税额=（进口关税的完税价格+进口关税额）÷$$

$$（1-消费税率）×消费税率$$

$$=（8.7×6.85+3.337\ 3）÷（1-10\%）×10\%$$

$$=62.932\ 3÷90\%×10\%$$

$$=6.992\ 5（元/瓶）$$

（三）核算进口增值税额

$$进口增值税额=进口增值税的完税价格×进口增值税率$$

$$=（进口关税的完税价格+进口关税额+消费税）×$$

$$进口增值税率$$

$$=（8.7×6.85+3.337\ 3+6.992\ 5）×13\%$$

$$=9.090\ 2（元/瓶）$$

（四）核算实缴增值税额

$$实缴增值税额=国内销售价格÷（1+增值税率）×增值税率-$$

$$进口增值税额$$

$$=98÷（1+13\%）×13\%-9.090\ 2=5.149\ 1（元/瓶）$$

（五）核算其他国内费用

$$其他国内费用=国内销售价格×10\%=98×10\%=9.8（元/瓶）$$

（六）核算利润和销售利润率

$$利润=国内销售价格-进口价格-进口环节税-其他国内费用$$

$$=98-8.7×6.85-（3.337\ 3+6.992\ 5+9.090\ 2+5.149\ 1+9.8）$$

$$=98-59.595-34.369\ 1$$

$$=4.035\ 9（元/瓶）$$

销售利润率=进口利润÷国内销售价格=4.035 9÷98×100%=4.12%，即普华公司本次进口每瓶红酒利润率为4.12%，有利可图。

2020年12月12日，普华公司业务员小赵向革富行的业务联系人Joshua Hwang发出了接受函。

微课：构成有效接受的条件

发件人：	Puhua@126.com
收件人：	Genfolds@126.com
日　期：	2020-12-12　　10: 56: 32
主　题：	Acceptance
附　件：	

续表

Dear Mr. Hwang,

As a result of our recent exchange of mails, we confirm having purchasing from you Red Wine on the following terms and conditions:

Commodity & specification	Quantity	Unit price	Amount
FOB Melbourne, Australia as per INCOTERMS2010			
Red wine			
GIN 407 (2013)	1 140 btls	USD 7.50/btl	USD 8 550.00
GIN 407 (2012)	1 200 btls	USD 9.50/btl	USD 11 400.00
GIN 407 (2011)	1 800 btls	USD 12.50/btl	USD 22 500.00
GIN 707 (2013)			
GIN 707 (2011)	1 200 btls	USD 39.00/btl	USD 46 800.00
Grange (2013)	1 200 btls	USD 86.00/btl	USD 103 200.00
Grange (2010)	600 btls	USD 216.000/btl	USD 129 600.00
As per the confirmed sample of Dec. 7, 2020	600 btls	USD 420.00/btl	USD 252 000.00
TOTAL	7 740 btls		USD 574 050.00

Packing: Imported from Australia with original package.

Payment: 50% of the total amount by T/T within 15 days of buyer's shipment instruction, 50% of the contract value by L/C at sight.

Delivery Period: from 2021-04-16 to 2021-05-15.

We are pleased to have transacted this business with you and look forward to the further expansion of trade to our mutual benefit.

Sincerely yours

Zhao Peng

 Puhua International Trade Co., Ltd. of Guangdong

220 Beijing Road, Guangzhou, Guangdong, China

Tel: +0086-20-87654321

Fax: +0086-20-87654321

E-mail: Puhua@126.com

六、就合同相关条款细节内容的磋商

在做出接受后，普华公司业务员小赵又通过Skype、电话及电子邮件的方式，与革富行业务联系人Joshua Hwang就合同的包装、装运、支付与保险等条款的细节内容做了进一步的磋商与明确。双方就合同的主要条件达成一致后，小赵即开始着手准备起草贸易合同。

知识要点 <<<<<<<<<<<<<<<<<<<<<<<<<<<<<<<<<<<<<<<<<<<<<<<<<<<<<<<<<<<<<

一、熟悉产品

（一）熟悉产品的途径

1. 专业书籍和专业网站

外贸业务员可以通过专业书籍补充产品知识。专业书籍的优点是知识介绍得较系统。缺点是容量有限，内容涵盖面不广；文字多，难以形成直观印象；不适合整理、编辑；时效性较差。外贸业务员也可以通过一些专业网站获取有关产品的信息。

2. 打样间、生产车间、采购部门、财务部门等

外贸业务员可以通过到打样间、生产车间熟悉产品的种类、规格、成分、性质、包装、产能等情况；到采购部门了解原材料的采购价格和采购渠道等信息；到财务部门了解各项产品的相关财务情况等。

3. 向老业务员请教

外贸业务员需要在老业务员的帮助和指导下，不断积累业务经验。向老业务员请教不失为一条熟悉产品的捷径。

（二）熟悉产品的内容

1. 产品的生产过程和工艺

新业务员需要了解产品的基本生产流程、关键生产环节、生产工艺。掌握构成其制造成本的关键点，为交易磋商中的报价环节打下基础。

2. 产品的专业分类和专有名词

新业务员需要了解产品的分类，明确产品的品种和专有名词，促使产品的相关贸易政策调研及目标市场分析更有针对性。

微课：进口市场调研的内容与步骤（一）

3. 产品规格、标准的表示方法、包装的细节等

新业务员需要了解产品的具体规格、生产的标准（包括进口产品需要满足的国际标准、国内标准的内容），掌握表示产品质量的方法，掌握产品包装的细节，为业务谈判、合同订立和合同的履行奠定基础。

二、了解市场

通常，在进口项目的国际市场调查中，会因进口商品不同而需面对各种不同的市场信息获得渠道，需要进行大量的前期调研工作，以使国际市场调研更为系统，从而能真实、准确、全面地把握市场信息。

进口前的国际市场调研的主要内容是：通过各种渠道，尽可能广泛地了解拟进口产品的市场供需情况，价格动态和相关国家的出口法规、政策和贸

微课：进口市场调研的内容与步骤（二）

易习惯做法，掌握进口产品的规格标准、技术指标、供应方式，进行深入分析比较，根据我方的购买意图，在贯彻国别地区政策的前提下，选择产品对路、货源充足、价格相对低廉的供应商进行采购。

通常情况下，进口调研应包括以下几方面的工作：

（一）国际市场商品调研

1. 产品品质调研

微课：国际
市场调研

产品是指为目标市场而开发的有形物质产品和附着在产品上的各种相关服务的统一体。国际营销理论将产品的整体概念分为五个层次，即核心产品、形式产品、期望产品、附加产品和潜在产品。其中，核心产品是指产品的基本效用或功能；形式产品是指产品的质量、品牌、商标、包装、规格、型号、色彩等有形部分；期望产品是指用户在购买产品时所期望得到的与产品息息相关的整套属性和服务条件；附加产品是指围绕产品的交货条件、安装、调试、维修、品质保证期、技术培训、信贷等服务所产生的各种附加利益之和，其中安装、调试、维修、品质保证期、技术培训等对于机电产品尤为重要；潜在产品是指现有产品包括所有附加产品在内的、可能发展成为未来最终产品的潜在状态的产品。

进口产品的品质调研，是指对照产品的上述五个层次，根据国内市场的客观需求、进口商的经济实力和现有技术水平，充分了解国外产品的技术先进程度、工艺程度和使用效能等，货比三家，为进口到性价比最高的产品做好基础性工作。

2. 商品价格调研

国际市场商品的价格经常因为经济周期、通货膨胀、投机活动、国际政治关系、战争与灾难、垄断与竞争等多种因素影响而起伏波动，并且各个国家和地区的同类商品价格由于自然条件、技术水准、成本核算、贸易政策等不同而有所不同。

在国际市场调研中，考虑到目标市场的竞争情况、政策限制、顾客对价格的可能反应等问题后，分析成本结构及其变动方向，以便进行公平比较，选择符合商品功能要求，能够实现进口目标价值，并具有价格优势的商品，从而能够选择在最适宜的国家和供应商处采购，实现进口利益最大化。

3. 销售渠道调研

销售渠道是指商品从制造商转移到消费者的整体途径，是国际市场调研必不可少的一项研究内容。

在国际市场调研中，要掌握商品的传统营销特点和分销出口渠道，掌握上游供应商对渠道的选择、调整、新建等习惯做法，要掌握供应商对中间商的态度及其协调安排的特点，要掌握供应商促销的传统做法及中长期的销售战略与计划。

4. 商品出口贸易环境调研

环境是指面临的影响进口行为实现的可控和不可控制因素和力量的总和。任何进口行为总是在一定的环境中实现的，了解和预测商品的出口环境因素，适应、利用环境，是进口活动顺利开展的前提。商品出口贸易环境调研包括：

（1）了解商品出口国家和地区的相关贸易政策和法规，尤其要详细了解这些国家鼓励或者限制该商品出口的政策、海关税收、数量配额等。例如，美国对技术先进的机电产品出口就有较严格的限制，在这种情况下，不仅出口商的出口成本较高，甚至存在能否获得出口许可的风险，进口商必须有所掌握，以便应对。

微课：国内
市场调研

（2）国家的政治局势稳定与否也值得关注。例如，由于机电产品特别是成套设备进口的时间周期往往较长，出口国政局的稳定与否直接关系到合同能否顺利履行。

（3）贯彻我国的国别贸易政策。国际采购在注重经济效益的同时，还应注意贯彻我国的国别贸易政策。

（二）国外供应商调研

完成了商品调查之后，就要进行国外供应商调研。

在市场经济条件下，作为买方的进口商，通常在交易中占有相对优势。通过媒体发布的采购信息，往往能够很快得到供应商的信息回馈，是获取供应商信息较为便利的做法。通常情况下，进口业务寻找国外潜在供应商的渠道还包括：

微课：寻找
客户与建立
业务关系

（1）有针对性地参加国际性的各类交易会、博览会及各类专业展会，如中国国际进口博览会、世界制药原料中国展（CphI China）等。

（2）充分利用网络资源，把公司资料及需求信息上传到网上，在网上寻找国外客户资源。

（3）通过国内外报刊上的广告、供应商目录、厂商年鉴及行业专刊等了解和物色潜在客户。

（4）通过中国驻外商务机构、领事馆、商业银行驻外机构等搭建平台。

（5）通过各国驻华使馆商参处索取供应商名单。

（6）通过各国的工商协会、行业协会等民间组织推介。

（7）通过国内外咨询公司提供的服务了解。

在寻找潜在国外供应商时，一般应注意以下情况：

（1）经营实力。主要考察供应商的注册资本额、营业额、潜在资本、资本负债和借贷能力等财务状况。

（2）经营能力。分析了解供应商的供销渠道、联系网络、贸易关系、经营做法等经营活动能力的大小。

（3）经营作风。了解企业的商业信誉、商业道德、服务态度、公共关系水平等是否良好。

（4）经营范围与背景。主要了解企业经营的商品种类、业务范围以及与我国的交易历史等，同时要了解企业的政治、社会、商业背景，借此对其商品质量和服务进行深入了解。

寻找潜在供应商直接关系着进口业务经营的成败。应通过尽可能全面的了解，选择最可能成功、最合适的国外供应商。对于专营某类商品进口业务的公司，在找到合适的潜在国外供应商后，还应考虑通过一定的程序，逐步建立国外业务关系，形成稳定的进口业务国外供应网。

为了提高供应商的产品质量，可先对供应商的资格进行审查。审查内容包括：

（1）经营管理体系。

（2）质量管理体系及国际标准认证。

（3）健康、安全与环保体系。

（4）近三年的财务报表和财务审计报告。

（5）设计研发能力。

（6）人员及其素质评估。

（7）国际标准。

（8）生产设备及其生产能力/生产设备的保养及现状。

（9）客户参考/项目参考。

（10）与外国客户合作的经验等。

大型（专有）设备或大宗商品进口采购项目中，对于供应商的调查了解，还应组织有关技术、贸易、财务人员对其进行实地的商务考察和技术交流来进行。经验表明，要将进口业务做得稳妥、长久，与供应商会面是至关重要的。一般情况下，只有见了面才可能促成一些大的合作。所以，进口商应酌情安排与供应商的当面接触。通常，出口商在此方面也会做出积极响应。

在对大型设备或大宗商品供应商的实地考察中，可使用统一的评分卡对其进行评估，并注重对其管理体系的审核，如作业指导书等文件、质量记录等要求详细。比较重要的内容有：

（1）销售合同评审。确认供应商按期完成合同的能力。

（2）供应商许可制。建立原材料许可供应商清单，包括有效的内部控制程序。

（3）培训管理。供应商对生产全过程的关键岗位人员有完善的培训考核制度，并有完整记录。

（4）设备管理。对设备的维护、保养要有完善的体系保障，并有完整记录。

（5）计量管理。计量方法及计量仪器要有完整的传递体系。

对于大型设备采购，在供应商审核完成后还应成立以技术人员为主的项目组，选择与合格供应商就采购商品进行技术上的交流，通常包含产品工艺、技术性能要求、软件与服务等条件的澄清和沟通。对于专用生产设备，这种交流需要反复多次进行。

这时候，实际意义上的合同（技术条款）洽商就已经在有序开展。

在对技术问题达成初步一致时，可发出询价，并配以技术文件形式，内容一般包括图纸和规格、样品、数量、大致采购周期、交付日期要求等细节，并要求供应商在指定的日期内完成报价。在收到报价后，要仔细分析其条款，对其中的疑问要彻底澄清，而且要求用书面形式记录，如传真、电子邮件等。然后进行报价分析，报价中含有大量的信息，如果可能的话，要求供应商进行成本清单报价，要求其分项列明材料成本、人工成本、管理费用等，并明示利润率。

在价格谈判之前，进口商一定要设定合理的目标价格。对小批量产品、专用设备，其谈判的核心是交货期；对生产线、连续生产设备等，其谈判的核心则是技术品质和价格。合同洽商要保证供应商有合理的利润空间。同时，价格谈判是一个持续的过程，准备阶段开始的一些工作已经为后续的正式谈判做了铺垫。同时要清楚，在机电设备制造业，每个供应商都有其相对应的学习曲线，生产一段时间后，其设备制造成本会持续下降。与优秀的供应商达成策略联盟，能够促进供应商提出改进方案，在一定程度上节约成本。通过策略联盟，进口商参与设计，就可能有效地帮助供应商降低生产成本，得到更好的交易价格。

（三）高技术产品进口的时间效应

对于交易核心问题的价格调研，除了对现行市场价格的了解外，还必须对该商品的价格走势有所调查研究。原材料类商品价格的周期性波动或政治原因对价格的影响是众所周知的，但对于高技术产品，其价格的变化除了一般意义上的产品生命周期的时间效应外，还存在某些特殊的影响因素，例如政府贸易管制政策变化带来的进口业务风险及防范，需要进口商特别注意。

出于自身利益的考虑，各国政府或地域性国际经济组织对国际贸易实施各种管制和限制手段，这是很正常的情况，交易双方必须了解和遵守。这些管制规定的变化，均会给进口商的合同利益带来较大影响。对于进口商，政府法规的影响来自两个方面，即本国进口管制规定和出口国出口管制规定及其变化，由此而来的风险进口商必须做好防范准备。

（四）关于机电产品进口采购的招投标管理

我国现行的机电产品招投标活动应遵守《机电产品国际招标投标实施办法（试行）》（商务部2014年第1号令）进行。该办法自2014年4月1日起施行。原《机电产品国际招标投标实施办法》（商务部2004年第13号令）同时废止。

该办法就进口机电产品的招标范围、招标、投标、开标和评标、评标结果公示和中标、投诉与处理、法律责任等事项做出了规定。

对于一项进口业务而言，招标过程实际上是以一种特别方式开展的进口项目的对外合同洽商，是执行进口业务操作的一个基本程序。招标的组织工作由进口人（买方）委托专门的招标机构，遵照国家的相关法律规定，按照固定的操作流程组织实施。

一项进口采购一旦委托国内具有国际招标资质的招标机构进行国际招标，招标机构就将按照其业务流程开展招标工作。

三、进口交易磋商

（一）进口交易磋商概述

进口交易磋商是买卖双方依据交易磋商的程序，即询盘、发盘、还盘、接受四个环节，对各项交易条件进行协商以期达成交易的过程。合同的签订就是达成交易的标志。

微课：交易
磋商的形式

1. 进口磋商的方式

进口磋商的方式主要包括函电磋商、电话磋商、口头磋商及国际招标等。进口磋商方式的选择主要取决于进口商品的金额大小、技术复杂程度和政策规定。一般情况下，小金额商品的进口磋商主要采用函电磋商和电话磋商；大金额、技术复杂商品的进口磋商采用函电磋商、电话磋商和面对面磋商的结合；国际招标主要适用于国家规定必须采用国际招标的机电产品。

2. 进口磋商的环节

进口磋商一般包括询盘、发盘和接受三个环节，有时也包括还盘环节。进口询盘是进口商向出口商询问进口商品的价格、数量、交货期等交易条件的商业行为，不具有法律效力。进口发盘是进口商向出口商提出进口商品的价格、数量、交货期等交易条件的商业行为，具有法律效力。进口还盘是进口商对出口商的交易条件提出变更或修改的商业行为，是对原发盘的否定，是一个新的发盘。进口接受是进口商同意出口商提出的交易条件，并愿意达成交易的声明或行为表示，具有法律效力。

3. 进口磋商的内容

进口磋商的内容主要是围绕购进某种商品的各项交易条件，如合同的标的（商品的品名、品质、数量、包装）、价格与支付、交货条件（运输、保险）、预防与解决争议的条款（检验、索赔、不可抗力、仲裁）等进行协商。其中，品名、品质、数量、包装、价格、装运、支付七项为主要内容或主要交易条件。买卖双方欲达成交易、订立合同，至少需要就这七项交易条件进行磋商并取得一致意见。至于其他交易条件，如检验、索赔、不可抗力和仲裁，虽然不是合同成立不可缺少的内容，但为了提高合同质量，防止或减少矛盾与纠纷的发生，以及便于解决可能发生的争议，买卖双方在交易磋商时也不应忽视。

在实际进口业务中，并非每笔交易都要将全部交易条件一一列出、逐条进行商讨。这是因为，在普通商品交易中，一般都使用固定格式的合同，而合同条款中的检验、索赔、不可抗力、仲裁等条款通常作为一般交易条件印在格式合同中，只要对方没有异议，就不必重新协商。这些条件也就成为双方交易的基础。有经验的进口贸易业务人员往往在进行正式磋商前，先就一般交易条件与对方达成一致，以简化磋商内容，提高磋商效率，降低磋商成本。

一般交易条件的内容因经营商品的不同而不同，通常包含以下几个方面：

（1）有关争议的预防和处理的条件（如检验、索赔、不可抗力及仲裁的有关规定）。

（2）有关主要交易条件的补充说明（如品质机动幅度、分批装运、保险险别等）。

（3）个别主要交易条件的习惯做法（如通常的包装方式、付款方式等）。

（二）询盘函

在进口业务中，询盘多由进口商向出口商发出，这种买方询盘也称"邀请发盘"，是买方对所购买的商品向卖方做出的探询。询盘的内容可繁可简，可只询问价格，也可询问其他有关交易条件。

询盘的目的主要是从出口商那里获得具有竞争力的价格，然后从几家报价中择优成交。询盘对象的多少要根据商品和交易的特点来确定，既不要局限于个别客户而导致无法进行比较，也不宜在同一地区多头询盘，以免影响市场价格。

外贸业务员书写询盘函时，应注意以下几个方面：

（1）若对方为新客户，则应先写明获取对方信息的途径。

（2）询盘内容除了价格之外，通常还包括商品的数量、包装和交货期等；若对方为新客户，不宜过早暴露实际采购数量和目标价格等意图，使自已在以后磋商中更加主动；若对方为老客户，则应报实际采购数量。

（3）询盘函文字要简洁、切题，使对方清楚我方意图。

（4）对于凭样成交的进口商品，其询盘函往往还要求对方寄样。

另外，外贸业务员应向多个客户询盘，不宜限于对单个客户询盘。对于大路货，应向不同国家或地区的客户分别询盘；对于规格复杂、技术要求高的商品，应精心挑选几家生产技术好、生产能力强、生产经验丰富的客户询盘。

（三）进口税

进口税是指在进口环节中由海关依法征收的进口关税、消费税、增值税等税费。进口成本的高低主要取决于进口税的高低。

1. 进口关税

在进口贸易中，进口关税是指由进口国海关按照关税政策、税法和进口税则，对输入关境的货物向进口商征收的一种流转税。输入关境的形态包括：①外国货物直接进入进口国关境；②由自由港、自由贸易区或海关保税区等免征进口关税的其他区域提出运往进口国国内销售。

进口关税是一国推行对外政策的一项重要手段，各国往往根据政治经济关系的需要，对来自不同国家的同一种商品实行不同的税率，形成差别关税待遇。根据我国差别关税待遇的需要，进口关税设置最惠国税率、协定税率、特惠税率、普通税率、暂定税率、关税配额税率和报复性关税税率等。

（1）最惠国税率。最惠国税率适用于原产于共同适用最惠国待遇条款的世界贸易组织成员的进口货物，原产于与我国签订含有相互给予最惠国待遇条款的双边贸易协定的国家或地区的进口货物，以及原产于我国境内的进口货物。由于世界上大多数国家都加入了世界贸易组织，因此最惠国税率已成为正常税率。

（2）协定税率。协定税率适用于与我国签订含有关税优惠条款的区域性贸易协定的国家或地区的进口货物。我国区域性贸易协定及其对应国家或地区（协定税）见表1-2。

表1-2 我国区域性贸易协定及其适用国家或地区（协定税）

区域性贸易协定	适用国家或地区
区域全面经济伙伴关系协定（RCEP）	中国、日本、韩国、澳大利亚、新西兰、东盟十国（文莱、柬埔寨、印度尼西亚、老挝、马来西亚、缅甸、新加坡、泰国、越南、菲律宾）
中国—毛里求斯自由贸易区协定	中国、毛里求斯
中国—格鲁吉亚自由贸易区协定	中国、格鲁吉亚

续表

区域性贸易协定	适用国家或地区
中国—澳大利亚自由贸易区协定	中国、澳大利亚
中国—瑞士自由贸易区协定	中国、瑞士、列支敦士登
中国—哥斯达黎加自由贸易区协定	中国、哥斯达黎加
中国—新加坡自由贸易区协定	中国、新加坡
中国—智利自由贸易区协定	中国、智利
中国—东盟自由贸易区协定	中国、文莱、柬埔寨、印度尼西亚、老挝、马来西亚、缅甸、新加坡、泰国、越南、菲律宾
中国—韩国自由贸易区协定	中国、韩国
中国—冰岛自由贸易区协定	中国、冰岛
中国—秘鲁自由贸易区协定	中国、秘鲁
中国—新西兰自由贸易区协定	中国、新西兰
中国—巴基斯坦自由贸易区协定	中国、巴基斯坦
亚太贸易协定	中国、印度、韩国、斯里兰卡、孟加拉国、老挝、蒙古

（3）特惠税率。特惠税是指针对从某个国家或地区进口的全部商品或部分商品，给予特别优惠的低关税或免税待遇。使用特惠税的目的是增进与受惠国之间的友好贸易往来。特惠税率是我国海关税税则中的一栏税率，对原产于与中华人民共和国签订含有特殊关税优惠条款的贸易协定的国家或者地区的进口货物，适用特惠税率。根据我国与有关国家或地区签署的贸易或关税优惠协定、双边换文情况以及国务院有关决定，2021年对原产于埃塞俄比亚、贝宁、布隆迪、厄立特里亚、吉布提、刚果、几内亚、几内亚比绍、科摩罗、利比里亚、马达加斯加、索马里、冈比亚、孟加拉国、老挝、基里巴斯、所罗门群岛等41个国家的部分商品实施零关税特惠税率；对原产于老挝、孟加拉国的部分商品实施《亚太贸易协定》项下的特惠税率；对原产于老挝、柬埔寨、缅甸的部分商品实施《中国—东盟自由贸易协定》项下的特惠税率。

（4）普通税率。普通税率适用于原产于适用以上三种关税以外的国家或地区的进口货物，以及原产地不明的进口货物。普通税率最高，一般比最惠国税率高1~5倍。目前我国仅对个别国家的进口商品实行这种税率。

（5）暂定税率。暂定税率是国家对部分进口商品在一定时期内实行的关税税率。适用最惠国税率的进口货物有暂定税率的，应当适用暂定税率；适用协定税率和特惠税率的进口货物有暂定税率的，应当从低适用税率；适用普通税率的进口货物，不适用于暂定税率。

（6）关税配额税率。按照国家规定实行关税配额管理的进口货物，关税配额内的进口货物适用关税配额税率；关税配额外的进口货物按照以上（1）~（5）对应税率。

（7）报复性关税税率。任何国家或地区违反与我国签订或者共同参加的贸易协定及相关规定，对我国在贸易方面采取禁止、限制、加征关税或者其他影响正常贸易的措施的，对原产于该国家或地区的进口货物可以征收报复性关税，适用报复性关税税率。征收报复性关税的货物、适用国别、税率、期限和征收办法，由国务院关税税则委员会决定并公布。

2. 进口环节税

在我国，由海关向进口企业征收的进口环节税主要有进口增值税和进口消费税。

（1）进口增值税。增值税是以商品在生产、流通环节所创造的新增价值为课税对象的一种流转税。进口增值税是由海关代理税务机关向进口企业征收的进口商品增值税。进口增值税率按从价征税，其基本税率是13%（2019年调整）。

（2）进口消费税。消费税是以消费品或消费行为的流转额作为课税对象而征收的一种流转税。我国消费税的征收是在对货物普遍征收增值税的基础上，选择少数消费品再征收的税。进口消费税是由海关代理税务机关向进口企业征收的进口应税消费品的消费税。需征收进口消费税的进口商品包括酒及酒精、汽油、柴油、化妆品、护肤/护发品、烟花及爆竹、汽车轮胎、贵重首饰及珠宝玉石、汽车、摩托车、船舶、手表、高尔夫球及球棒等。进口消费税有从价税、从量税和复合税三种计税方式。如香水及花露水、唇用及眼用化妆品、香粉进口税率为5%，属于从价税；如汽油、石脑油、溶剂油和润滑油的进口环节消费税单位税额为1.52元/升，属于从量税；如威士忌酒的进口消费税率为20%+1元/千克，属于复合税。

2015年，国家税务总局修订了《葡萄酒消费税管理办法（试行）》，取消了对葡萄酒消费税实行凭《葡萄酒购货证明单》退税的审批管理方式，改以抵扣办法解决葡萄酒消费税重复征税问题。纳税人从葡萄酒生产企业购进（简称"外购"）、进口葡萄酒连续生产应税葡萄酒的，准予从葡萄酒消费税应纳税额中扣除所耗用的应税葡萄酒已纳消费税税款，进一步减轻办税负担，提高办税效率。

（四）还盘核算

1. 还盘核算公式

按照进口销售和进口自用两种自营进口情况介绍还盘核算公式。

微课：进口
价格核算的
公式

（1）进口销售还盘核算公式。以下公式是基于进口商品需同时征收进口关税、进口消费税和进口增值税的情况，若无进口关税或进口消费税，则各公式都减少对应税收。

$$国内销售价格＝进口价格＋进口费用＋进口利润 \qquad (1-1)$$

$$进口费用＝国外费用＋国内费用 \qquad (1-2)$$

$$国外费用＝国外运费＋国外保费 \qquad (1-3)$$

在 FOB 贸易术语下，国外费用由国外运费和国外保费构成；在 CFR 贸易术语下，国外费用由国外保费构成；在 CIF 贸易术语下，无国外费用。

$$国内费用＝进口关税额＋进口消费税额＋进口增值税额＋$$
$$实缴增值税额＋其他进口费用 \qquad (1-4)$$

其他进口费用包括国内运费、国内保费、港口杂费、报关报检费、银行费用、业务定额费、各种国内税费等。

$$进口关税额＝进口关税的完税价格 \times 进口关税率$$
$$＝CIF \times 进口关税率 \qquad (1-5)$$

$$进口消费税额＝进口消费税的完税价格 \times 进口消费税率$$
$$＝(进口关税的完税价格＋进口关税) \div (1-进口消费税率) \times$$
$$进口消费税率 \qquad (1-6)$$

$$进口增值税额＝进口增值税的完税价格 \times 进口增值税率$$
$$＝(进口关税的完税价格＋进口关税＋进口消费税) \times$$
$$进口增值税率 \qquad (1-7)$$

$$实缴增值税额＝国内销售价格 \div (1＋增值税率) \times$$
$$增值税率－进口增值税额 \qquad (1-8)$$

实缴增值税额是进口商在实际销售商品时缴纳的增值税额抵扣进口时海关代征的进口增值税后的税额。

$$进口利润＝国内销售价格－进口价格－进口费用 \qquad (1-9)$$

$$预期利润率＝进口利润 \div 国内销售价格 \times 100\% \qquad (1-10)$$

（2）进口自用还盘核算公式。以下公式是基于进口商品需同时征收进口关税、进口消费税和进口增值税的情况，若无进口关税、进口消费税或进口增值税，则各公式都减少对应税收。

$$进口总支出＝进口价格＋进口费用 \qquad (1-11)$$

$$进口费用＝国外费用＋国内费用 \qquad (1-12)$$

$$国外费用＝国外运费＋国外保费 \qquad (1-13)$$

在 FOB 贸易术语下，国外费用由国外运费和国外保费构成；在 CFR 贸易术语下，国外费用由国外保费构成；在 CIF 贸易术语下，无国外费用。

$$国内费用＝进口关税额＋进口消费税额＋进口增值税额＋$$

$$其他进口费用 \hspace{6cm} (1-14)$$

其他进口费用包括国内运费、国内保费、港口杂费、报关报检费、银行费用、业务定额费、各种国内税收等。

$$进口关税额=进口关税的完税价格 \times 进口关税率$$
$$=CIF \times 进口关税率 \hspace{4cm} (1-15)$$

$$进口消费税额=进口消费税的完税价格 \times 进口消费税率$$
$$=(进口关税的完税价格+进口关税) \div (1-进口消费税率) \times$$
$$进口消费税率 \hspace{5cm} (1-16)$$

$$进口增值税额=进口增值税的完税价格 \times 进口增值税率$$
$$=(进口关税的完税价格+进口关税+进口消费税) \times$$
$$进口增值税率 \hspace{5cm} (1-17)$$

2. 进口还盘核算类型

（1）进口销售还盘核算类型。

① 根据国外客户报价核算预期进口利润率，该核算是进口商是否接受国外客户报价的依据。其计算公式为：

$$预期利润率=进口利润 \div 国内销售价格 \times 100\%$$
$$=(国内销售价格-进口价格-进口费用) \div 国内销售价格 \times 100\%$$
$$(1-18)$$

② 根据国外客户报价和预期进口利润率核算国内销售价格，该核算是进口商是否调整国内销售价格的依据。其计算公式为：

$$国内销售价格=进口价格+进口费用+进口利润 \hspace{2cm} (1-19)$$

③ 根据进口商可接受的预期进口利润率核算进口价格，该核算是作为进口商还价的依据。其计算公式为：

$$进口价格=国内销售价格-进口费用-进口利润 \hspace{2cm} (1-20)$$

（2）进口自用还盘核算类型。进口自用还盘时，主要根据国外客户报价核算进口总支出，比较计划进口总支出，最后做出还价决策。

（五）还盘函

外贸业务员书写还盘函时，应注意以下几方面：

（1）应根据不同国外客户采取不同的还价策略，对于新客户，先以低于目标进口价格的价格还价，通过多轮磋商和比价后，报目标进口价格；对于老客户，可直接以目标进口价格区间的下限价格还价，如目标价格区间为10~11美元/件，则以10美元/件还价。

（2）尽可能列出让国外客户降价的理由，如产品原材料价格下跌、增加订单量等，使其让价。

（3）对于价格条款以外需修改的条款（如交货期、包装等），应在还盘函中提出。对于接受的条款，也应明确告知对方。

（4）还盘函文字要简洁、切题，使对方清楚我方意图。

能力训练 <<<<<<<<<<<<<<<<<<<<<<<<<<<<<<<<<<<<<<<<<<<<<<<<<<<<<<<<<<

南京丽霞进出口有限公司（简称"丽霞公司"）以前只从事出口业务，鉴于当前出口面临的严峻形势以及国家外贸战略政策的调整，计划开拓进口业务市场。考虑到所在区域经济的发展现状，计划做设备进口业务。

2021年4月21日，丽霞公司的外贸业务员蔡锋接到南京历玛机械股份有限公司（简称"历玛公司"）购买日本产数控刃磨机床的意向订单。具体情况如下：1台数控刃磨机床（Numerically Controlled Sharpening Machines），1套备件，每台合计950 000.00元。4月23日，一家省级大型外贸公司给蔡锋介绍了一家专门供应数控刃磨机床的日本企业Mayama Corporation。该企业的基本情况如下：

地址：7-25-2，Niina，Mino，Osaka，Japan

电话：0081-665-43-3367

传真：0081-665-43-3369

联系人：Yama

电子邮箱：yama@mayama.com.jp

拟订产品型号：HS1122

外贸业务员蔡锋的任务如下：

1. 拟写询盘函

根据以下要求，给Mayama Corporation拟写一封询盘函：

（1）告诉对方我公司是如何知道其信息的，并表达建立业务关系的愿望。

（2）简要自我介绍，我公司是专营设备进出口的外贸公司。

（3）要求对方就以上型号的数控刃磨机床及其备件，分别按美元/台和美元/套、FOB日本主港进行报价，并提供包装、支付、交货期等详细信息。

2. 根据国外客户报价，核算进口利润率

2021年4月25日，外贸业务员蔡锋收到了Mayama Corporation经理Yama的发盘电子邮件。

发件人：yama@mayama.com.jp

收件人：caifeng@njlx.com.cn

日　　期：2021-04-25　　9:22:42

主　　题：Offer on Numerically Controlled Sharpening Machines

附　　件：Technical documentation.doc

Dear Mr. Cai,

Thanks for your inquiry on Apr. 23, 2021. Our offer is as follows:

Description of Goods	Unit Price
HS1122 Numerically Controlled Sharpening Machine Spare Parts Origin：Japan Detail technical information sees the Attachment.	FOB Osaka，Japan USD107 500.00/set USD2 500.00/set

Packing: Packed in wooden cases; one set machine and one set spare parts shipped in a 20'FCL.

Payment: The Buyer shall pay 20% of the sales proceeds to the Seller in advance by T/T within 10 days after the contract date; pay the balance by T/T against the fax of B/L.

Delivery Period: within 45 days after receiving the advance payment.

This offer is valid subject to your reply here until May. 15, 2021.

We wish we should be your good trade partner.

Best wishes,

Yours faithfully,

Yama

Manager

Mayama Corporation

7-25-2, Niina, Mino, Osaka, Japan

Tel: 0081-665-43-3367　Fax: 0081-665-43-3369

E-mail: yama@mayama.com.jp

　　外贸业务员蔡锋把设备技术资料给历玛公司确认后，结合历玛公司的意向订单，查询进口关税率、增值税率和国外运费，并根据以下信息对Mayama Corporation的报价核算进口利润率（以国内销售价格为基础）：

　　（1）按照以前进口的经验统计，除了进口关税、增值税、国外运费之外的其他进口费用按国内销售价格的1%计算。

　　（2）国外保费忽略不计。

（3）在还价核算过程中，保留小数点后2位。

3. 根据预期进口利润率，核算进口价格

丽霞公司对该产品进口的预期进口利润率为20%，外贸业务员蔡锋按20%和25%的预期进口利润率计算进口价格。

4. 书写还盘函

4月28日，外贸业务员蔡锋结合计划进口数量，给Mayama Corporation书写并发送还盘函。还盘时，考虑到贸易风险和资金运作，付款条件改为按提单日后90天全额付款的信用证；考虑保留进一步还价余地，按照25%的预期进口利润率计算进口价格还价。

项目二　合同的订立

【学习目标】

知识目标：

● 熟悉进口合同和国内销售合同文本

● 掌握进口合同的商品品质、数量、包装、价格、运输、保险等条款的内容

技能目标：

● 能够根据进口磋商结果拟订进口合同

● 能够根据与国内需求企业的磋商结果拟订国内销售合同

素养目标：

● 具备"重合同，守信用"的外贸诚信品质和守法意识

● 具备防范不当合同条款的风险意识

● 了解国内外合同法律法规与国际惯例，做知己知彼的进口业务员

项目背景

普华公司外贸业务员小赵通过前期的深入调研，在对产品的品质、价格、包装、运输等成交条件进行反复磋商后，最终决定与革富行签订进口合同。与此同时，小赵还需要与海易公司签订这批葡萄酒的国内销售合同。

2020年12月15日，外贸业务员小赵需根据以下与革富行的业务联系人Joshua Hwang 达成的协议条款，拟订一份号码为 GDPH1521 的进口合同，并办理签订进口合同的手续。

1. 商品、数量及单价

序号	酒名称	年份	品种	产地	单价	单位	数量	单位	箱数	小计
1	GIN 407	2013	赤霞珠	古纳华拉谷	7.5	FOB$	1 140	瓶（每箱6瓶）	190	8 550
2	GIN 407	2012	赤霞珠	古纳华拉谷	9.5	FOB$	1 200	瓶（每箱6瓶）	200	11 400
3	GIN 407	2011	赤霞珠	古纳华拉谷	12.5	FOB$	1 800	瓶（每箱6瓶）	300	22 500
4	GIN 707	2013	赤霞珠	巴罗萨谷	39	FOB$	1 200	瓶（每箱6瓶）	200	46 800
5	GIN 707	2011	赤霞珠	巴罗萨谷	86	FOB$	1 200	瓶（每箱6瓶）	200	103 200
6	Grange	2013	西拉子	巴罗萨谷	216	FOB$	600	瓶（每箱6瓶）	100	129 600
7	Grange	2010	西拉子	巴罗萨谷	420	FOB$	600	瓶（每箱6瓶）	100	252 000

2. 金额

574 050.00美元。

3. 包装

750 ml玻璃瓶装，瓶底凹陷，每瓶附独立高密度双重防震包装并用充气柱包裹。每6瓶装一个纸板箱竖瓶装，纸板箱要求5层瓦楞纸内附隔衬，尺寸为280 mm×200 mm×330 mm，纸板箱自重260 g。共计1 290箱，7 740瓶酒装一个20英尺恒温货柜运输（非冷藏柜，或普通货柜配恒温设备）。

4. 运输

2021年4月16日至5月15日间装运；从澳大利亚墨尔本到海口；允许转运和不允许分批装运。

5. 付款

50%的货款于发货前15天内支付，50%的货款于卖方提交正本运输单据后支付，信用证要求在合同日后45天内开立。

6. 保险

由买方投保。

7. 单据

（1）签名的商业发票一式三份，注明合同号码和信用证号码。

（2）全套清洁已装船正本海运提单，抬头做成空白指示，空白背书，注明运费到付，通知开证申请人。

（3）由卖方签署的正本装箱单/重量单一式三份，注明数量/集装箱号/每箱毛重/净重。

（4）由卖方签署的非木质包装材料证明正本一份，副本两份。

（5）由商会出具的原产地证明。

（6）由卖方签署的正本品质及数量证书一式三份。

（7）卖方在货物装船后3个工作日内将装船通知传真至买方，注明合同号、商品名称、数量、毛量、金额、装运港、目的港、船名和装船日期。

8. 卖方银行信息

卖方银行：AUSTRALIA AND NEW IEACAND BANKGROUP CIMITED

BIC CODE：ANZBAU3MXXX。

地址：450，KONGDUK-DONG，MAPO-KU，MELBOURNE，AUSTRALIA。

账号：59410541642001。

9. 检验

制造厂商或卖方在交货前将货物进行精细而全面的关于品质、规格及数量/质量的检验并签发证书说明货物符合合同关于"品名及规格"和"数量"条款的规定。货到目的口岸后，买方可申请中国海关进行有关品质、规格、性能及数量/重量的检验。如发现规格、数量有任何不符，除了属于保险公司或船公司的责任外，货物品质、规格与合同规定不符或在本合同相关条款规定的品质保证期限内证明货物有缺陷，包括潜在缺陷或用料不当，买方有权按本合同相关规定向卖方提出索赔。

10. 索赔

在货到目的口岸30天内如果发现货物品质、规格及数量与合同不符，除了属于保险公司或者船公司的责任外，索赔基于CCIC&CCIB检验报告，买方有权凭SGS出具的检验证书及有关照片和英文索赔报告（注明集装箱号码），向卖方索赔，同时便于卖方对问题的解决起到应有的作用。按合同条款，买方不能因索赔而推迟或不付发票金额货款。如因买方原因延迟付款，则卖方可提出利息索赔，第一月为1%，以后每个月为2%。装箱单上的件数不代表重量，不能以此提出索赔。在买方未付清发票金额上的货款以前，卖方将一直拥有货物的所有权并以最适当的方式处理这批货物，包括仓储和转卖给其他用户，买方将因此承担转卖过程中产生的各项额外费用和损失。

11. 不可抗力

由于人力不可抗拒的原因而导致不能交货或装船延迟，卖方不负责任。但卖方必须将事故电告买方并在事故发生后14天内在灾害发生地点把有关政府机关所发的事故存在证明书航空邮寄给买方，并取得买方的认可。在上述情况下，卖方仍有采取一切必要措施从速交货的责任。如果事故持续超过6个星期，买方有权取消合同。

2020年12月15日，外贸业务员小赵与革富行的业务联系人Joshua Hwang签订进口合同的同时，需要根据以下与海易公司达成的主要协议条款，拟订一份号码为15ZM97的国内销售合同并办理签订国内销售合同的手续。

1. 商品、数量及单价

序号	酒名称	年份	品种	产地	单价/元	数量	单位	箱数	小计/元
1	GIN 407	2013	赤霞珠	古纳华拉谷	98	1 140	瓶（每箱6瓶）	190	111 720
2	GIN 407	2012	赤霞珠	古纳华拉谷	138	1 200	瓶（每箱6瓶）	200	165 600
3	GIN 407	2011	赤霞珠	古纳华拉谷	188	1 800	瓶（每箱6瓶）	300	338 400
4	GIN 707	2013	赤霞珠	巴罗萨谷	568	1 200	瓶（每箱6瓶）	200	681 600
5	GIN 707	2011	赤霞珠	巴罗萨谷	1 688	1 200	瓶（每箱6瓶）	200	2 025 600
6	Grange	2013	西拉子	巴罗萨谷	3 800	600	瓶（每箱6瓶）	100	2 280 000
7	Grange	2010	西拉子	巴罗萨谷	6 800	600	瓶（每箱6瓶）	100	4 080 000

2. 金额

9 682 920.00元。

数量和金额都允许有1%以内的增减。

3. 包装

澳大利亚原装进口，750 ml玻璃瓶装，瓶底凹陷，每瓶附独立高密度双重防震包装并用充气柱包裹。每6瓶装一个纸板箱竖瓶装，纸板箱要求5层瓦楞纸内附隔衬，尺寸为280 mm×200 mm×330 mm，纸板箱自重260 g。共计1 290箱，7 740瓶酒装一个20英尺恒温货柜运输（非冷藏柜，或普通货柜配恒温设备）。

4. 付款

买方在合同签订后5天内付给乙方合同金额30%的定金，提货前付清余款；全部货款收齐后，卖方向买方提供金额13%的增值税发票。

5. 交货

卖方收到定金后45日内送货到买方海口仓库。

任 务分解

外贸业务员小赵的工作任务包括：

任务1　根据之前磋商的内容，缮制并签订进口合同

任务2　根据进口合同的内容，缮制并签订国内销售合同

任务1　签订进口合同

第一步，外贸业务员小赵分别从约首、本文和约尾三部分内容拟订进口合同。

1. 约首

约首一般包括合同的名称、合同编号、订约日期、订约双方当事人的名称和地址、双方订立合同的意愿和执行合同的保证等。

PURCHASE CONTRACT

CONTRACT NO.: GDPH1521　　　　　　　　　　DATE: Dec. 15, 2020

THE SELLER: Australian Genfolds Winery Company Limited

1701 Albert Road, South Melbourne, Victoria, Australia

TEL: 0061-3-87654321　　　FAX: 0061-3-87654321

THE BUYER: Puhua International Trade Co., Ltd. of Guangdong

220 Beijing Road, Guangzhou, Guangdong

TEL: 0086-20-87654321　　　FAX: 0086-20-87654321

This Contract is made by and between the Buyer and Seller, whereby the Buyer agrees to buy and the Seller agrees to sell the under-mentioned commodity according to the terms and conditions stipulated below:

---

2. 本文

本文是合同的主体部分，主要包括以下条款。

（1）品名和品质、数量条款、价格条款。

Commodity & specification	Quantity	Unit price	Amount
FOB Melbourne, Australia as per INCOTERMS2010			
Red wine GIN 407 (2013)			
GIN 407 (2012)	1 140 btls	USD 7.50/btl	USD 8 550.00
GIN 407 (2011)	1 200 btls	USD 9.50/btl	USD 11 400.00
GIN 707 (2013)	1 800 btls	USD 12.50/btl	USD 22 500.00
GIN 707 (2011)	1 200 btls	USD 39.00/btl	USD 46 800.00
Grange (2013)	1 200 btls	USD 86.00/btl	USD 103 200.00
Grange (2010)	600 btls	USD 216.00/btl	USD 129 600.00
As per the confirmed sample of Dec. 7, 2020	600 btls	USD 420.00/btl	USD 252 000.00
TOTAL	7 740 btls		USD 574 050.00
TOTAL CONTRACT VALUE: SAY U.S. DOLLARS FIVE HUNDRED AND SEVENTY FOUR THOUSAND AND FIFTY ONLY.			

（2）包装条款。

PACKING: Imported from Australia with original packaging, 750 ml glass bottle with hollow bottom, each came in shock-resistant package with air pack for protection. The cardboard, which requires five-layered corrugated case, is of 280 mm × 200 mm × 330 mm and net weight 260 g, horizontally placed, 1 290 boxes of 7 740 bottles are packed in 20-foot thermostatic cargo containers for transportation (not freezer, regular cargo container with stable temperature).

（3）装运条款。

PORT OF LOADING AND DESTINATION: From Melbourne, Australia to Haikou, China. Transshipment is allowed, and partial shipment is prohibited.
SHIPMENT: Shipment time from 2021–04–16 to 2021–05–15.

（4）保险条款。

INSURANCE: To be covered by the Buyer.

（5）支付条款。

PAYMENT: With 100% of the total value by L/C at sight. With 30% payable within 10 days from the date of L/C advising. The rest 70% of the total value against submission of original shipping document valuing of 100% L/C amount. The relevant L/C shall be issued not later than 45 days after the contract date.
Advising bank: Anzbau Bank　　　BIC Code: ANZBAU 3MXXX
　　address: 450, Kongduk-dong, Mapo-ku, Melbourne, Australia
　account no.: 59410541642001

（6）单据条款。

DOCUMENTS:
+ Signed Commercial Invoice in triplicate issued by the seller, indicating Contract No. and L/C No..
+ Full set of clean on board ocean Bills of Lading marked "freight collect" made out to order blank endorsed notifying the applicant.
+ Signed packing List/weight memo in triplicate issued by the seller, indicating quantity/container number/gross and net weight for each container.
+ Declaration of Non-wood Packing Material issued by the seller in 1 original and 2 copies.
+ Certificate of Origin certified by Chamber of Commerce.
+ Certificate of quantity and quality issued by the seller in triplicate.
+ The seller's shipping advice faxed to the buyer within 3 working days after shipment, advising contract number, L/C number, name of goods, quantity, gross weight and value of invoice, loading port, destination, shipping date and name of vessel.

（7）检验与索赔条款。

INSPECTION:

The manufacturers or Sellers shall before making delivery, ensure the goods meet all the specification as set out in "Commodity & specification" and "Quantity" of this contract. After arrival of the goods at the port of destination, the Buyers shall apply to China Commodity Inspection Bureau (hereafter called the Bureau) for inspection in respect of the quality and specification and quantity/weight of the goods. If any discrepancies are found by the Bureau regarding specification or the quality or both, except when the responsibilities lie with insurance company or shipping company and/or the quality and specifications of the goods are not in conformity with the guarantee period stipulated in this Contract, including latent defects or the use of unsuitable materials, the Buyers shall have the right to claim against the Seller as stipulated in this Contract.

CLAIMS:

Valid within 30 days after the arrival of the goods at the destination port, should the quality, specifications or quantity be found not to be in conformity with the stipulations of the contract except those claims for which the insurance company or the owners of the vessel are liable. Claims based on CCIC & CCIB REPORT. No claim on the delivered goods can postpone or relieve the Buyers of this obligations for collecting and paying the full invoice amount of the goods within the term stated in this contract. The Buyers shall on the strength of the Inspection certificate issued by the SGS and send pictures and a claim report with container numbers in English, so the supplier can make a contribution to the solution of problems and have the right to claim for compensation. In case of delayed payment by the Buyers, the Sellers can claim interest of 1% for the first month and 2% for every following month. The number of cartons noted on the Packing list is no indication of the weight and cannot be used for claims. As long as the payment of the full invoice amount has not been effected by the Buyers, the goods remain the property of the Seller. The Sellers can do with the goods what it seems to be the best, including the warehousing and re-selling to other customers. The Buyers shall be held responsibility for any extra costs and possible losses on the re-sale.

（8）不可抗力条款。

FORCE MAJEURE:

The seller shall not held responsibility if they, owing to Force Majeure cause or causes, fail to make delivery within the time stipulated in the Contract or cannot deliver the goods. However, in such a case, the seller shall inform the buyer immediately by cable and if it is requested by the buyer, the seller shall also deliver to buyer by registered letter, a certificate attesting the existence of such a cause or causes.

（9）仲裁条款。

ARBITRATION:

All disputes in connection with this contract or the execution thereof shall be settled through friendly negotiation. In case no settlement can be reached, the case shall then be submitted to the Arbitration Committee of the China Council for the Promotion of International Trade in accordance with the Provisional Rules of Procedures promulgated by the Arbitration Committee. The Arbitration Committee shall be final and binding upon both parties, neither seek recourse to a law court nor other authorities to appeal for revision of the decision. Arbitration fee shall be borne by the losing party. All correspondence and reports on claim from the Buyers in Arbitration has to be in English, so the Sellers can also give a contribution to the settlement.

3. 约尾

约尾一般包括列明合同份数，使用文字及其效力，生效时间以及双方当事人的签字等内容。如果通过传真进行签约，则可不列明合同份数；如果合同使用两种或两种以上语言，要明确使用文字及其效力；如果合同生效受某个条件约束，则需注明生效时间。

This contract is made in two original copies and becomes valid after signature, one copy to be held by each party.

外贸业务员小赵把拟订的进口合同给总经理黎普华签字：

Signed by:

THE SELLER:	**THE BUYER:**
	Puhua International Trade Co., Ltd.
	黎普华

第二步，外贸业务员小赵把进口合同传真给Australian Genfolds Winery Co.,Ltd的Joshua Hwang，当天收到以下对方公司盖章签名的进口合同传真件，该合同开始生效。

PURCHASE CONTRACT

NO.: GDPH1521   DATE: Dec. 15, 2020

THE SELLER: Australian Genfolds Winery Company Limited
1701 Albert Road, South Melbourne, Victoria, Australia
TEL: 0061–3–87654321   FAX: 0061–3–87654321

THE BUYER: Puhua International Trade Co., Ltd. of Guangdong

220 Beijing Road, Guangzhou, Guangdong

TEL: 0086–20–87654321　　FAX: 0086–20–87654321

This Contract is made by and between the Buyer and Seller, whereby the Buyer agrees to buy and the Seller agrees to sell the under-mentioned commodity according to the terms and conditions stipulated below:

Commodity & specification	Quantity	Unit price	Amount
FOB Melbourne, Australia as per INCOTERMS2020			
Red wine GIN 407 (2013)	1 140 btls	USD 7.50/btl	USD 8 550.00
GIN 407 (2012)	1 200 btls	USD 9.50/btl	USD 11 400.00
GIN 407 (2011)	1 800 btls	USD 12.50/btl	USD 22 500.00
GIN 707 (2013)	1 200 btls	USD 39.00/btl	USD 46 800.00
GIN 707 (2011)	1 200 btls	USD 86.00/btl	USD 103 200.00
Grange (2013)	600 btls	USD 216.00/btl	USD 129 600.00
Grange (2010)	600 btls	USD 420.00/btl	USD 252 000.00
As per the confirmed sample of Dec.7, 2020			
TOTAL	7 740 btls		USD 574 050.00
TOTAL CONTRACT VALUE: SAY U.S. DOLLARS FIVE HUNDRED AND SEVENTY FOUR THOUSAND AND FIFTY ONLY.			

More or less 1% of the quantity and the amount are allowed.

PACKING:

Imported from Australia with original packaging, 750 ml glass bottle with hollow bottom, each came in shock-resistant package with air pack for protection. The cardboard, which requires five-layered corrugated case, is of 280 mm × 200 mm × 330 mm and net weight 260 g, horizontally placed, 1 290 boxes of 7 740 bottles are packed in 20–foot thermostatic cargo containers for transportation (not freezer, regular cargo container with stable temperature).

MARKS:

Content of Chinese Label (back lable):

1) Raw and auxiliary materials.

2) Product categories.

3) Alcohol content.

4) Original country.

5) Producing region.

6) Bottling date.

7) Expiry date, picking year, flavor and other descriptions (only can be marked when the original label reflects) .

8) Storage requirements.

9) Net content.

10) Marking: "Overdrink is harmful to health!"

11) Name, phone number and address (operation unit) of importer.

12) Name, phone number and address (receiving unit) of distributor.

Requirements for Chinese Label:

1) The font height for "Net 750ml" should be no smaller than 4mm, while all others should be above 1.8mm.

2) The Chinese font size should be larger than the English one on the back label.

3) Alcohol content should be clearly labeled, e.g. 13% VOL.

4) Ingredients should be clearly listed and labeled, e.g. "grape juice" rather than "100% grape juice" .

5) (Name) : Wine should be concisely labeled, e.g. Red/White Wine, Dry Red/White or Semi Dry Red/White wine.

6) Manufacture date can be written in two ways: either list out the day, month and year or print "see the bottle" (here, the day/month/year should be printed on the bottle) .

7) The manufacturer and address, importer/exporter and the corresponding address and phone number should be clearly labeled (also include country of origin, bottling date, storage guidelines and requirements, "best before" date, type, grape year, manufacturer and address) .

8) "Cuvee" should not be printed on the label.

9) The storage guidelines should not include precise or exact temperature range.

10) If the bottle wins any prize, one should present: (prize sticker, prize certificate, official website, sticker location) .

QUALITY:

As per sample.

TIME OF SHIPMENT:

Shipment time from 2021−04−16 to 2021−05−15.

PORT OF LOADING AND DESTINATION:

From Melbourne, Australia to HaiKou

Transshipment is allowed. and partial shipment is prohibited.

INSURANCE:

To be covered by the Buyer.

TERMS OF PAYMENT:

50% of the contract value pay by T/T within 15 days after the buyer's shipment instruction. The rest 50% of the total value against submission of original shipping document valuing of 100% contract amount. The relevant L/C shall be issued not later than 45 days after the contract date. In case of late arrival of the L/C, the seller shall not be liable for any delay in shipment and shall have the right to rescind the contract and /or claim for damages.

DOCUMENTS:

+ Signed Commercial Invoice in triplicate issued by the seller, indicating Contract No. and L/C No..

+ Full set of clean on board ocean Bill of Lading marked "freight collect" made out to order blank endorsed notifying the applicant.

+ Signed packing List/weight memo in triplicate issued by the seller, indicating quantity/ container number/gross and net weight for each container.

+ Declaration of Non-wood Packing Material issued by the seller in 1 original and 2 copies.

+ Certificate of Origin certified by Chamber of Commerce.

+ Certificate of quantity and quality issued by the seller in triplicate.

+ The seller's shipping advice faxed to the buyer within 3 working days after shipment, advising contract number, L/C number, name of goods, quantity, gross weight and value of invoice, loading port, destination, shipping date and name of vessel.

INSPECTION:

The manufacturers or Sellers shall before making delivery, ensure the goods meet all the specification as set out in "Commodity & specification" and "Quantity" of this contract. After arrival of the goods at the port of destination, the Buyers shall apply to China Commodity Inspection Bureau (hereafter called the Bureau) for inspection in respect of the quality and specification and quantity/weight of the goods. If any discrepancies are found by the Bureau regarding specification or the quality or both, except when the responsibilities lie with insurance company or shipping company and/or the quality and specifications of the goods are not in conformity with the guarantee period stipulated in this Contract, including latent defects or the use of unsuitable materials, the Buyers shall have the right to claim against the Seller as stipulated in this Contract.

CLAIMS:

Valid within 30 days after the arrival of the goods at the destination port, should the quality, specifications or quantity be found not to be in conformity with the stipulations of the contract except those claims for which the insurance company or the owners of the vessel are liable. Claims based on CCIC&CCIB REPORT. No claim on the delivered goods can postpone or relieve the Buyers of this obligations for collecting and paying the full invoice amount of the goods within the term stated in this contract. The Buyers shall on the strength of the Inspection certificate issued by the SGS and send pictures and a claim report with container numbers in English, so the supplier can make a contribution to the solution of problems and have the rights to claim for compensation. In case of delayed payment by the Buyers the Sellers can claim interest of 1% for the first month and 2% for every following month. The number of cartons noted on the Packing list is no indication of the weight and cannot be used for claims. As long as the payment of the full invoice amount has not been effected by the Buyers, the goods remain the property of the Seller. The Sellers can do with the goods what it seems to be the best, including the warehousing and re-selling to other customers. The Buyers shall be held responsibility for any extra costs and possible losses on the re-sale.

LATE DELIVERY AND PENALTY:

In case of late delivery, the Buyer shall have the right to cancel this contract, reject the goods and lodge a claim against the Seller. Except for Force Majeure, if late delivery occurs, the Seller must pay a penalty, and the Buyer shall have the right to lodge a claim against the Seller. The rate of penalty is charged at 0.1% for every day. The total penalty amount will not exceed 5% of the shipment value. The penalty shall be deducted by the paying bank or the Buyer from the payment.

FORCE MAJEURE:

The seller shall not held responsibility if they, owing to Force Majeure cause or causes, fail to make delivery within the time stipulated in the Contract or cannot deliver the goods. However, in such a case, the seller shall inform the buyer immediately by cable and if it is requested by the buyer, the seller shall also deliver to buyer by registered letter, a certificate attesting the existence of such a cause or causes.

ARBITRATION:

All disputes in connection with this contract or the execution thereof shall be settled through friendly negotiation. In case no settlement can be reached, the case shall then be submitted to the Arbitration Committee of the China Council for the Promotion of International Trade in accordance with the Provisional Rules of Procedures promulgated by the Arbitration Committee. The Arbitration Committee shall be final and binding upon both parties, neither seek recourse to a law court nor other authorities to appeal for revision of the decision. Arbitration fee shall be borne by the losing party. All correspondence and reports on claim from the Buyers in Arbitration has to be in English, so the Sellers can also give a contribution to the settlement.

This contract is made in two original copies and becomes valid after signature, one copy to be held by each party.

Signed by:

<table>
<tr><td align="center">**THE SELLER:**</td><td align="center">**THE BUYER:**</td></tr>
<tr><td align="center">Australian Genfolds Winery Co., Ltd.</td><td align="center">Puhua International Trade Co., Ltd.</td></tr>
<tr><td align="center">Matthew Daniel Smith</td><td align="center">黎普华</td></tr>
<tr><td align="center">---</td><td align="center">---</td></tr>
</table>

任务2 签订国内销售合同

外贸业务员小赵根据与澳大利亚革富行谈判的结果，拟订并签署如下国内销售合同：

国内销售合同

（协议号：15ZM97）

甲方：海南海易商贸有限公司　　　　　　乙方：广东普华国际贸易有限公司

　　地址：海口市流芳路10号　　　　　　　　地址：广州市北京路220号

　　电话：0898-65915800　　　　　　　　　电话：020-87654321

　　传真：0898-65913200　　　　　　　　　传真：020-87654321

　　甲乙双方从澳大利亚进口一批葡萄酒，经友好协商，在甲方已确认产品质量和有关技术要求的基础上，达成以下协议条款：

一、商品名称、数量、价格和金额：

序号	酒名称	年份	品种	8产地	单价/元	数量	单位	箱数	金额/元
1	GIN 407	2013	赤霞珠	古纳华拉谷	98	1 140	瓶（每箱6瓶）	190	111 720
2	GIN 407	2012	赤霞珠	古纳华拉谷	138	1 200	瓶（每箱6瓶）	200	165 600
3	GIN 407	2011	赤霞珠	古纳华拉谷	188	1 800	瓶（每箱6瓶）	300	338 400
4	GIN 707	2013	赤霞珠	巴罗萨谷	568	1 200	瓶（每箱6瓶）	200	681 600
5	GIN 707	2011	赤霞珠	巴罗萨谷	1 688	1 200	瓶（每箱6瓶）	200	2 025 600
6	Grange	2013	西拉子	巴罗萨谷	3 800	600	瓶（每箱6瓶）	100	2 280 000
7	Grange	2010	西拉子	巴罗萨谷	6 800	600	瓶（每箱6瓶）	100	4 080 000
	合计					7 740			9 682 920.00
	总金额（大写）			玖佰陆拾捌万贰仟玖佰贰拾圆整					

备注：1. 该价格含13%的增值税。

2. 数量和金额允许有1%以内的增减。

3. 包装：澳大利亚原装进口，750 ml玻璃瓶装，瓶底凹陷，每瓶附独立高密度双重防震包装并用充气柱包裹。每6瓶装一个纸板箱竖瓶装，纸板箱要求5层瓦楞内附隔衬，尺寸280 mm×200 mm×330 mm，纸板箱自重260 g。共计1 290箱/7 740瓶酒装一个20英尺恒温货柜运输（非冷藏柜，或普通货柜配恒温设备）。

二、双方的权利和义务：

甲方：

1. 确认进口货物价格，落实进口项目所需资金，且按本协议按时付款。

2. 负责对有关进口产品的质量及有关技术等内容的确认。

3. 如发现质量、数量等问题，甲方应及时办理有关商检手续，以便据此对外索赔。

4. 负责上述进口货物到达目的地海口后的卸货工作并承担有关费用。

乙方：

1. 收到甲方定金后，及时办理上述货物的订货及进口的有关手续。

2. 及时向甲方通报进口货物的发货和清关情况，协调有关商务事宜。

3. 办理到货后的报关、清关手续和内陆运输和保险工作，并承担相关费用。

4. 负责在收到定金后45天内送货到甲方海口仓库。

三、支付与结算方式：

甲方在合同签订后5天内付给乙方合同金额30%的定金，以便乙方收款后及时对外订货；货物清关后，甲方派人到乙方杭州仓库验货和提货，并在提货前付清余款；全部货款收齐后，乙方向甲方提供全额13%的增值税发票。

甲方未付清本协议全款前，该进口货物所有权归乙方拥有；若货物到港10天后，在乙方的催余款通知发出后10天内仍未收到甲方的余款，乙方有权处理进口货物并没收甲方的定金。

四、本合同一经签订，双方必须共同遵守，严格执行。本合同的有关条款如有变化或其他未尽事宜，双方协商解决。

五、本合同一式两份，双方各执一份，传真同等有效。

甲方：海南海易商贸有限公司　　　　乙方：广东普华国际贸易有限公司

签字：　　　陈易海　　　　　　　　签字：　　　黎普华

2020 年 12 月 15 日

知 识要点 <<<<<<<<<<<<<<<<<<<<<<<<<<<<<<<<<<<<<<<<<<<<<<<<<

一、进口合同的生效条件

（一）当事人必须在自愿、真实的基础上达成协议

一方以欺诈、胁迫的手段或者乘人之危，使对方在违背真实意思的情况下订立的进口合同，受害方有权请求人民法院或者仲裁机构变更或者撤销。

（二）当事人必须具有相应的行为能力

如果签订进口合同的当事人为企业法人，则该企业法人必须是依法注册成立的合法组织，有关业务应当在其法定经营范围之内，且应该是拥有外贸经营资格的企业。没有取得外贸经营资格的企业。必须委托有外贸经营资格的企业代理签订进口合同。如果签订进口合同的当事人为自然人，则该自然人必须是精神正常的成年人，神志不清者、未成年人等都不具有签订进口合同的合法资格。

（三）进口合同的标的和内容必须合法

进口合同的标的和内容必须合法，是指进口合同的内容不得违反有关国家法律的强制性规定，不得违反公共政策或损害社会公共利益。进口合同的内容必须体现公平原则，买卖双方在进口合同中的权利和义务应该是平衡、互利和均衡的。

（四）进口合同必须有对价或约因

无对价或约因的进口合同不具备法律效力。

二、进口合同的种类

根据订立方式不同，进口合同可分为书面合同、口头合同和其他合同。书面合同是最常见的进口合同形式。

根据进口方式不同，进口合同可分为自营进口合同和代理进口合同。自营进口合同包括买方和卖方两个当事人。代理进口合同包括买方、买方代理

微课：进口合同生效的条件

和卖方三个当事人。

在实务中，进口合同最常见的形式包括订单（Order）、购买合同（Purchase Contract）、协议（Agreement）等。

三、进口合同的主要条款

进口合同一般包括约首、本文和约尾三部分内容。下面重点介绍本文的主要条款。

（一）商品名称条款

商品名称（Name of Goods），是指能使某种商品区别于其他商品的一种称呼或概念，也称品名。在制定进口合同时，商品名称条款必须明确、具体，不能用统称。

（二）商品品质条款

微课：进口合同中的品名和品质

商品品质（Quality of Goods），是指商品的内在素质和外观形态的综合。前者包括商品的物理性能、机械性能、化学成分和生物特征等自然属性；后者包括商品的外形、色泽、款式等。

1. 商品品质的表示法

商品品质包括实物和文字说明两种表示法。

（1）实物表示法。凭样品买卖是实物表示法最常见的形式，是以样品品质作为买卖双方交付货物的品质依据的方法，包括凭买方样品买卖、凭卖方样品买卖、凭对等样品买卖。

① 凭买方样品买卖（Sale by Buyer's Sample）是以买方提供的样品品质作为货物交付的品质依据，卖方所交货物品质必须与买方样品一致。

② 凭卖方样品买卖（Sale by Seller's Sample）是以卖方提供的样品品质作为双方货物交付的品质依据，卖方所交货物品质必须与样品一致。

③ 凭对等样品买卖（Sale by Counter's Sample）是买方提供样品，卖方为了稳妥起见，根据买方来样仿制或从现有货物中选择品质相近的样品提供给买方，供买方确认。

（2）文字说明表示法。文字说明表示法是指用文字、图表、照片等方式来说明成交商品的品质，包括凭规格买卖（Sale by Specifications）、凭等级买卖（Sale by Grade）、凭标准买卖（Sale by Standard）、凭品牌或商标买卖（Sale by Brand or Trade Mark）、凭产地名称买卖（Sale by Name of Origin）、凭说明书买卖（Sale by Description and Illustration）等。

2. 品质公差条款

品质公差是指受制于科学技术水平，某些工业品的品质（如机器加工的零件尺寸、钟表的走时等）存在行业公认的误差。只要卖方所交货物的品质差异在品质公差范围内，就被认为达到了合同中的品质要求。

3. 品质机动幅度条款

品质机动幅度是指卖方所交商品品质指标可以在一定幅度内波动，主要适用于初级产品。品质机动幅度的规定方法有三种：规定范围、规定极限、规定上下差异等。

（三）商品数量条款

商品数量（Quantity of Goods）条款主要包括买卖双方成交商品的数量和计量单位，有时还包括计量方法、数量机动幅度等内容。

以商品重量作为计量单位为例，其计量方法包括按毛重计算、按净重计算、按公量计算（如羊毛、生丝）、按理论重量计算（如马口铁、钢板）等。若未注明，按净重计算。

数量机动幅度条款是指规定卖方实际交货数量可以多于或少于合同规定数量一定幅度的条款，又称溢短装条款（More or Less Clause）。

微课：进口合同中的数量条款

（四）商品包装条款

商品包装条款一般包括包装种类、包装方式、包装标志和包装费用承担等内容。这里介绍前三项内容。

1. 包装种类

根据在流通过程中的作用，包装可分为运输包装和销售包装。

（1）运输包装。运输包装又称外包装、大包装，是用于保护商品，便于运输、装卸、储存和计数等。运输包装包括单件运输包装和集成运输包装。单件运输包装主要有纸箱（Carton）、木箱（Wooden Case）、塑料桶（Plastic Drum）、铁盒（Iron Box）、尼龙袋（Nylon Bag）等；集成运输包装主要指托盘（Pallet）和集装箱（Container）。

微课：进口合同中的包装条款

（2）销售包装。销售包装又称内包装、小包装、陈列包装，是直接接触商品并与商品一起卖给销售者。其作用除了保护商品之外，还具有美化商品、宣传商品、拓宽商品销售渠道等作用。

由于大量日用商品和家用商品都是在超市销售，因此这些商品的销售包装一般都要求有条形码（Product Code）。条形码是由一组规则排列的条、空及相应字符组成的标记，用以表达一定的商品信息。国际上主要有UPC（Universal Product Code）和EAN（European Article Number）两类条形码。前者是美国编制的，后者是国际物品编码协会编制的。我国于1991年4月正式加入国际物品编码协会。

2. 包装方式

包装方式一般指包装尺寸、数量/重量、填充物和加固条件等，如纸箱装，每箱装15件（Packed in carton of 15 pieces each）。

3. 包装标志

包装标志也称唛头。在包装正面的唛头称为正唛，也称运输标志（Shipping Mark），一般包括收货人名称的英文缩写或简称、参考号（订单号、信用证号等）、目的地（港）和件号、件数等内容；在包装侧面的唛头称为侧唛，侧唛一般包括单位包装的长、宽、高，毛/净重，指示性标志，警告性标志等内容。

指示性标志是提示有关各方在装卸、运输和保管过程中需注意的事项，一般用简单醒目的图形和文字在包装上标出。警告性标志又称危险货物包装标志。在运输包装内装有易燃物品、有毒物品、爆炸物品、放射性物品等危险物品时，都需要在运输包装上标出各种危险品标志，以示警告，保护人身和物品的安全。

微课：进口合同中的价格条款

（五）商品价格条款

商品价格条款一般由商品单价及商品总值构成。商品价格条款一般包括计价货币、单位价格金额、计量单位及贸易术语四部分，有时会涉及折扣与佣金。

折扣（Discount）是指卖方按照原价给予买方一定百分比的减让，一般由买方在付款时预先扣除。折扣常见的表示方法是：①文字表示法，如USD20.00/PC FOB Toronto less 2% discount；②缩写表示法，如USD20.00/PC FOB D2% Toronto。

佣金（Commission）是指卖方或买方支付给中间商作为其对货物的销售或购买提供中介服务的酬金。佣金包括明佣和暗佣。明佣直接显示在价格上，一般在货款结算时支付给中间商；暗佣暗地付给中间商，不显示在价格上。明佣常见的表示方法是：①文字表示法，如USD20.00/PC FOB Toronto including 3% commission；②缩写表示法，如USD20.00/PC FOB C3% Toronto。

（六）运输条款

运输条款主要包括装运时间、装运地和目的地、分批装运和转运、装船指示或装运通知等内容。

微课：进口合同中的运输条款

1. 装运时间

装运时间又称装运期，是卖方将货物装上运输工具或交给承运人的期限。常见的表示方法有：

（1）限于某一段确定时间，如Shipment during April /May 2021.

（2）规定一个最迟装运日期，如Shipment not later than July 15th, 2021.

（3）规定在收到信用证或汇款后一定期限内装运，如Shipment within 60 days after receipt of L/C; Shipment will be effected within 45 days after receipt of your 20% deposite of the total amount by T/T.

2. 装运地和目的地

一般情况下都规定具体的一个装运地和目的地，如Shipped from Tokyo,

Japan to Shanghai，China。有时也规定两个或两个以上的装运地和目的地，如 Shipped from Tokyo，Japan to Shanghai/Qingdao，China。甚至规定一个区域，如 Shipped from Tokyo，Japan to Chinese main port.

3. 分批装运和转运

（1）分批装运。分批装运（Partial Shipments）是指一笔成交的货物分若干批次在不同航次、车次、班次装运。常见的规定方法包括：①只规定允许分批装运，但对具体的批次和时间不作规定，如 Partial shipments are to be allowed；②规定允许分批装运，且规定具体的批次和时间，如 10 000 pcs shipped during October，2021，20 000 pcs shipped during November，2021；③不允许分批装运，如 Partial shipments are not to be allowed.

（2）转运。在装运地与目的地之间无直达航次或直达航次很少的情况下，往往规定转运（Transshipment）条款。常见的规定方法包括：①只注明允许转船运输，但不做具体规定，如 Transshipment is allowed；②注明允许转船运输，并规定具体转运地点，如 Transshipped at Singapore.

4. 装船指示或装运通知

（1）装船指示（Shipping Instruction）。在FOB术语下，由买方在租船订舱完成后向卖方发出通知，将船名、航次、预计抵港时间告知卖方，以便卖方做好装船准备。

（2）装运通知（Shipping Advice）装运通知是卖方在货物装船后向买方发出通知，将已装船的货物情况、船名、航次、装船日期等电告买方，以便买方做好报关接货的准备。在CFR术语下，装运通知尤为重要，装运通知发出的及时与否关系到买方为货物投保时机的把握。

（七）保险条款

保险条款主要包括投保责任归属、投保金额、投保险别及投保条款依据四部分内容。

1. 投保责任归属

投保责任归属决定于贸易术语的性质，在Exw、FOB、CFR、FCA、CPT贸易术语下，投保责任由买方承担；在CIF或CIP贸易术语下，投保责任归属于卖方。

2. 投保金额

投保人向保险公司申报的保险标的的价值，即投保金额。按照国际贸易惯例，通常以合同金额的110%作为投保金额。

3. 投保险别

买卖双方应就保险标的的投保险别磋商一致，根据运输方式的特点、商品的特性等选择保险险别。

微课：进口合同中的保险条款

4. 投保条款依据

我国出口商选择保险条款时一般倾向于选择中国保险条款（China Insurance Clause，CIC）。如果买方提出要求以伦敦协会货物保险条款（Institute Cargo Clause，ICC）为依据投保，通常卖方也是可以接受的。

微课：进口
合同中的支
付条款

（八）支付条款

1. 汇款支付方式的常见合同条款形式

（1）装运前T/T：The buyer shall pay 100% of the sales proceeds to the seller in advance by T/T not later than Feb. 14, 2021.

（2）装运后见提单传真件T/T：The buyer shall pay 100% of the sales proceeds to the seller by T/T against the fax of B/L.

（3）装运前T/T +装运后见提单传真件T/T：The buyer shall pay 20% of the sales proceeds to the seller in advance by T/T before Jan. 1, 2021, pay the balance by T/T against the fax of B/L.

（4）后T/T：The buyer shall pay 100% of the sales proceeds to the seller by T/T within 30 days after B/L dated.

2. 托收支付方式的常见合同条款形式

（1）即期D/P：Upon first presentation, the buyer shall pay against documentary drafts drawn by the sellers at sight. The shipping documents are to be delivered against payment only.

（2）远期D/P：The buyer shall duly accept the documents drawn by the seller at 60 days after sight upon first presentation and make due payment on its maturity. The shipping documents are to be delivered against payment only.

（3）D/A：The buyer shall duly accept the documents drawn by the seller at 30 days after sight upon first presentation and make due payment on its maturity. The shipping documents are to be delivered against acceptance.

3. 信用证支付方式的常见合同条款形式

（1）议付L/C：The buyer shall establish irrevocable Letter of Credit at sight, reaching the seller not later than Dec.30, 2021 and remaining valid for negotiation in China for further 15 days after the effected shipment.

（2）即期付款L/C：The buyer shall establish irrevocable Letter of Credit by sight payment, reaching the seller not later than Dec.30, 2021

（3）延期付款L/C：The buyer shall establish irrevocable Letter of Credit by deferred payment at 60 days after B/L date, reaching the seller not later than Dec.30, 2021.

（4）承兑L/C：The buyer shall establish irrevocable Letter of Credit by acceptance at 30 days after sight, reaching the seller not later than Dec.30, 2021.

4. 银行保函支付方式的常见合同条款形式

（1）履约保函：The seller's bank should issue a performance guarantee in favor of the buyer for 10% of the contract value within one month after the contract date, the guarantee is valid for one year; the buyer should instruct its bank to open the L/C at sight for 100% of the contract value within 15 days after receiving the above performance guarantee.

（2）预付款保函：30% of proceeds payable by T/T, after the buyer received the advance payment guarantee issued by the seller's bank for 30% of proceeds; 70% of proceeds payable by T/T against the fax copy of B/L.

5. 混合支付方式的常见合同条款形式

The buyer shall pay 30% of the sales proceeds to the seller in advance by T/T before Jan. 1, 2021, pay the balance by sight L/C which should be opened before Jan. 15, 2021.

（九）商品检验条款

商品检验条款应包括检验权的归属，检验或复验的时间和地点，检验机构，检验内容等。

1. 检验权的归属、检验或复验的时间和地点

根据国际贸易惯例，检验权的归属、检验或复验的时间和地点的规定方法主要有下列五种：

（1）在出口国产地检验。发货前，由卖方检验人员会同买方检验人员对货物进行检验，卖方只对商品离开产地前的品质负责。货物离开产地后在运输途中的风险由买方负责。

（2）在装运港（地）检验。货物在装运前或装运时由双方约定的商检机构检验，并出具检验证明，作为确认交货品质和数量的依据。这种检验方式，也称"离岸品质和离岸数量"。

（3）在目的港（地）检验。货物在目的港（地）卸货后，由双方约定的商检机构检验，并出具检验证明，作为确认交货品质和数量的依据。这种检验方式也称"到岸品质和到岸数量"。

（4）买方营业处所或用户所在地检验。对于那些密封包装、精密复杂或需要安装调试后才能检验的商品，不宜在使用前拆包检验，可将检验推迟至用户所在地，由双方认可的检验机构检验并出具证明。

（5）出口国检验，进口国复检。按照这种做法，装运前的检验证书作为卖方收取货款的出口单据之一，但货到目的地后，买方有复验权。如经双方认可的商检机构复验后，发现由于卖方责任导致货物不符合合同规定，买方可以在规定时间内向卖方提出异议和索赔，直至拒收货物。

2. 检验机构

一般来讲，我国进口商可以选择的检验检疫机构主要有四类：

（1）我国出入境货物检验检疫工作的主管机关——中华人民共和国海关。

（2）我国出入境货物检验检疫的专门机构，如进出口计量器具的鉴定工作由国家计量部门检验鉴定。

（3）我国出入境货物检验检疫的民间机构，如中国进出口商品检验总公司。

（4）国际性检验检疫机构或鉴定机构，如SGS等。

3. 检验内容

检验内容包括检验的项目、类别、所用的标准与方法等。

（十）索赔条款

索赔条款一般有两种规定方式：一种是异议与索赔条款；另一种是罚金或违约金条款。大多数买卖合同中只订有异议和索赔条款，只有在买卖大宗商品和机械设备等商品时，合同中才会同时订立上述两种条款。

1. 异议与索赔条款

异议与索赔条款主要包括索赔依据、索赔期限及索赔方法等内容。这里介绍前两项内容。

（1）索赔依据。索赔依据包括法律依据和事实依据两方面。前者是指贸易合同和适用法律的相关规定；后者是指违约的事实及书面证明。作为索赔依据的书面证明，检验证书需由买卖双方认可的并具备检验鉴定权限的机构出具，所以买卖双方在索赔条款中应约定出证机构。

（2）索赔期限。索赔期限包括约定索赔期限和法定索赔期限两种方法。前者由买卖双方约定索赔期限，并列入合同条款；后者是依据国家相关法律法规确定的索赔期限，如国际货物买卖的法定索赔期限按照《公约》的规定是自买方收到货物之日起两年；我国《民法典》规定的索赔期限是四年。

规定索赔期限时，需对索赔期限的起止时间做出明确规定。通常有下列几种起算方法：货到目的港后若干天起算；货到目的港卸离海轮后若干天起算；货到买方营业所或用户所在地后若干天起算；货物检验后若干天起算。

2. 罚金或违约金条款

罚金或违约金条款一般是针对卖方延迟交货、买方延迟付款或延迟接货等情况。其中，罚金条款是指具有惩罚违约方性质的条款，而违约金条款更多倾向于被违约方的损害赔偿。如 In case of any delay delivery, the Seller should pay a penalty to the Buyer, which shall not exceeds 5% of the total value of the goods involved in late delivery. The rate of penalty is charged at 0.5% of the total value or the goods delayed. If the period of delay exceeds 6 weeks after the stipulated delivery date, the Buyer has the right to cancel the contract and obtain the above penalty from the Seller for late delivery.

（十一）不可抗力条款

不可抗力（Force Majeure）是指买卖合同签订后，不是由当事人的过失或疏忽，而是由于发生了当事人不能预见、无法预防、无法克服的意外事故致使合同不能履行或不能如期履行。发生意外事故的一方可以全部或部分免除履行合同的责任或可以延迟履行合同。

不可抗力条款主要包括不可抗力事件的范围、处理原则和方法，不可抗力事件发生后通知对方的期限和方式，以及出具相应证明文件的机构等内容。如 If the shipment of the contracted goods is prevented or delayed in whole or in part by reason of war, earthquake, flood, fire, storm, heavy snow or other causes of Force Majeure, the seller shall not be liable for non-shipment or late shipment of the goods of this contract. However the seller shall notify the buyer by cable or telex and furnish the latter within 7 days by registered airmail with a certificate issued by the relevant organization acceptable by the buyer attesting such events.

（十二）仲裁条款

仲裁（Arbitration）是指买卖双方当事人在争议发生前或争议发生后达成书面协议，自愿将他们之间友好协商不能解决的争议提交双方同意的第三方裁决。仲裁是以当事人的自愿为基础的灵活、简便的争议解决方法，仲裁的裁决是终局性的，买卖双方协商采用仲裁方式解决争议后，则排斥了法院的管辖权。仲裁条款作为主合同的一项条款，尽管依附于主合同，仍然可以与主合同的其他条款分离，独立于它所依附的主合同而存在。

《中华人民共和国仲裁法》第四条规定：当事人采用仲裁方式解决纠纷，应当双方自愿，达成仲裁协议。没有仲裁协议，一方申请仲裁的，仲裁委员会不予处理。即书面仲裁协议的存在是仲裁条款生效的条件；仲裁协议应当具有请求仲裁的意思表示、仲裁事项和选定的仲裁机构三项内容。

能力训练 <<<<<<<<<<<<<<<<<<<<<<<<<<<<<<<<<<<<<<<<<<<<<<<<<<

南京丽霞进出口有限公司外贸业务员蔡锋通过与Mayama Corporation的反复磋商，最终达成一致协议。

1. 签订进口合同

2021年5月21日，蔡锋根据以下与Mayama Corporation达成的主要协议条款，填写以下进口合同条款，使其完整。

1. 商品、数量、价格、金额：

HS1122数控刃磨机床，1台，79 000美元/台；备件，1套，1 000美元/套，FOB日本大阪，总金额80 000美元。

2. 产地国：日本。

3. 装运港：日本大阪。

4. 目的港：中国上海。

5. 交货期：最迟2021年7月31日。

6. 运输：不允许转运和分批装运。

7. 包装：采用符合中国检验要求的坚固木箱包装并适应长途远洋运输。

8. 付款：由买方在2021年5月31日之前开立提单日起90天付款的不可撤销议付信用证，在装运日后7天内交单；若因买方不能及时开立信用证而造成的交货延误，卖方不承担不能在规定交货期内交货的责任，并且有权取消合同和/或索赔损失。

卖方银行：Resona Bank Osaka Toyonaka Branch。

9. 保险：由买方投保。

10. 装运通知：卖方应在货物装船完毕后48小时内以传真通知买方合同号、货物名称、数量、毛重、体积、海运提单号码、船名、装运日期及目的港。

11. 单据：

（1）手签的商业发票一式三份。

（2）装箱单一式三份，注明商品数量、总毛重、总净重和总体积。

（3）全套清洁已装船海运提单，做成凭托运人指示抬头，空白背书，标注运费到付，通知开证申请人。

（4）由卖方出具的原产地证明一式两份。

12. 安装：由卖方派员至最终用户负责安装，卖方人员费用由卖方承担。

13. 质量保证：卖方对供应设备的质量保证期为设备最终验收合格证书签署日后12个月。在质保期内，如果机器发生故障，买方应立即向卖方报告故障的细节。如果在卖方的指导下，买方仍然不能排除故障，卖方的技术人员应在收到买方通知2天内抵达买方场所检查原因。如果上述故障或缺陷是卖方的责任，卖方应尽快修理或更换，并承担一切费用。

14. 检验与索赔：

（1）货物抵达目的港后，卖方应让中国海关对货物的质量、规格和数量进行预检验，并出具检验报告。若检验后发现有不符之处，除了应由保险公司和船公司承担责任之外，买方有权在货物抵港后90天内拒收货物并向卖方提出索赔。

（2）若因潜在缺陷或卖方使用不合要求的原材料等原因，导致产品质量、规格与合同不符，或依据第13条规定的质保期内商品有问题，买方应安排中国海关进行检验并有权依据检验报告向卖方提出索赔。

◆ 进口合同

CONTRACT

CONTRACT NO.: LX08099   DATE: May 21, 2021

  THE BUYER: Nanjing Lixia Import and Export Co., Ltd.

                No. 3108 Renmin Rd. Nanjing, China

                0086–25–4825113   FAX: 0086–25–4825120

THE SELLER: Mayama Corporation

                7-25-2, Niina, Mino, Osaka, Japan

         Tel: 0081-665-43-3367   Fax: 0081-665-43-3369

This Contract is made by and between the Buyer and Seller, whereby the Buyer agrees to buy and the Seller agrees to sell the under-mentioned commodity according to the terms and conditions stipulated below:

1. Description of Goods, Quantity, Unit Price and Amount

Description of Goods	Quantity	Unit Price	Amount
Total			
Total Contract Amount in Words:			

2. Country of Origin:

3. Port of Loading:

4. Port of Destination:

5. Delivery Time:

6. Shipment:

7. Packing:

8. Payment:

Seller's bank:

9. Insurance:

10. Shipping Advice:

11. Documents:

1)

2)

3)

4)

12. Erection:

13. Quality Warranty:

14. Inspection and Claims:

1)

2)

15. Force Majeure:

The seller shall not be held responsibility for the delay in delivery or non-delivery of the goods due to Force Majeure. However the sellers shall advise the Buyers immediately of the occurrence and within 10 days thereafter, the seller shall send by airmail to the buyers for their acceptance a certificate of the accident issued by the Competent Government Authorities of the place where the accident occurs as evidence thereof. Under such circumstances, the sellers, however, are still under the obligation to take all necessary measures to hasten the delivery of the goods. In case the accident lasts for more than six weeks, the buyer shall have the right to cancel the contract.

16. Arbitration:

All disputes in connection with this contract or the execution thereof shall be settled friendly through negotiation. In case no settlement can be reached through negotiation, the case should then be submitted for arbitration to the Foreign Trade Arbitration Commission of the China Council for the Promotion of International Trade, Beijing, in accordance with the provisional rules of procedures of the Foreign Trade Arbitration Commission of the China Council for the Promotion of International Trade. The arbitration shall take place in Beijing and the decision rendered by the mentioned authorities for revising the decision. The arbitration fee shall be borne by the losing party. Or the arbitration may be settled in the third country mutually agreed on by both parties.

This contract is made in two original copies and becomes valid after signature, one copy to be held by each party.

THE SELLER: THE BUYER:

MAYAMA CORPORATION   NANJING LIXIA IMPORT AND EXPORT CO., LTD.

MZUKI   章丽霞

---------------------------------   ---

2. 签订国内销售合同

2021年5月21日，外贸业务员蔡锋与Mayama Corporation签订进口合同的同时，根据以下与南京历玛机械股份有限公司达成的主要协议条款，填写以下国内销售合同条款，使其完整。

1. 商品、数量、价格、金额：
HS1122数控刃磨机床1台，备件1套，总金额980 000元（含增值税）；产地为日本。
2. 付款：买方在合同签订后5天内付给乙方合同金额30%的定金，提货前付清余款；全部货款收齐后，卖方向买方提供金额13%的增值税发票。
3. 包装：采用符合中国检验要求的坚固木箱包装。
4. 交货：负责在收到定金后90天内送货到买方南京仓库。

◆ 国内销售合同

国内销售合同

（协议号：08LM56）

甲方：南京历玛机械股份有限公司   乙方：南京丽霞进出口有限公司

　　地址：南京市人民路1980号　　　　　　　　地址：南京市人民路3108号

　　电话：025-48251137　　　　　　　　　　　电话：025-48261138

　　传真：025-48251134　　　　　　　　　　　传真：025-48261209

甲乙双方就从日本进口数控刃磨机床，经友好协商，在甲方已确认产品质量和有关技术要求的基础上，达成以下协议条款：

一、商品名称、数量、价格和金额：

商品名称	数量	价格	金额
产地：			
合计			
总金额（大写）			

备注：1. 该价格含13%增值税。

2. 包装：

二、双方的权利和义务：

甲方：

1. 确认进口货物价格，落实进口项目所需资金，且按本协议按时付款。

2. 负责对有关进口产品的质量及有关技术等内容的确认。

3. 如发现质量、数量等问题，甲方应及时办理有关商检手续，以便甲方据此对外索赔。

4. 负责上述进口货物到达南京目的地后的卸货工作及承担有关费用。

乙方：

1. 收到甲方定金后，及时办理上述货物的订货及进口的有关手续。

2. 及时向甲方通报进口货物的发货和清关情况，协调有关商务事宜。

3. 办理到货后的报关、清关手续，内陆运输和保险工作，并承担相关费用。

4. 负责在收到定金后_____天内送货到甲方南京仓库。

三、支付与结算方式：

甲方在合同签订后5天内付给乙方合同金额_____的定金，以便乙方收款后及时对外订货；货物清关后，甲方派人到乙方南京仓库验货并提货，并在提货前付清余款；全部货款收齐后，乙方向甲方提供金额13%的增值税发票。

四、甲方未付清本协议全款前，该进口货物所有权归乙方拥有；若货物到港10天后，在乙方的催余款通知发出后7个工作日内仍未收到甲方的余款，乙方有权处理进口货物并没收甲方的定金。

五、本合同一经签订，双方必须共同遵守，严格执行。本合同的有关条款如有变化或其他未尽事宜，双方协商解决。

六、本合同一式两份，双方各执一份，传真同等有效。

甲方：南京历玛机械股份有限公司　　　　　乙方：南京丽霞进出口有限公司

签字：　　　　陶苒　　　　　　　　　　　签字：　　　　章丽霞

2021 年 9 月 21 日

项目三 进口开证与改证

【学习目标】

知识目标:

● 熟悉UCP600及ISBP745等信用证业务操作的国际惯例

● 了解进口业务信用证结算方式下的开证流程与可能的改证流程

技能目标:

● 能够依据合同正确填写开证申请书,在必要的时候能正确填写信用证修改申请书

● 能够有理有据地处理进口纠纷等行为

素养目标:

● 具备防范信用证与合同不符的风险意识

● 具有契约精神,树立诚实守信、开拓创新的责任意识

项目背景

2021年1月20日，普华公司业务员小赵，结合海易公司意向订单以及本公司与苹富行签署的进口合同，向公司的开户银行中国工商银行广州分行提出开证申请，拿到开证申请书模板后，小赵开始思考如何才能顺利填好此开证申请书？

任务完成

1月20日，小赵刚拿到中国工商银行的开证申请书时发现与平时看惯了的中国银行的开证申请书不一样，每个项目前都多了个SWIFT信用证的报文项目编号，更直观地反映了开证申请书的内容填写与银行开出的信用证内容之间的对应关系。工作人员告诉他，中国工商银行网上银行有开证申请书模板。对照模板与合同，小赵很快就把开证申请书（见表3-1）填好了。开证申请人承诺书如表3-2所示。

中国工商银行广州分行负责国际结算业务的工作人员接过小赵递交的开证申请书，审核了其一并交来的附件，对小赵说内部还要核查，如果没有问题，会送到SWIFT电讯室录入，发报前会先出一份信用证草稿供核对。他让小赵先回去。第二天，小赵就收到了该银行传真过来的SWIFT DRAFT件。仔细一看，小赵发现，草稿中单据要求的提单条款、收货人抬头要求与申请书里自己填的不一样。在申请书里，小赵记得自己填写的是"TO ORDER AND BLANK ENDORSED"（空白指示，空白背书），但在草稿中却变了"TO OUR ORDER"，被通知人也多出了两个单词"AND US"。小赵不明白是什么意思，遂给中国工商银行国际业务部打电话，提出了自己的疑惑。接电话的工作人员告诉他，信用证是银行有条件的书面付款承诺，因此开证行需要对信用证项下单据进行控制，尤其是具有物权凭证的提单。工行内部规定，对外开证，提单的收货人抬头一定要统一处理成凭银行指示，"TO OUR ORDER"就是"凭我开证行指示"，这个抬头要求与原来申请书上的"TO ORDER AND BLANK ENDORSED"从受益人的安全上考虑，差别并不大。因为"空白指示，空白背书"的抬头，受益人在交单时要背书，其背书了，提单项下的物

表3-1 SWIFT信用证申请书

APPLICATION FOR IRREVOCABLE DOCUMENTARY CREDIT

TO：INDUSTRIAL AND COMMERCIAL BANK OF CHINA GUANGDONG PROVINCE BRANCH   Date: 2021-01-20

Please establish by   ☒ SWIF   ☐ brief cable   ☐ airmail an Irrevocable Credit as follows:

Advising Bank:(to be left for bank to fill in)	(20) Irrevocable Documentary Credit No. (31D) Expiry Date and place 210530 AUSTRALIA
(50) Applicant:(Full name & detailed address) PUHUA INTERNATIONAL TRADE CO., LTD. OF GUANGDONG 220 BEIJING ROAD, GUANGZHOU, GUANGDONG TEL:0086-20-87654321	(59) Beneficiary:(Full name & detailed address) AUSTRALIAN GENFOLDS WINERY COMPANY LIMITED 1701 ALBERT ROAD, SOUTH MELBOURNE, VICTORIA, AUSTRALIA TEL:0061-3-87654321

(32B) Currency code, Amount (In words and figures)
USD 287 025.00(U.S. DOLLARS TWO HUNDRED AND EIGHTY SEVEN THOUSAND AND TWENTY FIVE ONLY)

(39A) Quantity and Credit amount tolerance _1_%

(41A) Credit Available With ☒ any bank ☐ Issuing Bank ☐ other (pl. Indicate)
        By   ☒ Negotiation ☐ Acceptance ☐ Sight Payment ☐ Deferred payment at _____

(42C) Draft at _____SIGHT_____ for _50_% of invoice value

(42A) Draw on _____YOU_____

(43P) Partial shipment ☐ allowed ☒ not allowed	(43T) Transshipment ☒ allowed ☐ not allowed
(44A) Place of Taking in Charge/Dispatch from.../Place of Receipt	(44F) Port of Discharge/Airport of Destination HAIKOU, CHINA (44B) Place of Final Destination/ For Transportation to.../Place of Delivery
(44E) Port of Loading/Airport of Departure MELBOURNE, AUSTRALIA	

(44C) Latest shipment date:May 15, 2021

(45A) Description of goods
7740 BOTTLES OF 750 ML RED WINE
ALL OTHER DETAIL AS CONTRACT NO. GDPH1521 DATED JAN. 15, 2021 AND ORDER NO. DD 678
Price term:FOB MELBOURNE, AUSTRALIA AS PER INCOTERMS2010
Packing:

(46A) Documents required:(marked with)
(X) Signed Commercial Invoice in ___3 FOLDS___ indicating L/C No. and Contract No.
(X) __FULL__ set of clean on board ocean Bills of Lading made out to order and blank endorsed marked "freight _COLLECT_ "
        notifying ☒ Applicant ☐
( ) Air Waybills showing "freight ☐ to collect ☐ prepaid" indicating freight amount and consigned to
        ☐ Applicant ☐ Issuing Bank
( ) Forwarding agent's Cargo Receipt
( ) Insurance Policy/Certificate in_____ for_____ % of the invoice value showing claims payable in China in currency of the draft, blank endorsed, covering (☐ Ocean Marine Transportation ☐ Air Transportation ☐ Over Land Transportation) All Risks, War Risks, including _____ as per _____ Clause.
(X) Signed Packing List / Weight Memo in _TRIPLICATE_ indicating ~~quantity / gross and net weights of each package and packing conditions as called for by the L/C.~~ QUANTITY/CONTAINER NUMBER/GROSS AND NET WEIGHT FOR EACH CONTAINER
(X) Certificate of Quantity and Quality in _TRIPLICATE_ issued by ☒ Beneficiary ☐ public recognized surveyor ☐ manufacturer.
( ) Beneficiary's certified copy of fax / telex dispatched to the accountees within ____ hours after shipment advising
☐ name of vessel ☐ B/L No. ☐ Flight No. ☐ Wagon No. ☐ Shipping date ☐ contract No. ☐ L/C No.,
Commodity, quantity, weight and value of shipment.

(X) Other document:
(X) DECLARATION OF NON-WOOD PACKING MATERIAL ISSUED BY THE SELLER IN 1 ORIGINAL AND 2 COPIES.
(X) CERTIFICATE OF ORIGIN FORM FOR CHINA-AUSTRALIA FREE TRADE AGREEMENT IN 2 FOLD.
(X) SHIPPING ADVICE FAXED TO THE APPLICANT WITHIN 3 WORKING DAYS AFTER SHIPMENT, ADVISING CONTRACT NUMBER, L/C NUMBER, NAME OF GOODS, QUANTITY, GROSS WEIGHT AND VALUE OF INVOICE, LOADING PORT, DESTINATION, SHIPMENT DATE B/L NUMBER AND NAME OF VESSEL.

(47A) Additional conditions:(Marked with X)
( ) Documents issued earlier than L/C issuing date are not acceptable.
(X) All documents to be forwarded in one cover, unless otherwise stated.
( ) The remaining _____% of invoice value.   .
( ) Third party as shipper ☐ is ☐ is not acceptable.

(71B) All banking charges and interest if any outside opening bank are for account of ☒ beneficiary   ☐ other (pl. Indicate)

(48) Documents to be presented within_15_ days after the date of issuance of the transport document(s) but within the validity of the credit

依照国际商会《跟单信用证统一惯例》（2007年修订版）第600号出版物

表3-2 开证申请人承诺书

中国工商银行：

  我单位兹向贵行申请按本申请书内容（见下文）开立不可撤销跟单信用证。为此，我单位承诺以下事项：

  一、依照国际商会第600号出版物《跟单信用证统一惯例》办理该信用证项下的一切事宜，并承担由此产生的一切责任。

  二、遵守国家有关外贸和外汇管理的政策法规，尊重贵行有关业务审查和操作的规定，及时向贵行提交符合贵行要求的文件。

  三、对于本笔开证业务，如贵行要求存入保证金，我单位在此授权贵行从我单位在贵行开立的账户中直接转存。对于根据其他协议可以免交保证金的，我单位将履行协议赋予我方的提供相应担保或其他有关义务。

  四、贵行可以根据工作需要，选择信用证的通知行、议付行及委托其他银行处理有关业务。

  五、贵行对信用证项下单据表面是否存在瑕疵具有独立认定权。如贵行认定单据相符，或单据虽然存在不符点但我单位已以书面方式表示接受单据，或已将此信用证项下货物提取，我单位保证在贵行规定的时间内支付该信用证项下款项。凡经贵行对外确认付款或承兑的信用证项下的款项，我单位不以任何理由要求贵行拒付。如我单位未能及时支付上述款项，贵行有权主动从我单位账户中扣付。如因我单位账户余额不足导致贵行垫付资金，我单位承认贵行所付资金之本息，并按贵行要求履行清偿责任。

  六、在我单位未付清信用证项下全额款项或办理有效承兑前，该信用证项下的单据所有权及/或单据所代表的货物所有权属于贵行。

  七、贵行开立的信用证独立于任何贸易合同。如此笔信用证涉及的贸易合同出现任何纠纷或欺诈事由，我单位将首先征求贵行意见，并在遵循有关国际惯例的基础上予以解决，一旦此笔信用证项下有关当事人已对外承兑、确认支付或已经付款，我单位保证不以贸易欺诈或其他事由为依据拒绝履行信用证项下的付款责任。

  八、本申请书用英文填写。因我单位中文填写而产生的翻译错误及/或因申请书字迹不清或词意含糊而引起的责任和后果均由我单位承担。

  九、信用证项下的往来函电、单据等在电讯或邮递过程中发生遗失、延误、错漏以及由于其他不可抗力因素引起的损失和后果由我单位承担。

  十、贵行开出信用证及/或发出信用证修改后，应将信用证副本及/或修改书副本送我单位核对，如有不符之处，我单位将在接到副本后的两个工作日内与贵行接洽，如贵行未接到我单位通知，视为正确无误。

  十一、本承诺书中所称信用证下款项包括支付信用证项下货款（含信用证修改后的增加额及/或国外溢装增加额）、利息、银行费用（含国外银行费用），以及弥补贵行因该信用证而承担赔偿责任所需的外汇和人民币资金（含相关诉讼费、律师费等追索费用）。

续表

> 十二、除非另有申明或约定，我单位有关本信用证项下的所有文件如加盖我单位公章或业务章，均视为我单位有效授权，我单位承担由此产生的一切责任。
>
> 十三、本承诺自信用证申请之日起生效，至偿还完贵行信用证项下款项后效力终止。
>
> 十四、本申请书为贵行与我单位开立信用证的协议，信用证一经开出，本申请书对双方均有约束力。

权也就转移到了银行手中，与直接做成凭开证行指示的效果在其交单后是一样的，并且交单时无须受益人背书，减少了受益人的一些麻烦，被通知人只是多了一个再通知银行的要求，申请书里要求通知开证申请人的条款还存在，并没有矛盾。经银行解释，小赵觉得这份草稿不存在瑕疵，让银行正式发报。于是，银行就把信用证通知SWIFT电讯发送到了它的澳大利亚代理银行澳新银行墨尔本分行，让其通知受益人革富行。

工行开出的SWFIT信用证草稿如下：

Fin/Session/ISN　　　　　　　: F01 . SS . . SEQ..

Own Address　　　　　　　　: ICBKCNBJGZU

Input Message Type: 700 Issue of a documentary Credit

Sent to: ANZBAU3MXXX

Priority/Obsol. Period: Normal/ 100 Minutes

---

27 : SEQUENCE OF TOTAL: 　　　1/1

40A: FORM OF DOCUMENTARY CREDIT: IRREVOCABLE

20 : DOCUMENTARY CREDIT NUMBER: LC15000016-ICBCGD

31C: DATE OF ISSUE: 210120

40E: APPLICABLE RULES: 　　UCP LATEST VERSION

31D: DATE AND PLACE OF EXPIRY: 210530　AUSTRALIA

50 : APPLICANT

　　　PUHUA INTERNATIONAL TRADE CO., LTD. OF GUANGDONG

　　　220 BEIJING ROAD, GUANGZHOU, GUANGDONG

　　　TEL: 0086–20–87654321

59 : BENEFICIARY

　　　AUSTRALIAN GENFOLDS WINERY COMPANY LIMITED

　　　1701 ALBERT ROAD, SOUTH MELBOURNE, VICTORIA, AUSTRALIA

　　　TEL: 0061–3–87654321

32B: CURRENCY CODE, AMOUNT: USD　287 025.00

39A: PERCENTAGE CREDIT AMOUNT TOLERANCE: 　　　01/01

41D: AVAILABLE WITH... BY...

　　ANY BANK IN AUSTRALIA

　　BY NEGOTIATION

42C: DRAFT AT: SIGHT FOR 50% OF INVOICE VALUE

42D: DRAWEE

　　INDUSTRIAL AND COMMERCIAL BANK OF CHINA

　　GUANGZHOU BRANCH

43P: PARTIAL SHIPMENTS:　　PROHIBITED

43T: TRANSSHIPMENT:　　ALLOWED

44E: PORT OF LOADING:　　MELBOURNE, AUSTRALIA

44F: PORT OF DISCHARGE:　　HAIKOU, CHINA

44C: LATEST SHIPMENT DATE:　　210515

45A: DESCRIPTION OF GOODS AND/OR SERVICES

　　7740 BOTTLES OF 750 ML RED WINE

　　FOB MELBOURNE, AUSTRALIA AS PER INCOTERMS2020

　　ALL OTHER DETAIL AS CONTRACT NO. GDPH1521 DATED JAN. 15, 2021

46A: DOCUMENTS REQUIRED

　　+) SIGNED COMMERCIAL INVOICE IN 3 FOLDS INDICATING CONTRACT NO.

　　+) FULL SETS OF CLEAN ON BOARD OCEAN BILL OF LADING MARKED "FREIGHT COLLECT" MADE OUT TO OUR ORDER NOTIFYING THE APPLICANT AND US.

　　+) DECLARATION OF NON-WOOD PACKING MATERIAL ISSUED BY THE SELLER IN 1 ORIGINAL AND 2 COPIES.

　　+) SIGNED PACKING LIST/WEIGHT MEMO IN TRIPLICATE ISSUED BY THE BENEFICIARY, INDICATING QUANTITY/CONTAINER NUMBER/ GROSS AND NET WEIGHT FOR EACH CONTAINER.

　　+) CERTIFICATE OF ORIGIN FORM FOR CHINA-AUSTRALIA FREE TRADE AGREEMENT IN 2 FOLD.

　　+) CERTIFICATE OF QUANTITY AND QUALITY ISSUED BY THE BENEFICIARY IN TRIPLICATE.

　　+) SHIPPING ADVICE FAXED TO THE APPLICANT WITHIN 3 WORKING DAYS AFTER SHIPMENT, ADVISING CONTRACT NUMBER, L/C NUMBER, NAME OF GOODS, QUANTITY, GROSS WEIGHT AND VALUE OF INVOICE, LOADING PORT, DESTINATION, SHIPMENT DATE B/L NUMBER AND NAME OF VESSEL.

47A: ADDITIONAL CONDITIONS

+) ALL DOCUMENTS MUST INDICATE THIS LC NO. DATED AND OUR BANK'S NAME.

+) THE NEGOTIATION BANK/ PRESENTING BANK MUST INDICATE THE EXACT DATE OF DOCS PRESENTATION ON THEIR COVERING SCHEDULE. IF SUCH A DATE WAS NOT MENTIONED WITHIN THE COVERING SCHEDULE, THE DATE OF THE COVERING SCHEDULE WILL BE DEEMED TO BE THE DATE OF DOCS PRESENTATION.

71D: CHARGES

ALL BANKING CHARGES OUTSIDE THE ISSUING BANK ARE FOR BENEFICIARY'S ACCOUNT.

48 : PERIOD FOR PRESENTATION

DOCUMENTS MUST BE PRESENTED WITHIN 15 DAYS AFTER THE DATE OF ISSUANCE OF THE TRANSPORT DOCUMENTS BUT WITHIN THE VALIDITY OF THIS CREDIT.

49 : CONFIRMATION INSTRUCTIONS

WITHOUT

78 : INSTRUCTIONS TO THE PAY/ACCEP/NEG BANK

+) UPON RECEIPT OF THE DOCUMENTS AND THE DRAFTS IN COMPLIANCE WITH THE TERMS AND CONDITIONS OF THIS CREDIT, THE REIMBURSEMENT WILL BE EFFECTED AS PER THE NEGOTIATION BANK'S INSTRUCTIONS.

+) THE AMOUNT OF EACH DRAFT MUST BE ENDORSED ON THE REVERSE OF THIS CREDIT BY THE NEGOTIATION BANK.

+) A CHARGE OF USD50.– OR EQUIVALENT IN THE CREDIT CURRENCY WILL BE DEDUCTED FROM THE PROCEEDS FOR EACH PRESENTATION BEARING DISCREPANCIES.

+) ALL DOCUMENTS MUST BE SENT IN ONE LOT TO ISSUING BANK: INTERNATIONAL HOTEL FLOOR 2 339 HUAN SHI DONG ROAD, GUANGZHOU, 510098 CHINA

　　澳大利亚受益人革富行收到信用证后，经仔细查看合同，其业务员在SKYPE上马上向小赵提出下面几项修改意见，除提单条款的问题跟小赵当初的疑问一样之外，还有就是装运期的问题，信用证在44C栏表述为最晚装运日2021年5月15日，但合同约定的是一段时间，从2021年4月16日至5月15

日，这两者是有区别的。另外，合同约定数量与金额可存在1%的上下浮动，但信用证只在39A栏中表述了金额的浮动幅度，信用证中并没有数量可等比例浮动的表述，在价格确定的情况下，没有数量的浮动，金额就很难浮动，这样39A栏也就没什么实际意义了。小赵就提单的条款差异，把银行的解释转述给了革富行业务员，革富行业务员表示接受，但坚持装期与溢短装条款必须修改，小赵也表示接受。其实在填写开证申请书时，小赵对这两处如何处理表示犹豫：一是装期，他看到申请书模板中只有"NO LATER THAN"的表述，他认为只要填写合同给定的期间里的最后一天，也就能满足合同约定的期间，但没想到其实是改变了合同约定的时间；二是填写开证申请书时，39A栏表述为"Quantity and Credit amount tolerance"，他认为已经包含数量变动在里面，他没有注意到SWIFT信用证的39A栏的内容是"PERCENTAGE CREDIT AMOUNT TOLERANCE"，只是金额浮动，而这也是中国工商银行的模板在设置时的一个小误差。小赵把受益人提出来的要求与心中的疑惑与中国工商银行国际业务部反映，工作人员告诉他，这两点都是申请书模板在设置上的小缺陷，现在的申请书模板只是在原国际商会ICC516出版物推荐的模板上简单地加上了SWIFT系统的代码，但没有考虑完全匹配。工作人员告诉小赵，关于装期，SWIFT信用证中除了44C这个最晚装运日栏外，还有一个44D的栏目表示装运期间。小赵的合同完全可以用44D栏来表述，开证时其实只要把申请书中的"NOT LATER THAN"划掉，换上"44D SHIPMENT PERIOD"即可。工作人员还提醒他，一份信用证中不能同时用44C与44D来表示装运时间，就是因为它们同时出现，会导致时间表述意思上的不一致。就拿小赵的这份合同来说，按小赵的开证表达，那么2021年4月15日或之前的日子装运也是可以的，与合同约定的特定的一段日子是有差别的。

2021年1月26日，小赵在中国工商银行工作人员的指导下，在中国工商银行官方网站的企业集团业务中参考了信用证修改的指引。他发现，中国工商银行的信用证修改内容没有其他银行复杂，只要按照自己的意思把修改内容表达清楚就行，很快就写好了信用证修改申请（见表3-3），只是要花一笔修改费。该银行当天就根据小赵的信用证修改申请书，给原信用证的通知银行澳新银行墨尔本分行发出了MT707信用证修改报文，见表3-4。

表3-3　信用证修改申请

APPLICATION FOR AMENDMENT			
原信用证编号 Amendment For Our Documentary Credit Number	LC15000016-ICBCGD	指令序号	
申请人 Applicant	PUHUA INTERNATIONAL TRADE CO., LTD. OF GUANGDONG 220 BEIJING ROAD, GUANGZHOU, GUANGDONG TEL：0086-20-87654321	通知行 Advising Bank	ANZBAU3MXXX AUSTRALIA AND NEW ZEALAND BANKING GROUP LIMITED MELBOURNE-AUSTRALIA (AU).
受益人 Beneficiary	AUSTRALIAN GENFOLDS WINERY COMPANY LIMITED 1701 ALBERT ROAD, SOUTH MELBOURNE, VICTORIA, AUSTRALIA TEL：0061-3-87654321	币种/金额 Amount	USD287 025

请将上述信用证修改如下： The above mentioned is amended as follows：
Deleted the whole of field 44C Add field 44D：shipment period：April 16 - May 15, 2021 Add "MORE OR LESS 1% OF THE QUANTITY AND THE AMOUNT ARE ALLOWED" in field 45A
其他各项保持不变 All other items and conditions remain unchanged

信用证修改通知方式 PLEASE ESTABLISH BY	○ 电传　　○ 快邮　　○ 信函

表3-4　SWIFT MT707信用证修改

Industrial and Commercial Bank of China	
SWIFT MESSAGE CONTENT	**2021–01–26 15：18：13**

Message Type	: 707 Amendment to a Documentary Credit
FIN/Session/ISN	: F01　.SS.　.SEQ.
Priority/Obsol.Period	: Normal/100 Minutes
Sender	: ICBKCNBJGZU
	Industrial and Commercial Bank of China GUANGZHOU BRANCH

INTERNATIONAL HOTEL FLOOR 2 339 HUAN SHI DONG ROAD, GUANGZHOU, 510098 CHINA

Receiver	: ANZBAU3MXXX

AUSTRALIA AND NEW ZEALAND BANKING GROUP LIMITED
　　　　　　　　　MELBOURNE–AUSTRALIA (AU).

MUR	: IS16008070200251

20　/Sender's Reference

　LC15000016–ICBCGD

21　/Receiver's Reference

　NONREF

31C/Date of Issue

　210120

30　/Date of Amendment

　210126

26E/Number of Amendment

　1

59　/Beneficiary (before this amendment)

　AUSTRALIAN GENFOLDS WINERY COMPANY LIMITED

　1701 ALBERT ROAD, SOUTH MELBOURNE, VICTORIA, AUSTRALIA

　TEL：0061–3–87654321

79　/Narrative

1. Deleted the whole of field 44C

2. Add field 44D：shipment period：April 16 - May 15, 2021

3. Add "MORE OR LESS 1% OF THE QUANTITY AND THE AMOUNT ARE ALLOWED" in field 45A.

ALL OTHER TERMS AND CONDITIONS REMAIN UNCHANGED.

72　/Sender to Receiver Information

/BENCON/

/TELEBEN/

知 识要点 <<<<<<<<<<<<<<<<<<<<<<<<<<<<<<<<<<<<<<<<<<<<<<<<<<<<<<<<

一、申请开立信用证

进口商与出口商签订以信用证为结算方式的国际货物买卖合同后，进口商应在合同规定的时间内向有关银行申请开立信用证。这是履行进口合同的第一步，是进口业务的重要环节。从这一点上看，申请开证的进口商（开证申请人）是信用证业务的发起人。

（一）申请开立信用证的程序

进口商在合同规定的时间内向其外汇账户开户行或其他经营外汇业务的银行办理申请开立信用证手续。具体程序如下：

1. 递交有关合同的副本及附件

进口商在向银行办理申请开证时，要向银行递交有关买卖合同的副本及外贸进口批文（如进口配额许可类证明、机电产品进口登记证明等）、外汇管理部门规定的有关文件（如购汇申请书、进口付汇备案表等）等必要的附件。

2. 填写开证申请书

进口商根据银行规定的统一格式的开证申请书，填写一式三份，其中一份交银行，另两份留公司的业务部门和财务部门。开证申请书是银行开立信用证的依据，也是进口商凭以审核收到的装运单据，并据此向开证行付款赎单的依据，因此必须按买卖合同的具体规定，列明对信用证的各项要求，内容要明确、完整，无词义不清的记载。

3. 缴付保证金

银行一旦接收进口商的开证申请对外开出信用证，则构成银行独立的对受益人（出口商）的付款承诺，在受益人相符交单时，须承付信用证项下款项，而信用证项下的单据是进口商要求的。如果进口商不开付款赎单，处理单据项下的货物会非常麻烦，并会给银行带来资金方面的损失及声誉方面的损毁。因此，开证时银行一般都会要求进口商按开证金额缴付一定比例的保证金，此比例视进口商的资信状况而定，从百分之几到百分之几十不等。在我国的进口业务中，企业开证金额在其银行账户人民币或外汇存款余额或综合授信额度内，经申请银行可直接开证，或者银行会根据不同的企业和交易情况，要求开证企业缴付一定比例的人民币保证金，再开立信用证。

4. 支付开证手续费

开立信用证是银行有偿服务的一项中间业务，因此进口商在申请开证时，须按规定支付给银行一定金额的手续费。

5. 银行开立信用证

银行在对进口商提交的开证申请书、开证必须提供的有效文件进行审查并对申请开证的进口商进行资信调查后，决定是否接受其申请。如果接受，会根据其资信及资产状况收取保证金或抵押品、质押品，然后按照其开证申请书的要求开立正式信用证，并向银行在受益人所在地的代理行或联行发出信用证，指示其代为通知受益人，同时将信用证副本送交开证申请人，收取开证手续费。

（二）申请开立信用证应注意的问题

（1）开证时间。如果买卖合同规定开证期限，进口商应在规定的期限内开立信用证；如果没有规定开证期限，合同有装运期的起止日期，那么最迟应让出口商在装运期的第一天就收到信用证；如果合同只规定最晚装运日期，那么进口商应在合理的时间内开证，一般掌握在合同规定的最晚装运日期前一个月到一个半月，以提供出口商充足的备运时间，保证出口商在收到信用证后，能在合同规定的装运期内出运货物。

（2）申请开证前，要落实付汇的外汇来源，如果进口商品受许可证管理，还须办妥进口许可证申领的相关手续。

（3）填写开证申请书时要保证其内容与买卖合同一致，银行根据申请书的内容缮制开立正式信用证，买卖合同约束的是进出口商双方，开证申请书约束的是申请开证的进口商与开证银行，信用证约束的是开证行与作为受益人的出口商，它们是相互独立的，因此，合同中规定信用证中明确的条款都必须在申请书中列明，尽量不要使用"As per Contract No. ××"（参阅第××号合同）或"Goods As per Proforma Invoice No. ××× Date yyyy-mm-dd"（货物详见某年某月某日签署的第×××号的形式发票）等语句，更不能将有关贸易合同或形式发票作为信用证附件附在信用证之后。

（4）合同规定为远期付款时，要明确信用证的兑用方式是承兑还是延期付款，以此来确定远期汇票的期限或延期付款的时间。价格条款必须与相应的单据要求以及费用负担、表示方法等不相矛盾，如合同采用CIF或CIP价格术语时，开证申请书应该表明要求出口商提交"Freight Prepaid"（运费预付）的运输单据，并对保险单做出要求，如果要求提交"Freight Collect"（运费到付）的运输单据或不要求保险单，就与合同的贸易条件相矛盾。FOB、FCA、CPT、CFR等价格术语也都要注意与此类条款的内容对应。

（5）信用证项下银行处理的是单据，不涉及相关合同与货物。为了使货物质量符合合同规定，进口商可在申请书中要求出口商提供商品检验机构签署的装船前检验证明，明确货物的规格品质，并指定检验机构（必须在合同中明确约定）。

（6）申请书的内容应该明确填写，应明确规定各种单据的出单人（商业发票、运输单据、保险单及汇票除外）以及各单据应表述的内容。

（7）进口商在根据合同填写开证申请书时，必须把合同中的要求转化为信用证中规定的单据，在开证申请书中列明，以便开证行开证时参考。如果开证申请书只是照搬合同的规定条件，而没有列明应在何种单据中满足这些条件，那么银行最后审单时会认为此条件是非单据条款，将不予以理会。

（8）国外通知行由开证行指定。如果出口商在合同中指定了通知行，仅供开证行选择通知行时参考。如果该行与开证行无代理或往来关系，开证行一般会给开证行国外的代理行发送信用证，然后在发送的信用证中，把这家申请人指定的通知行列在57a项下（SWIFT开证时），作为收讯银行以外的通知行，由收讯银行决定是直接把信用证通知出口商还是把信用证转给57a项下的银行由其通知（这时候这家银行叫第二通知行）。

（9）合同中应该明确是否允许分批装运、是否允许中途转运、是否接受第三方单据或只是接受或不接受第三方运输单据，开证申请书也应该根据合同的相应条款明确表示。

（10）我国的银行开证一般不接受保兑条款，因此不应签订有保兑条款的信用证结算合同，以免开证时被动。

（11）因对第一受益人的资信情况难以了解，我国银行一般也不开立可转让信用证（Transferable L/C）。但在特殊情况下，如大额合同项下开证要求多家出口商交货，根据实际需要，可与银行协商开出可转让信用证。此外，我国银行一般也不开接受电讯索偿条款（T/T Reimbursement Is Acceptable）的信用证。

二、开证申请书

开证申请书是银行开出正式信用证的依据。目前我国银行使用的开证申请书的格式有两种：一种是以中国银行为代表的遵从ICC516标准的老格式（见表3-5）；另一种是以中国工商银行为代表的SWIFT格式信用证申请书，这种格式标上了SWIFT MT700格式信用证的项目号，比较直观地反映出信用证开证申请书与正式信用证对应内容之间的关系。两种格式虽然形式不尽相同，但主要内容基本一致，均包括两个部分：一是信用证内容，在申请书的正面，是开证银行凭以向国外受益人开证的依据；二是进口商对开证行的声明和保证，用以明确双方的责任，在申请书的背面。

表3-5　中国银行信用证开证申请书

IRREVOCABLE DOCUMENTARY CREDIT APPLICATION（1）

TO：_____ **(2)**   Date： **(3)**

☐ Issue by airmail　☐ With brief advice by teletransmission　**(4)** ☐ Issue by express delivery ☐ Issue by teletransmission(which shall be the operative instrument)	Irrevocable Documentary Credit　　Number　**(5)**
Applicant　**(7)**	Date and place of expiry　**(6)**
Advising Bank　**(9)**　　　　　　　　　　　Ref. nr	Beneficiary　**(8)**
	Amount　**(14)**
Partial shipments **(10)** ☐ Allowed ☐ Not Allowed / Transshipment　**(11)** ☐ Allowed　☐ Not Allowed	Credit available with　**(15)** ☐ by sight payment　☐ by acceptance ☐ by negotiation ☐ by deferred payment at against the documents detailed herein ☐ and beneficiary's draft for　% of invoice value at
Loading on board/dispatch/taking in charge at/from　**(12)** not later than for transportation to：	
☐FOB　☐CFR　☐CIF　**(13)** ☐ or other terms	on

Documents required:(marked with x) (16)

1. (　　) Manually Signed Commercial Invoice in　　copies indicating this L/C No. and Contract No.　　(Photo copy and carbon copy not acceptable as original).
2. (　　) Full set (included　　original and　　non-negotiable copies) of Clean On Board "Freight　　" Ocean Bills of Lading made out to order and blank endorsed, marked "Notifying　　"
3. (　　) Air Waybills showing "Freight　　" and consigned to
4. (　　) RailWay Bills showing "Freight　　" and consigned to
5. (　　) Memorandum issued by consigned to
6. (　　) Full set (included　　original and　　copies)of Insurance Policy/Certificate for 110% of the invoice value, showing claims payable in China, in, currency of the draft blank endorsed, covering([ ] ocean marine transportation/[ ] air transportation/[ ] over, land transportation) All Risks and war Risks.
7. (　　) Weight Memo/Packing List in　copies issued by indicating quantity/gross and net weights of each package and packing conditions as called for by the L/C.
8. (　　) Certificate of Quantity/Weight in　copies issued by indicating the actual surveyed quantity/Weight of shipped goods as well as the packing condition.
9. (　　) Certificate of Quality in　copies issued by
10. (　　) Beneficiary's certified copy of cable/telex dispatched to the applicant within　　hours after shipment advising [　] name of vessel/[　] flight No./[ ] wagon No. date, quantity, weight and value of shipment.
11. (　　) Beneficiary's Certificate certifying that extra copies of documents have been dispatched according to the contract terms,
12. (　　) Shipping Co's Certificate attesting that the carrying vessel is chartered or booked by Applicant or their shipping agents：
13. (　　) Other documents, if any：

Covering: (17)

Additional instructions: (18)

1. (　　) All banking charges outside the opening bank are for beneficiary's account.
2. (　　) Documents must be presented within ＿＿ days after the date of issuance of the transport documents but within the validity of this credit.
3. (　　) Third party as shipper is not acceptable. Short Form/blank Back B/L is not acceptable.
4. (　　) Both quantity and amount ＿＿ % more or less are allowed.
5. (　　) Prepaid freight drawn in excess of L/C amount is acceptable against presentation of original charges voucher issued by shipping Co./Air Line/or it's agent.
6. (　　) All documents to be forwarded in one cover, unless otherwise stated above.
7. (　　) Other terms, if any：

Account No.：　　　　　　　with　　　　　　　　　　　　　　　　　　　(name of bank)

Transacted by：　　　　　　　(19)　　　　(Applicant：name，signature of authorized person)

Telephone No.：　　　　　　　　　　　　　　　　　(with seal)

开证申请人填制开证申请书后，连同所需附件交开证行，向开证行申请开具信用证。

（一）信用证申请书的内容与缮制

开证申请书的正面内容是客户对开证行的法律有效文件，其正本一般由银行印发，其内容由申请人填写。现以表3–5中国银行信用证开证申请书为例详细介绍。

（1）文件名称。IRREVOCABLE DOCUMENTARY CREDIT APPLICATION，不可撤销的跟单信用证申请书。

（2）致开证行（TO）。此栏一般已印就开证行名称，或只需要填写分行名称。

（3）申请开证的日期（Date），即申请人填写本申请书的日期。

（4）信用证的传递方式，有四种方式可供选择，依次为：Issue By Airmail，即航空邮寄通知；With Brief Advice By Teletransmission，即简电通知，Issue By Express Delivery，即快递通知；Issue By Teletransmission（which shall be the operative instrument），即电讯通知。在所选择项前面的"□"中打"×"，表示选择该项。需注意，航空邮寄通知与快递通知都是信开方式，只是在传递方式与传递速度上会有差别；如果选择了简电通知，需同时在其他三项中选择一项正式信用证的传递方式；在选择电开时，还需注明是电报开证（Cable）、电传开证（Telex）还是SWIFT开证，当然现在大多数银行的电开证都是SWIFT电讯通知。

（5）信用证的类型与号码（Number）。根据UCP600对信用证的定义，所有信用证均为不可撤销跟单信用证，不可撤销跟单信用证（IRREVOCABLE DOCUMENTARY CREDIT）一般已印制在申请书上，如果需要保兑或可转让等，可以在此处加上。有的银行（如我国交通银行）的开证申请书有专门的是否保兑条款、是否可转让条款等供申请人选择。信用证的号码是开证行对其开出的信用证的业务编号，由开证行编写。

（6）信用证的有效期及到期地点（Date and Place of Expiry）。此栏由开证申请人填写，填写时需注意，合同中装运期及交单期条款的规定，应该按此公式加以把握：$31D \geq 44C+48$，31D是Expiry Date，信用证有效期，44C是最后装运日（详见第（12）项），48是信用证中规定的交单期限（详见第（18）项之②）。到期的地点应该按合同约定填写。合同没有约定时，为方便受益人工作，应选择在受益人所在国家。另外，这个地点还应是第（15）项内容中的信用证兑用银行所在地。

（7）开证申请人（Applicant）。填写与合同一致的买方名称、地址、电话、传真号码等，便于联系。

（8）受益人（Beneficiary）。应填写与合同一致的卖方名称、详细地址、电话、传真号码等。

（9）通知行（Advising Bank）。此栏一般留空，供开证行选择。但如果合同是卖方要求通过某家银行通知信用证，可以在此栏填列，供开证行参考。如果开证行与该银行无往来或代理行关系，开证行一般不会直接把信用证发给这家银行。

（10）分批装运（Partial Shipments）。应根据合同的规定，明确表示"Allowed"（允许）或"Not Allowed"（不允许）。在选择项目前面的"□"中打"×"表示选择该项。

（11）转运（Transshipment）。应根据合同的规定，明确表示"Allowed"（允许）或"Not Allowed"（不允许）。在选择项目前面的"□"中打"×"表示选择该项。

（12）装运条款（Loading On Board/Dispatch/Taking In Charge At/From）。货物的装运港或发货地或承运人接收货物的地点，要按照合同约定来填写，即根据合同的规定，填写装运地（港）及目的地（港）、最晚装运期。如果需要转运，则应写明转运地（港）。最晚装运日（Not Later Than）按照合同约定填写。卸货港/最终目的地/交货地（For Transportation To）按照合同约定填写。

（13）价格术语（Terms）。选择与合同一致的价格术语，在其前面的"□"中打"×"。在价格术语后面加上其在合同中所接的地名或港口名称。如果合同中的价格术语不在印就之列，选择"Or Other Terms"（其他术语）项，然后在其后面完整地标上合同中约定的价格术语。

（14）信用证金额（Amount）:应该是合同中约定的凭信用证结算的金额，不一定是合同金额（详见第（15）项汇票条款说明）。填写时需填大小写金额，即用阿拉伯数字与英文单词分别表示金额（In Figure And Word），并且币种要表明清楚，应与合同币种一致。信用证金额是开证行付款的最高限额，必须根据合同的规定明确表示。如果允许其金额有一定比例的上下浮动幅度，应该写清楚。

（15）信用证兑用银行与兑用方式的选择（Credit Available With）。本栏目需填写一家信用证可在其处兑用的银行。这家银行应该与下面四种信用证有效兑用方式结合选择:By Sight Payment（即期付款）、By Acceptance（承兑）、By Negotiation（议付）、By Deferred Payment（延期付款）。兑用方式如何选择，应根据合同规定，在所选择方式前的"□"中打"×"。一般即期付款、延期付款及承兑信用证的兑用银行填写开证行；议付信用证的兑用银行可依据合同选择通知行、出口商所在地的通知行以外的另一家银行或任意银行，如果填写任意银行（Any Bank），则应是合同规定的可自由议付的信用证。如果兑用方式是By Deferred Payment，还需要在其后接的介词at处填列以确定的方式表达的将来延期付款的时间；如果兑用方式是承兑，则还需要选择填写下面的汇票条款（在And Beneficiary's Draft前面的"□"中打"×"，兑用方式为议付，需要汇票与否，看合同约定与买方国家对金融票据的印花税规定），即期付款与延期付款信用证则无须选择汇票条款。

汇票条款（And Beneficiary's Draft For % of Invoice Value）为汇票金额与发票金额的比例，应根据合同的规定，填写信用证项下应支付发票金额的百分比。如合同规定所有货款都用信用证结算，则应填写信用证项下汇票金额是发票金额的100%。如果合同规定该笔货款70%用信用证结算，30%为预付款，则应填写信用证项下汇票金额是全部发票金额的70%，这个金额一般与第（14）项的信用证金额一致。如合同金额含有佣金或折扣，支付时扣除佣金与折扣，则这个比例也不是100%发票金额，需减去具体的佣金率或折扣率。

介词at后面填写汇票的付款期限。如果是即期汇票，应填写at sight；如果是远期汇票，应按照合同约定的期限表达方式填写，如at 30 days after sight（见票后30天付款）、at 45 days after B/L date（提单日后45天付款）等。

介词on后面填汇票付款人，根据UCP600的规定，信用证项下汇票的付款人必须是开证行或指定付款行，不能是开证申请人。因此开证申请人填写时可填开成you或issuing bank 或 opening bank，开证行在最后开出信用证时，除了可按照申请人的指定由开证行付款外，也可以根据实际需要指定另一家银行作为汇票付款人。

（16）单据条款（Documents Required）。信用证所要求的单据其实是开证申请人在货物进口办理清关手续时需要的，因此在填写开证申请书时，应根据其进口国对进口货物的要求选择相应的单据。一般的开证申请书银行会事先印就一些单据条款。本申请书银行印制好的单据要求共13条，其中从第1条到第12条是针对具体的单据，第13条是"其他单据"，即前12种单据以外的单据要求可填在第13条中，填制单据条款时应注意：① 在所需要单据前的括号里打"×"；② 在所选择单据条款后填写具体要求，如果印制好的单据条款不完整，可在该单据条款后面补充填写；③ 必须严格按照合同规定填写单据条款，既不能随意提出超出合同规定的要求，也不能随意降低或减少合同规定的要求。

（17）货物描述（Covering）。货物描述主要包括货物名称、规格、数量、包装、单价等内容，所有内容都必须与合同规定的内容相一致。如果合同的货物描述等内容过于繁多，可加注"详情参照……合同"（Detail as per S/C

No....)。

（18）附加条款（Additional Instructions）:印制好的有7条，其中第1条至第6条是具体的条款要求，如果需要，可以在其前面的括号里打"×"。如果有其他附加条款，可以根据合同规定和买方的具体需要填写在第7条"Other terms，if any"（若有其他条款，在此填列）中。本项中印就的6个条款内容依次为：

① All banking charges outside the opening bank are for beneficiary's account.

开证行以外的所有银行费用由受益人支付。

② Documents must be presented within ____ days after the date of issuance of the transport documents but within the validity of this credit.

单据必须在运输单据签发日后 ____ 天内提交，且必须在信用证有效期内。

③ Third party as shipper is not acceptable. Short Form/blank Back B/L is not acceptable.

第三方作为托运人不接受，简式提单/背面空白提单不接受。

④ Both quantity and amount ____ % more or less are allowed.

数量与金额上下浮动 ____ %是可接受的。

⑤ Prepaid freight drawn in excess of L/C amount is acceptable against presentation of original charges voucher issued by shipping Co./Air Line/or it's agent.

可接受凭提交船公司、航空公司或其代理人开具的正本的运费发票超证支取预付的运费。

⑥ All documents to be forwarded in one cover，unless otherwise stated above.

除非上面另有规定，所有单据必须一次性寄送。

（19）申请人信息。填写申请人的开户银行、银行账号、申请人（法定代表人）签字以及联系电话等信息。

账号（Account No.）:填写申请人的银行账号。

with:填写该账号的开户银行。

执行人（Transacted by）:填写联系人。

电话（Telephone No.）:填写联系电话。

申请人（Applicant）法人代表（Name，Signature of Authorized Person）:填写开证申请人（公司）的名称、盖公章，以及授权人的签字。

（二）信用证的修改

1. 申请信用证修改的程序

开证行应开证申请人请求开出信用证后，开证申请人认为或者应受益人的要求需要对原信用证的内容或条款进行修改时，可向开证行提出申请，银行凭修改申请书办理。其具体手续如下：

（1）申请人提交信用证修改申请书。修改申请书的内容应包括：需修改的信用证号码及修改内容。

（2）银行审查修改申请书的内容。开证行收到信用证修改申请书后，应根据申请书所列的证号，调出存档的原信用证副本对照审核。

① 修改申请书所列的证号、申请人名称必须与银行存档的原证相符，以免串证或重复修改。

② 修改后的条款之间相互应无抵触之处。

③ 修改后的条款对开证行及其国家应无不利之处。

④ 修改的内容如与原证有关条款矛盾，必须提醒申请人作相应修改，使修改后的信用证各条款之间相互吻合、衔接。

⑤ 凡是增加金额的修改，需补足增额部分的资金或增加抵押品或质押品。

（3）缮制信用证修改通知书。银行审核信用证修改申请书后，可缮制修改通知书，如表3-6所示，按原信用证的通知路径向各有关当事人发出信用证修改通知书。开证行应收取信用证修改手续费，如手续费由受益人支付，需在修改通知书中列明，等相符交单偿付时扣除相应费用。

表3-6　SWIFT MT707信用证修改报文

必选/可选（M/O）	项目编号（Tag）	项目名称（Field Name）	内容（Content/Option）
M	20	Sender's Reference 发报行业务编号	16X 16个字符
M	21	Receiver's Reference 收报行业务编号	16X 16个字符
O	23	Issuing Bank's Reference 开证银行的业务编号	16X 16个字符
O	52a	Issuing Bank 开证银行	A or D A或D的方式
O	31C	Date of Issue 开证日期	6n 6个数字
O	30	Date of Amendment 修改日期	6n 6个数字
O	26E	Number of Amendment 修改次数	2n 2个数字
M	59	Beneficiary（before this amendment） 修改以前的受益人	4×35X 4行×35个字符

续表

必选/可选 （M/O）	项目编号 （Tag）	项目名称（Field Name）	内容 （Content/Option）
O	31E	New Date of Expiry 修改后的到期日	6n 6个数字
O	32B	Increase of Documentary Credit Amount 信用证增额	3a，15digit 3个字母，15个数字
O	33B	Decrease of Documentary Credit Amount 信用证减额	3a，15digit 3个字母，15个数字
O	34B	New Documentary Credit Amount After 修改后新的信用证金额	3a，15digit 3个字母，15个数字
O	39A	Percentage Credit Amount Tolerance 信用证金额上下浮动允许的最大范围	2n/2n 2个数字/2个数字
O	39B	Maximum Credit Amount 最高信用证金额	13X 13个字符
O	39C	Additional Amount Covered 附加金额	4×35X 4行×35个字符
O	44A	Place of Taking in Charge/Dispatch from.../Place of Receipt 接受监管地/发货地/收货地	1×65X 1行×65个字符
O	44E	Port of Loading/Airport of Departure 装运港/始发机场	1×65X 1行×65个字符
O	44F	Port of Discharge/Airport of Destination 卸货港/目的机场	1×65X 1行×65个字符
O	44B	Place of Final Destination/For Transportation to... /Place of Delivery 最终目的地/运往……/交货地	1×65X 1行×65个字符
O	44C	Latest Date of Shipment 最迟装船日	6n 6个数字
O	44D	Shipment Period 装运期间	6×65X 6行×65个字符
O	79	Narrative 详细修改说明	35×50X 35行×50个字符
O	72	Sender to Receiver Information 银行间备注	6×35X 6行×35个字符

（4）存档与备份。修改通知书发出后，银行应将修改通知书副本按修改日期依次附粘在信用证留底备查。同时，将另一副本送交申请人。

2. 信用证修改申请书的缮制

与开证申请书一样，各银行的信用证修改申请书也有其固有的标准格式，不尽相同，但具体内容都大致相同，现以表3-7为例介绍。

表3-7　新加坡RHB银行的信用证修改申请书

Ref:(1)	**RHB◆Bank**

To：RHB Bank Berhad

Singapore   Date：(2)

Application for Amendment to Documentary Credit

CREDIT NO.	**AMOUNT**	Bank Use Only
(3)	(4)	**AMENDMENT NO.** (5)

Applicant (Name & Address)	Beneficiary (Name & Address)
(6)	(7)
Tel No.： Contact Person：	

Please arrange for the above credit to be amended as follows：

By　　□Mail　　□SWIFT　　□Courier (8)

Amount increased by　　to　　(9)

Latest shipment date extended to　　(10)

Credit extended to expire on　　(11)

Others：(12)

ALL OTHER TERMS AND CONDITIONS REMAIN UNCHANGED

Please debit all LC amendment charges to our account No. (13)	For Bank Use Only(14)
	Commission　　：_____
	Postage　　　　：_____
	Telex Charges：_____
Others	Signature
	Verified By　　：_____
…………………………………… Authorized Signature(s) & Company Stamp	Approved By　：_____ Date　　　　　：_____

（1）银行编号。本栏目填写开证行对本信用证修改申请书的编号，由银行编写。

（2）致开证行的申请信用证修改的日期。

（3）原信用证号码。本栏目填写申请人应注明原信用证号码，以便开证行核对。

（4）原信用证金额。

（5）信用证修改次数。本栏目由银行填写。

（6）开证申请人的全称与地址（与原证一致），本栏目填写联系人姓名、联系电话与传真号码。

（7）修改之前的信用证受益人的全称与地址（与原证一致）。本栏目是修改前的受益人，如信用证需修改受益人，须在第（12）栏填列。

（8）信用证修改书的传递方式。本栏目的三种选择依次为挂号信通知、SWIFT电讯通知、快递通知，选择相应的通知方式并在前面的"□"中打"×"。

（9）本栏目为信用证金额增额修改，前面空格填写原金额，后面空格填写增加后的金额。如果金额无须修改，此行留空；如果金额是做减额修改，则须在第（12）栏标明，此行留空。

（10）本栏目为最后装运日期的展期，把延长后的最后装运日期填列在空格处。如果最后装运日期做了延长修改，第（11）栏的信用证截止日也应做等距延长；如果最后装运日期无须修改，此行留空；如果最后装运日期需要提前，须在第（12）栏填写，此行留空；如果原证不是使用最后装运日（Latest Date of Shipment）表示装运期，而是表示装运期间（Shipment Period），那么其需修改时应在第（12）栏表明，此行留空。

（11）本栏目为信用证有效期的展期，把延长后的截止日填列在空格处。如果信用证截止日无须修改，此行留空。如果信用证有效期需做缩短，须在第（12）栏填写，此行留空。

（12）非第（9）至（11）栏列明的项目的修改都可在本栏描述。除了第（9）至（11）栏与本栏列明的修改内容外，原信用证的其他条款保持不变。

（13）如果本次修改的费用由开证申请人承担，在"No."处填入开证申请人的银行账号，如果不是由开证申请人承担，在"Others"处说明该由何方承担。然后开证申请人在横线处盖章签字。

（14）本栏由开证行使用。前三行为费用栏，分别为改证费用、邮寄费用和电讯费用。后两行为银行内部审批员的签字栏。最后一栏为批准日期。

1. 填写开证申请书和办理申请开证手续

2021年5月23日，外贸业务员蔡锋根据进口合同的要求和其他相关信息，填写开证申请书，并向中国农业银行江苏省分行办理申请开证手续。

（1）进口合同

CONTRACT

CONTRACT NO.: LX08099   DATE: May 21, 2021

THE SELLER: Nanjing Lixia Import and Export Co., Ltd.

               No. 3108 Renmin Rd. Nanjing, China

               0086-25-4825113 FAX: 0086-25-4825120

THE BUYER: Mayama Corporation

               7-25-2, Niina, Mino, Osaka, Japan

               Tel: 0081-665-43-3367 Fax: 0081-665-43-3369

This Contract is made by and between the Buyer and Seller, whereby the Buyer agrees to buy and the Seller agrees to sell the under-mentioned commodity according to the terms and conditions stipulated below:

1. Description of Goods, Quantity, Unit Price and Amount:

Description of Goods	Quantity	Unit Price	Amount
		FOB Osaka，Japan	
HS1122 Numerically Controlled Sharpening Machine Spare Parts	1 set 1 set	USD79 000.00/set USD1 000.00/ set	USD79 000.00 USD1 000.00
Total	2 sets		USD80 000.00

Total Contract Amount in Words：

2. Country of Origin: Japan.

3. Port of Loading: Osaka, Japan.

4. Port of Destination: Shanghai, China.

5. Delivery Time: Not later than July 31, 2021.

6. Shipment: Transshipment and partial shipment are prohibited.

7. Packing: The Seller shall undertake to pack the goods in rough wooden cases, meeting the quarantine requirement of China and suitable for long distance ocean transportation.

8. Payment: By irrevocable Letter of Credit at 90 days from B/L date before May 31, 2021 and remaining valid for negotiation in China for further 7 days after the effected shipment.

In case of late issuance of the L/C, the seller shall not be liable for any delay in shipment and shall have the right to rescind the contract and /or claim for damages.

9. Seller's bank: Resona Bank Osaka Toyonaka Branch

10. Insurance: Covered by the Buyer.

11. Shipping Advice: The Seller shall, within 48 hours upon completion of the loading of the goods, notify the Buyer by fax of the contract No., name of goods, quantity, gross weight, volume, B/L No., name of carrying vessel, date of shipment and port of destination.

12. Documents:

(1) Signed in ink Commercial Invoice in triplicate.

(2) Packing List in triplicate indicating quantity of goods, total gross and net weight and volume of the shipment.

(3) Full set of clean "on board" ocean Bills of Lading made out to order of shipper and blank endorsed, marked "freight collect" and notify applicant.

(4) Certificate of Origin in duplicate issued by the Seller.

13. Erection: The Seller shall dispatch his personnel, whose expense is borne by the Seller, to erect the machinery for the Final User.

14. Quality Warranty: The Seller's warranty period of the machinery supplied by the Seller will be 12 months counting from the signing date of Final Acceptance Test Certificate. During the Guarantee Period, should the machinery be out of order, the Buyer shall advise the Seller immediately of the details of the malfunction. If the malfunction cannot be fixed by the Buyer, after following the instructions of the Seller, then the Seller shall dispatch his personnel to be at the Buyer's site for the investigation within 2 days after receiving the notice from the Buyer. If the above malfunction or defect is the responsibility of the Seller, then the Seller shall make repair or replacement as soon as possible and all expenses shall be borne by the Seller.

15. Inspection and Claims:

(1) After the arrival of the goods at the port of destination, the Buyer shall apply to the China Entry-Exit Inspection and Quarantine Bureau (CIQ) for a preliminary inspection in respect of the quality, specification and quantity of the goods and a Survey Report shall be issued by CIQ. If discrepancies are found by CIQ regarding specifications, and/or the quantity, except when the responsibilities lie with the insurance company or shipping company, the Buyer shall, within 90 days after arrival of the goods at the port of destination, have the right to reject the goods or to lodge a claim against the Seller.

(2) Should the quality and specifications of the goods not be in conformity with the contract, or should the goods prove defective within the guarantee period stipulated in Clause 13 for

any reason, including latent defects or the use of unsuitable material, the Buyer shall arrange for a survey to be carried out by CIQ and shall have the right to lodge a claim against the Seller on the strength of the Survey Report.

16. Force Majeure:

The seller shall not be held responsibility for the delay in delivery or non-delivery of the goods due to Force Majeure. However the sellers shall advise the Buyers immediately of the occurrence and within 10 days thereafter, the seller shall send by airmail to the buyers for their acceptance a certificate of the accident issued by the Competent Government Authorities of the place where the accident occurs as evidence thereof. Under such circumstances the sellers, however, are still under the obligation to take all necessary measures to hasten the delivery of the goods. In case the accident lasts for more than six weeks, the buyer shall have the right to cancel the contract.

17. Arbitration:

All disputes in connection with this contract or the execution thereof shall be settled friendly through negotiations. In case no settlement can be reached through negotiation, the case should then be submitted for arbitration to the Foreign Trade Arbitration Commission of the China Council for the Promotion of International Trade, Beijing, in accordance with the provisional rules of procedures of the Foreign Trade Arbitration Commission of the China Council for the Promotion of International Trade. The arbitration shall take place in Beijing and the decision rendered by the said authorities for revising the decision. The arbitration fee shall be borne by the losing party. Or the arbitration may be settled in the third country mutually agreed on by both parties.

This contract is made in two original copies and becomes valid after signature, one copy to be held by each party.

THE SELLER:　　　　　　　THE BUYER:

MAYAMA CORPORATION　　NANJING LIXIA IMPORT AND EXPORT CO., LTD.

MZUKI　　　　　　　　　　章丽霞

------------------------------------　--

（2）其他相关信息

　　要求所有单据都注明信用证号码、开证日期和开证行名称。填写如下开证申请书：

IRREVOCABLE DOCUMENTARY CREDIT APPLICATION

To:	Date:
( ) Issue by airmail ( ) With brief advice by teletransmission ( ) Issue by teletransmission ( ) Issue by express	Credit No. Date and place of expiry
Applicant	Beneficiary
Advising Bank	Amount:

Partial shipments	Transshipment	Credit available with _____
( ) allowed ( ) not allowed	( ) allowed ( ) not allowed	By( ) sight payment ( ) acceptance ( ) negotiation ( )deferred payment at against the documents detailed herein
Loading on board: not later than For transportation to: ( ) FOB( ) CFR( ) CIF ( ) other terms		( ) and beneficiary's draft(s) for _____ % of invoice value at _____ sight drawn on _____

Documents required: (marked with X)

1. ( ) Signed _____ commercial invoice in ____ copies indicating _____

2. ( ) Full set of clean on board Bills of Lading made out to order and blank endorsed, marked "freight [ ] to collect / [ ] prepaid" notifying _____.

( ) Airway bills/cargo receipt/copy of railway bills issued by _____ showing "freight [ ] to collect/ [ ] prepaid" [ ] indicating freight amount and consigned to _____.

3. ( ) Insurance Policy/Certificate in ____ for ____ of the invoice value showing claims payable in china in the same currency of the draft, blank endorsed, covering _____.

4. ( ) Packing List/Weight Memo in___copies indicating quantity, gross and net weights of each package.

5. ( ) Certificate of Quality in ____ copies issued by _____.

6. ( ) Certificate of ____ Origin in ____ copies issued by _____.

7. ( ) Beneficiary's certified copy of fax send to the applicant within ____ days after shipment advising L/C No., name of vessel, date of shipment, name, quantity, weight and value of goods.

( ) Other documents, if any.
Description of goods:
Additional instructions: 1. ( ) All banking charges outside the opening bank are for beneficiary's account. 2. ( ) Documents must be presented within _____ days after date of shipment but within the validity of this credit. 3. ( ) Both quantity and credit amount _____ percent more or less are allowed. ( ) Other terms, if any.

2. 填写改证申请书和办理申请改证手续

2021年5月29日，中国农业银行江苏省分行开立了如下号码为111LC2101066的信用证。

MT 700　　　　　　ISSUE OF A DOCUMENTARY CREDIT
27 : Sequence of Total 1/1
40A: Form of Documentary Credit Irrevocable
20 : Documentary Credit Number 111LC2101066
31C: Date of Issue 210529
40E: Applicable Rules UCP LATEST VERSION
31D: Date and Place of Expiry 210807JAPAN
50 : Applicant NANJING LIXIA IMPORT AND EXPORT CO., LTD. NO. 3108 RENMIN RD. NANJING, CHINA

```
59  :   Beneficiary
        MAYAMA CORPORATION
        7-25-2, NIINA, MINO, OSAKA, JAPAN
32B:    Currency Code, Amount
        USD80 000.00
41D:    Available With...By...
        ANY BANK IN JAPAN
        BY NEGOTIATION
42C:    Drafts at...
        AT 90 DAYS FROM B/L DATE
42D:    Drawee
        ISSUING BANK
43P:    Partial Shipments
        PROHIBITED
43T:    Transshipment
        PROHIBITED
44E:    Port of Loading/Airport of Departure
        OSAKA, JAPAN
44F:    Port of Discharge/Airport of Destination
        SHANGHAI, CHINA
44C:    Latest Date of Shipment
        210731
45A:    Description of Goods &/or Services
        1 SET OF HS1122 NUMERICALLY CONTROLLED SHARPENING
        MACHINE AND SPARE PARTS
        AT USD80 000.00/SET, FOB OSAKA, JAPAN
        JAPAN ORIGIN
46A:    Documents Required
        1. SIGNED IN INK COMMERCIAL INVOICE IN TRIPLICATE.
        2. PACKING LIST IN TRIPLICATE INDICATING QUANTITY OF GOODS,
        TOTAL GROSS AND NET WEIGHT AND VOLUME OF THE SHIPMENT.
        3. FULL SET OF CLEAN "ON BOARD" OCEAN BILLS OF LADING
        MADE OUT TO ORDER OF SHIPPER AND BLANK ENDORSED,
        MARKED "FREIGHT COLLECT" AND NOTIFY APPLICANT.
        4. CERTIFICATE OF ORIGIN IN DUPLICATE ISSUED BY BENEFICIARY.
        5. BENEFICIARY'S CERIFIED COPY OF FAX DISPATCHED TO APPLICANT
        WITHIN 48 HOURS UPON COMPLETION OF THE LOADING OF THE GOODS
        ADVISING THE CONTRACT NO., NAME OF GOODS, QUANTITY, GROSS
        WEIGHT, VOLUME, B/L NO., NAME OF CARRYING VESSEL, DATE OF
        SHIPMENT AND PORT OF DESTINATION.
```

47A:　Additional Conditions

1. A FEE OF USD50.00 OR EQUIVALENT WILL BE DEDUCTED FROM THE PROCEEDS FOR EACH PRESENTATION OF DISCREPANT DOCUMENTS UNDER THIS CREDIT. ACCEPTANCE OF ANY DISCREPANT DOCUMENTS THEREUNDER DOES NO WAY AMEND OUR L/C CONDITION, EACH SET OF DOCUMENTS UNDER THIS L/C BEARING SAME DISCREPANCY WILL BE DETERMINED ON A CASE-BY-CASE BASIS.

2. DOCUMENTS PRESENTED WITH DISCREPANCIES WILL BE REJECTED. WE WILL HOLD THE DOCUMENTS UNTIL WE RECEIVE A WAIVER FROM THE APPLICANT AND AGREE TO ACCEPT IT OR RECEIVE YOUR FURTHER INSTRUCTIONS PRIOR TO AGREEING TO ACCEPT A WAIVER.

3. THE NUMBER AND THE DATE OF THIS CREDIT AND THE NAME OF ISSUING BANK MUST BE QUOTED ON ALL DOCUMENTS.

71D:　Charges

ALL BANKING CHARGES OUTSIDE THE ISSUING BANK ARE FOR ACCOUNT OF BENEFICIARY.

48 :　Period for Presentation

DOCUMENTS MUST BE PRESENTED WITHIN 7 DAYS AFTER SHIPMENT DATE, BUT WITHIN THE VALIDITY OF THIS CREDIT.

49 :　Confirmation Instruction

WITHOUT

78 :　Instruction to Paying/Accepting/Negotiating Bank

1. ALL DOCUMENTS TO BE SENT DIRECTLY TO THE AGRICULTURAL BANK OF CHINA, JIANGSU BRANCH, INTERNATIONAL DEPT., 357 HONGWU ROAD, NANJING, P.R.CHINA IN ONE LOT BY COURIER SERVICE.

2. WE WILL HONOUR UPON RECEIPT OF THE STIPULATED DOCUMENTS WHICH CONSTITUTE A COMPLYING PRESENTATION.

3. THIS CREDIT IS SUBJECT TO UCPDC（2007 REVISION）ICC PUB. NO. 600.

　　2021年6月3日，外贸业务员蔡锋事后觉得按照这样开立信用证不妥，因为大阪到上海属于近洋运输，单据到南京时货已早到上海，这很容易产生各种港口码头的额外费用。为此，通过与Mayama Corporation协商，对信用证条款做了如下修改：

（1）46A第3款，全套提单交银行改为2/3套提单交银行。

（2）46A增加第6款：受益人证实1/3套正本提单和其他单据的一份副本在装运后3个工作日内已用DHL直接寄给开证申请人。

当日，蔡锋需要填写如下改证申请书，并向中国农业银行江苏省分行办理申请改证手续。

<table>
<tr><td colspan="2" align="center">中国农业银行
AGRICULTURAL BANK OF CHINA
信 用 证 修 改 申 请 书
APPLICATION FOR AMENDMENT</td></tr>
<tr><td>To: Agricultural Bank of China, Jiangsu Branch</td><td>Amendment to Our Documentary Credit No.</td></tr>
<tr><td>Date of Amendment:</td><td>No. of Amendment:</td></tr>
<tr><td>Applicant</td><td>Advising Bank
Resona Bank Osaka Toyonaka Branch</td></tr>
<tr><td>Beneficiary (before this amendment)</td><td>Amount

SAY:</td></tr>
<tr><td colspan="2">The above mentioned credit is amended as follows:
(　) Shipment date extended to _____
(　) Expiry date extended to _____
(　) Amount increased by _____ to _____
(　) Other terms:

(×) Banking charges:
The amendment fee is borne by the applicant.

　　　　　　　　　　　　　　　Authorized Signature(s):</td></tr>
<tr><td colspan="2">This Amendment is Subject to Uniform Customs and Practice for Documentary Credits (2007 Revision) International Chamber of Commerce Publication No.600.</td></tr>
</table>

项目四　进口货运与保险

【学习目标】

知识目标：

● 熟悉进口地订舱和保险业务流程

● 掌握租船订舱业务中相关单据的缮制及保险单的缮制

技能目标：

● 能根据出口商预装船通知办理租船订舱，办理货物运输保险等相关业务。

素养目标：

● 具备防范国际货物运输产生货物损失的风险意识

● 具备一丝不苟的运输责任意识

项目背景

2021年3月28日，买方（广东普华贸易有限公司）业务员小赵发现合同规定的预付款时间与装运期将至，逐按信用证及贸易合同条款要求给卖方发送催装运以及准备付款的信息。3月31日得到卖方的回复，回复中提及货已备好，等待买方的50%预付款及进一步的订舱指示。买方根据信用证及合同条款将安排货物的进口运输及保险业务。

作为进口货运操作的业务员，应掌握哪些基础知识？进口货运操作的流程应怎样合理安排？在不同的操作环节都需要哪些运输单据？各单据的流转路径如何？进口运费应如何核算？进口货运保险应怎么选择？保险费如何计算？投保单应如何缮制？进口商如何才能获得代表物权凭证的正本提单？

我们结合上述问题来进行本业务单元的学习。

任务分解

广东普华贸易有限公司的外贸业务员赵鹏的工作任务包括：

任务1　根据GDPH1521外贸合同，及时订舱

任务2　根据GDPH1521外贸合同，及时办理货运保险

任务完成

任务1　根据GDPH1521外贸合同，及时订舱

2021年4月2日，广东普华贸易有限公司外贸操作员赵鹏接到市场部张经理的指令，要尽快与广东宏运物流墨尔本分公司联系委托订舱事宜。

赵鹏联系到广东宏运物流墨尔本分公司市场部许亮，许亮给赵鹏发送了委托书让其填写后回传给他。赵鹏根据GDPH1521合同的相关内容详细填写了该委托书。内容如下：

Shipper（发货人，Australian Genfolds Winery Company Limited 1701 Albert Road, South Melbourne, Victoria, Australia TEL:0061-3-87654321 FAX:0061-3-87654321	广东宏运物流墨尔本分公司 GUANGDONG HONGYUN LOGISTIC MELBOURNE BRANCH E-MAIL:hongyunlgmlb@163.com
Consignee（收货人） TO ORDER OF INDUSTRIAL AND COMMERCIAL BANK OF CHINA GUANGZHOU BRANCH	**BOOKING FORM**
Notify party（通知人） Puhua International Trade Co., Ltd. 220 Beijing Road, Guangzhou, Guangdong TEL:0086-20-86754211 FAX:0086-20-86754211	
Pre-carriage by（前程运输） Place of receipt（收货地点）	

Ocean Vessel（船名）	Voy. No.（航次）	Port of Loading（装货港） MELBOURNE, AUSTRALIA

Port of Discharge（卸货港） HAIKOU	Place of Delivery（交货地点） HAIKOU	Final Destination（目的地）

Container No. （集装箱号）	Seal No. （铅封号） Marks &Nos. （标记和号码）	No.of Containers or packages （箱数或件数）	Kind of packages & Description of goods （包装种类与货名）	Cross Weight 毛重（/千克）	Measurement 尺码（/立方米）
	N/M	2235CANS TAL	Wine	1, 1265.00	9.86

Total No. Of Containers or Packages（IN WORDS） 集装箱数或件数合计（大写）	SAY TOTAL TWENTY TWO HUNDRED AND THIRTY FIVE CANS ONLY

FREIGHT & CHARGES （运费与附加费）	Revenue Tons （运费吨）	Rate （运费率）	Per （每）	Prepaid （运费预付）	Collect （到付）

Ex. Rate: （兑换率）	Prepaid at （预付地点）	Payable at（到付地点）		Place of issue（签发地点）
	Total Prepaid （预付总额）	No. of Original B/L（正本提单份数） THREE（3）		货值金额

Service Type on Receiving ☑-CY, □-CFS, □-DOOR	Service Type on Delivery ☑-CY, □-CFS, □-DOOR	Reefer Temperature Required（冷藏温度）	℉	13℃
Type of Goods （种类）	□Ordinary ☑Reefer □Dangerous □Auto （普通）（冷藏）（危险品）（裸装车辆）	危险品	Class: Property: IMDG Code Page: UN No.	
	☑Liquid □Live Animal □Bulk □ （液体）（活动物）（散货）			

发货人或代理名称地址：		联系人：	电话：

可否转船： ALLOWED	可否分批： PROHIBITED	装期： 2021-04-15~2021-04-30	效期：	制单日期：

托运条款：
1. 托运人是托运货物、安排运输和出具提单的依据，各项内容应由托运人认真、详细、正确填写。因填写错误、资料不全引起的货物不能及时出运，运错目的港、提单错误不能结汇，不能提货等一切责任、风险、纠纷、费用等概由托运人承担。
2. 客户应及时、准确提供所需有关单证、资料。如无特殊要求，一律按可转船、可分批，运费到付、预付不填，按预付处理。
3. 运费与附加费栏按双方协定的金额填写，运费支付人一栏不填的，托运人则是当然的运费支付人。
4. 托运人需要在我司要求的付款时间内结清全部费用，托运人承诺如不能按时支付全部运费，将按5%交纳滞纳金，并且承运人有权采取任何措施收回运费，托运人必须承担由此引起的一切损失。

订舱确认书

在赵鹏发送订舱委托书三个小时后便接到货运代理公司许亮的回复——订舱确认书。

BOOKING CONFIRMATION

BOOKING NO.: MSCU263759

BOOKED BY PARTY: HONGYUN CARGO SERVICE CO., LTD.	SERVICE MODE: CY/CY
CONTACT NAME：BTN XU	FROM：MELBOURNE, AUSTRALIA
SERVICE CONTRACT：GDPH1521	TO：HAIKOU, CHINA
CONTRACTUAL CUSTOMER：	VIA：HANGKANG
BOOKED BY REF. NO.：	BUSINESS UNIT：
VESSEL / VOY.：LONGHAI 5219F	CUSTOMER CARGO：

We thank you for your booking and enclose your booking details. Please note all Shipping instructions should be received 24 hours prior to vessel departure.

CY CLOSING: WEDNSDAY, APR 21, 2021 18：00

VOUCHER CUT OFF: WEDNSDAY, APR 21, 2021 20：00

CY OPEN DATE: THURSDAY, APR 22, 2021 10：00

Equipment

Quantity	Size/Type/Height (ft. in)	Gross Wight	Cargo Volume	Pack.Qty
1	20 /RF /86	10 656.00 KGS	24 CBM	1 290 Cases

　　赵鹏接到货运代理公司发回的订舱确认书之后，随即将此确认书发送给卖方联系人TONY，要求其按照确认书的要求按时将货物运送到指定的港口码头以备装船。

催 装 函

Apr. 21, 2021

Dear sirs,

Our order No. GDPH1521

　　We are now very anxious to know about the shipment of our order for 7, 740 bottles wine which should be delivered before Sep. as contracted and the BOOKING CONFIRMATION which had been sent to you last MONDAY (Apr.12, 2021), but so far we have not received any information from you concerning this lot recently. Now the shipment date is approaching rapidly. When we placed the order we explicitly pointed out that punctual shipment was of great importance because our customers were in urgent need of the goods and we had given them assurance of an early delivery.

　　We hope you will make every effort to effect shipment within the stipulated time as any delay would cause us no small difficulties.

Yours faithfully,

Miss Liu

任务2　根据GDPH1521外贸合同，及时办理货运保险

2021年4月25日15：30，赵鹏收到卖方联系人TONY发来的已装船通知。接着赵鹏便与华泰保险公司联系办理货物运输保险。保险单内容如下：

No.：2100007529　　　　货物运输保险单
CARGO TRANSPORTATION INSURANCE POLICY

保险单号：
Policy No.：6235334012021120075

保单正本份数：
Number of original：2

被保险人：
Insured：Puhua International Trade Co., Ltd. 普华国际贸易公司

　　华泰财产保险有限公司或下列签章分公司（以下简称本公司）根据投保人/被保险人填写的投保单签发本保险单，在收到投保人/被保险人缴付的约定的保险费后，按本保险单列明的承保险别、特别约定和承保险别对应的条款承担货物运输保险责任。

This Policy of Insurance witnesses that Huatai Property & Casualty Insurance CO., LTD. or the undersigned branch office (hereinafter called "the Company") at the request of the Applicant/Insured and in consideration of the agreed premium paid to the Company by the Applicant/Insured, undertakes to insure the undermentioned goods in transportation subject to the conditions of this policy as per the Clauses printed overleaf and other special clauses attached hereon.

发票号：　　　　　　　　　　　　　　　　提单号：
Invoice No.：　　　　　　　　　　　　　　B/L No.：CCLK202109206

货物标记： Marks & Nos.： N/M	包装及数量： Quantity： 1 290 boxes packed in a 20′ container	货物项目： Description of Goods： WINE

总保险金额：　　　(USD 631, 455.00)
Total Amount Insured：<u>SAY USD SIX HUNDRED AND THIRTY ONE THOUSAND FOUR HUNDRED AND FIFTY FIVE ONLY</u>

装载工具：
Per Conveyance S.S：CONTAINER　CCLU4417226

启运时间：　　　　　　　　　　　　　　　转运工具：
Slg. on or abt：APR 25, 2021　Via conveyance S.S：

启运地：　　　　　　　　　　　　　　　　目的地：
From：MELBOURNE, AUSTRALIA　　　　　　To：HAIKOU, CHINA

中转地：
Via：　　　　HONGKONG

保险费：
Premium：AS ARRANGED

承保条件：

Conditions：Covering All Risks as per Ocean Marine Cargo Clauses of Huatai Insurance Company of China.

Including War Risk

特别约定：

Special Conditions：

1. 本保单绝对免赔额为保险金额的0.2%

2. 目的地为广州普华国际贸易公司厂内

3. Contract No.：GDPH1521

所保货物发生保险单项下可能引起索赔的损失或损坏，应立即通知本公司或本公司下述代理人查勘。如有索赔，应向本公司提交保险单正本及相关文件。

In the event of loss or damage which may result in a claim under this policy, immediate notice must be given to the company's Agent as mentioned below. Claims, if any, payable on surrendered of this policy together with other relevant documents.

赔款偿付地点：

Claim payable at：   Guangzhou   In CNY

华泰财产保险有限公司广州分公司

HUATAI PROPERTY & CASUALTY INSURANCE CO., LTD .

Guangzhou Branch

报案电话　TEL: 4006095509

传真　FAX: 0086-20-82716726

日期　DATE: 2021年04月25日

单证编码：PN301967

知 识要点

一、集装箱进口货物运输操作流程

从收货人的角度分析，集装箱货物的进口业务流程包括下列几个环节（以FOB贸易术语为例）：

（1）签订贸易合同。收货人作为买方首先必须同国外的卖方签订贸易合同。

（2）订舱。货物若是以FOB价格条件成交，则收货人承担订舱的责任，并有将船名、航次、装船期通知发货人的义务。

（3）提出开证申请。如果是信用证结算合同，收货人必须在贸易合同规定的时间内向其所在地银行提出开证申请，并按合同的内容填写开证申请书。根据集装箱运输的特点，一般都应在信用证提单要求中注明集装箱号及铅封号，明确是否必须签发已装船提单。

（4）投保。进口货物如果以FOB或CFR价格条件成交，收货人出于自身的风险考虑需自行投保货物运输险并支付保险费用。只要开始运输，货物就实际装上船舶，其货名、数量、保险金额一经确定，即应正式投保。通常情况下，这种保险都是预约保险，收货人据其买卖合同与保险公司签订预约保险合同，并把预约保单号码告知发货人，发货人在实际装船后向保险公司发出装船通知（代投保声明书），则该批货物自装船日起即按预约保险合同规定的保险范围生效。

（5）取得装船单据。收货人要取得全套装船单据，必须向银行支付货款，赎回装船单据，或向银行开立信托收据借出装船单据。收货人在得到单据后，应仔细审核提单所记载的事项和提单背书的连贯性。

（6）换取提货单。收货人在提货前，应将提单交还给船公司或其代理人，据以换取提货单。如果是FOB条件下的收货人租船订舱，则只有缴清运费才能换单。

（7）进口清关。收货人可自行办理清关手续，也可委托代理办理。如果是法检商品，在报关时需同时展开填写报关单中与报检相关的栏目。报关后凭盖海关放行章的提货单提货。

（8）提取货物。通常，整箱货应在集装箱码头堆场提取，而拼箱货则在货运站提取。必须注意，整箱货物应连同集装箱一起取出，同时还应办理集装箱的设备交接。

收货人凭提货单到集装箱码头或集装箱货运站提取货物，在签收交货记录时要特别谨慎。因为，收货人一旦签收了交货记录，即表明收货人已收到货物，船公司的责任宣告结束，收货人的责任随即开始。

（9）索赔。提取货物时，如发现有关货物灭失、损坏，收货人应及时向有关方提出索赔。

二、进口运输单据

（一）场站收据联单

场站收据（Dock's Receipt，D/R）是国际集装箱运输专用出口货运单证。它是由承运人或其代理人签发的证明已收到托运货物并对货物开始负有责任的凭证。场站收据一般是托运人口头或书面订舱，与船公司或其代理人达成货物运输的协议，船公司或其代理人确认订舱后由船公司或其代理人交托运人或货代填制，在承运人委托的码头堆场、货运站或内陆货站收到整箱货或拼箱货后签发生效。托运人或其代理人可凭场站收据向船公司或其代理人换取已装船或待装船提单，并根据业务所需送交相关部门，以取得货物舱位、出口报关放行、准予装船等。

1. 场站收据的作用

与传统件杂货运输使用的托运单证比较，场站收据是一份综合性单证，它把货物托运单（订舱单）、装货单（关单）、大副收据、理货单、配舱回单、运费通知等单证汇成一份，这对于提高集装箱货物托运效率和流转速度有很大意义。一般认为场站收据的作用包括：

（1）船公司或船代确认订舱并在场站收据上加盖有报关资格的单证章后，将场站收据交给托运人或其代理人，意味着运输合同开始执行；

（2）是出口货物报关的凭证之一；

（3）是承运人已收到托运货物并对货物开始承担责任的证明；

（4）是换取海运提单或联运提单的凭证；

（5）是船公司、港口组织装卸、理货、配载的资料；

（6）是运费结算的依据；

（7）如信用证中有规定，可作为向银行结汇的单证，但其不是物权凭证。

2. 场站收据的构成

场站收据是集装箱运输的重要出口单证，其组成格式在不同的港口、场站的使用也有所不同。表4-1以十联单的格式来说明场站收据的构成情况。

表4-1 场站收据联单的构成

序号	名称	颜色	用途
1	集装箱货物托运单——货方留底	白色	托运人留存备查
2	集装箱货物托运单——船代留底	白色	编制装船清单、积载图、预制提单
3	运费通知（1）	白色	计算运费
4	运费通知（2）	白色	运费收取通知
5	装货单——场站收据副本（1）	白色	报关并作为装货指示
	附页:缴纳出口货物港杂费申请书	白色	港方计算港杂费
6	大副联——场站收据副本（2）	粉红色	报关，船上留存备查
7	场站收据	淡黄色	报关，船代凭以签发提单
8	外理留底	白色	缮制货物流向单
9	配舱回单（1）	白色	货代缮制提单等
10	配舱回单（2）	白色	根据回单批注修改提单

3. 场站收据的托运单联

场站收据联单的前两联为托运单联，用于向船公司订舱，其内容均来自货主向船公司或其代理发送的委托书。托运单的内容填写必须真实、详细，因为托运单是货运代理及船公司接下来完成运输业务的原始依据。托运单的填写内容如下：

（1）D/R NO.（编号）。此栏为船公司在确认订舱时给定的编号，此编号一般就是该票货物的提单号。此编号必须正确填写，以便船公司进行业务操作和管理。

（2）SHIPPER（发货人）。填写合同的卖方或其代理人的详细名称和地址。

（3）CONSIGNEE（收货人）。信用证项下此栏根据信用证的要求填写。如果信用证要求记名提单，应填写信用证规定的记名收货人详细名称、地址、电话及传真等；如果信用证要求指示提单，此栏应按信用证规定填写TO ORDER 或TO ORDER OF ×××。托收或汇付项下的装运，此栏收货人宜填"TO ORDER"。

（4）NOTIFY PARTY（通知人）。通知人是收货人与承运人之间的联系人。在托收与汇付合同下，一般填合同中的买方名称与地址；在信用证项下，按信用证规定的通知方名称与地址填写。

（5）PRE-CARRIAGE BY（前程运输）。填写第一程运输的运输工具、名称和班次。此栏一般在多式联运或货交承运人贸易术语时使用（FCA、CPT或CIP），如果没有前程运输则无须填写。

（6）PLACE OF RECEIPT（收货地点）。此栏与上面第（5）栏配合，只需在货交承运人的情况下填写货交承运人的地点。如果是信用证项下，这一栏的填写要符合44A栏的要求。

（7）PORT OF LOADING（装货港）。此栏填写货物实际装船的港口，当货物被转运时填写第二程船的港口。同时此栏的港口名称应与OCEAN VESSEL一栏的船名挂靠港口一致。如果是信用证项下的装运，此栏填写应符合信用证中44E栏的港口规定。托收或汇付合同则应满足买卖合同中装运港中规定。

（8）PLACE OF DISCHARGE（卸货港）。此栏填写货物卸船的港口名称。如果是信用证项下的装运，此栏填写应符合信用证中44F栏的港口规定。托收或汇付合同则应满足买卖合同中卸货港的规定。

（9）PLACE OF DELIVERY（交货地）。此栏一般在多式联运时填写，表示承运人最终交货的地点。如果是信用证项下的装运，此栏填写应符合信用证中44B栏的地点规定。

（10）Container/Seal No.（集装箱号码）。填写装载货物的集装箱号码及对应的铅封号码。如果一票有多个集装箱，则分别填写，填写时集装箱号码必须与铅封号码——对应。铅封是船公司确认订舱后，船公司向托运人配箱时一同配备的，一箱一铅封。

（11）Marks & Nos.（标志和序号）。此栏填写托运人提供的货物识别标志和编号。

（12）No. of Containers or Packages（集装箱数量或件数）。在整箱货运输中此栏通常填写集装箱数量和型号，在拼箱货运输中此栏填写货物件数。如果信用证有要求，可在"Description of Goods"栏中加注托运人提供的件数，但应在该栏中加注"S .T.C"或"SLCS"或"SLAC"等字样，是对承运人对实际装货内容不知的保护。

例如，一个内装6箱机械的20英尺干货箱可被表示为 $1 \times 20'$ DRC，在"Description of Goods"栏中加注"STC 6 CASES MACHINERY"。

（13）Description of Goods（货物描述）。此栏填写与货物相关的情况，如内容过多，空间不够，可以添加附页，在这种情况下应注明"QUANTITY AND DESCRIPTION OF GOODS AS PER ATTACHED SCHEDULE"。

（14）Gross Weight Kilograms（总重）。此栏填写装入集装箱内货物的毛重，以千克作单位。

（15）Measurement（体积）。此栏填写装入集装箱内货物的总体积，以立方米作单位。

（16）Total No. of Packages or Containers（in words）（大写的集装箱总数或件数总数）。整箱货运业务中，此栏填写收到集装箱的总数；拼箱货运业务中，此栏填写收到货物的件数。

（17）Freight & Charges（运费和其他费用）。此栏填写运费预付或到付。

（18）PLACE of ISSUE（签发地点）。签发地点通常与装货港的填写一致。

（19）No. of Original B（s）/L（正本提单的数量）。此栏填写根据信用证或合同要求签发的正本提单的数量，通常为三份。

（20）SERVICE TYPE ON RECEIVING/DELIVERY（货物的交接方式）。集装箱运输时填写。如DOOR/DOOR、DOOR/CY、CY/CY、CY/DOOR等。

（21）REEFER TEMPERATURE REQUIRED（冷藏温度）。对于冷藏货物的运输，托运人应填写在运输和仓储过程中所需的温度。

（22）TYPE OF GOODS（货物种类）。此栏如果没有特别要求一般不填。

（23）危险品应正确如实填报类别、性能、《国际海运危险货物规则》（简称《国际危规》）页数和联合国编号。

4. 场站收据的流转

在集装箱货物出口托运过程中，场站收据要在多个机构和部门之间流转。在流转过程中涉及的有托运人、承运人、海关、堆场、理货公司、船长或大副等。现以十联单格式为例说明场站收据的流转过程及程序。

（1）发货人或代理填制场站收据一式10联，留下第1联（托运人留底联BOOKING NOTE，B/N），将其余9联送承运人订舱。

（2）承运人接收场站收据第2~10联，经编号后自留第2联（船代留底联）、第3联（运费计收联（1））、第4联（运费计收联（2）），并在第5联（装货单Shipping Order，S/O，又称关单、下货纸）上盖章确认订舱，然后退回发货人第5~10联。

托运人负责将箱号、铅封号、件数等填入第5~7联。承运人确认订舱签单时，应将场站收据打上编号，在第5联装货单上盖章签单时应仔细核对托运人所填项目是否完整，如有问题应及时联系托运人。

（3）托运人在截关期前将第5~10联送海关申请报关，海关核对无误后在第5联装货单上盖章放行。出口货物一般要求在装箱前24小时向海关申报，海关在场站收据上加盖放行章后方可装箱；在海关盖章放行前装箱或先进入堆场的集装箱，必须经海关同意并在装船前24小时将海关盖章的场站收据送交收货的场站业务员。

（4）海关在第5联装货单盖章放行后，自留第9联，将其余联（第5~8联、第10联）退还托运人。

（5）托运人负责将货物在截港期前连同第5~8联、第10联在规定时间一并送堆场或货运站。

（6）堆场或货运站在接收货物时进行单、货核对。核对无误后在第7联场站收据上填入实收箱数、进场完毕日期并加盖场站章，交给托运人。堆场或货运站自留装货单联。

堆场业务员必须在装船前将场站收据第6联大副联分批送外轮理货人员，最后一批不得迟于开装前4小时。在港区的外轮理货员收齐港区场站业务员送来的场站收据大副联后，在装船时将装船集装箱与单据核对无误后交大副。

（7）托运人凭场站签收的场站收据前往承运人处换取提单。此时货物并没有上船，所以换取的提单为收妥待运提单，签发此类提单时船公司一般要求托运人出具保函。此类提单一般不能用于银行结汇。

（8）货物装船时，堆场将第6联、第8联、第10联送外轮理货公司，外轮理货公司于货物实际装船后在第8联（外理联）签收并自留。

（9）等集装箱全部装上船舶，外轮理货公司将第6联（大副联）和第10联（空白联）交船方留存。大副对已上船货物进行单、货核对无误后，签发大副收据。如果单、货核对有误，以及货物与单上的记载不相符或外表状况不良等情况发生，大副则在大副收据上加批注，此类批注通常为不良批注，托运人持有此类批注的大副收据时，换取的提单即为不清洁提单。

（10）货物装船后，大副收据已转交船公司，大副收据上的信息被录入船公司的单证系统。船舶离港后，船公司单证中心会与托运人确认提单信息。在CFR、CIF条件下，托运人付清主运费及装运港发生的费用后即可取得已装船正本提单。

5. 场站收据的填写

场站收据联单中，核心联为第5~7联，分别是装货单联（S/O）、大副收据联（M/R）和场站收据联（D/R）。托运人在得到船公司的确认订舱后即可填写、打印出这三联单。打印时三联单同时被打印出来，所以三联的内容是一样的，其内容均来自托运单。

（二）集装箱设备交接单

集装箱设备交接单（Equipment Receipt，E/R）是集装箱所有人（管箱人）或其代理人（一般是码头）签发给用箱人的用以进行集装箱及其他设备的发放、收受等移交手续，并证明移交时箱体状况的书面凭证。

集装箱设备交接单分为进场设备交接单（IN）和出场设备交接单（OUT），两种交接单都是一式三联：管箱单位（船公司或其代理）留底联、码头或堆场联、用箱人或运箱人联。

1. 集装箱设备交接单的发放及用途

集装箱货物出口业务中，船公司确认订舱后，根据货物的种类和数量进行配箱，并发放设备交接单，一个集装箱一套设备交接单，同时签发一份空箱放箱令（Empty Container Release）。用箱人或运箱人凭船公司签发的空箱放箱令到集装箱所有人指定的堆场提取空箱，提取空箱时，填写设备交接单出场联，装箱后再将装有货物的重箱送到船公司指定的码头堆场，重箱进场时填写设备交接单进场联。

集装箱货物进口业务中，用箱人或运箱人到卸货港码头堆场提取装有货物的重箱，重箱出场时填写设备交接单的出场联，拆箱卸货后再将空箱交还到船公司指定的堆场，空箱进场时填写设备交接单的进场联。

由此可见，设备交接单兼有发放集装箱的凭证功能，所以它既是一种交接凭证，又是一种发放凭证。所以，集装箱设备交接单对集装箱的箱务管理起到重要作用。

2. 集装箱设备交接单的流转

在进出口运输业务中，凡是涉及集装箱等设备的交接作业，必须缮制相应的设备交接单。在使用中，要求必须遵循"一箱一单、箱单相符、箱单同行"的原则。用箱人、运箱人要凭设备交接单进出港区场站，到设备交接单指定的提箱地点提箱,并在规定的地点还箱。与此同时,用箱人还必须在规定的日期、地点将集装箱和机械设备如同交付时状态还给管箱人或其代理人,对集装箱的超期使用或租用,用箱人应支付超期使用费;对使用或租用期间发生的任何集装箱及设备的灭失或损坏,用箱人应承担赔偿责任。集装箱设备交接单的填制内容基本相同,均由箱管单位填制后,交拖箱人(一般是集卡司机)。设备交接手续均在集装箱码头堆场大门口办理。集装箱设备交接单的流转过程如图4-1所示。

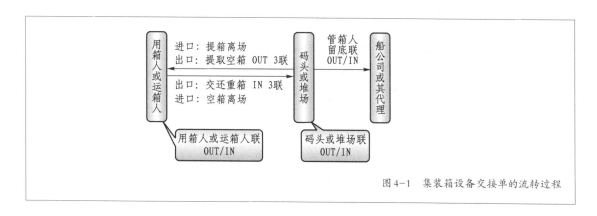

图4-1 集装箱设备交接单的流转过程

(1)集装箱出场时,码头检查口(闸口)业务员与用箱人(一般是集卡司机)应共同审核以下几项内容:用箱人名称和地址,所提集装箱的箱号、规格、出场日期、出场目的等。

用箱人或运箱人在提取空箱时应检查如下几个方面:

① 外部检查。检查集装箱外表,四柱、六面、八角有无损伤、变形、破口等异样,外部附属设备是否完好。

② 内部检查。对箱内六面进行查看,是否有漏水、漏光、水迹、油迹、残留物、锈蚀,有无异味。

③ 集装箱的箱门检查。检查箱门有无变形,能否270°开启。

审核完毕后,双方在设备交接单上签字,第1联、第2联由堆场留存(第1联由港方转交给船方),第3联由提箱人留存。

(2)集装箱进场时,集卡司机持设备交接单,将集装箱从装箱地运至集装箱码头堆场。闸口业务员和集卡司机需要仔细审核下列事项:还箱的时间和地点,还箱人的名称和地址,出口船舶的船名和航次,进场目的等。

集装箱交接时,双方对集装箱都要进行目测检查,检查箱体状况是否与设备交接单上的记录相符。如果不相符,用箱人应承担相应责任。

（三）装箱单和提单

1. 装箱单

装箱单即通常业务中所称的箱单（Packing List 或 Container Load Plan），它和重量单（Weight List）及尺码单（Measurement List）都是商业发票的一种补充单据，是商品的不同包装规格条件、不同花色和不同重量逐一分别详细列表说明的一种单据。装箱单是买方收货时核对货物的品种、花色、尺寸、规格，以及海关验收的主要依据。如图4-2所示。

2. 提单

海运提单（Bill of Lading）用以证明海上货物运输合同的货物已经由承运人接收或者装船，代表所载货物的所有权，是一种具有物权特性的凭证，是承运人在目的港保证据以交付货物的单证。

（1）提单的签发。内容包括提单的签发人、签发地点与日期、签发的份数及签发依据。

① 提单的签发人。《中华人民共和国海商法》（简称《海商法》）第七十二条明确规定：货物由承运人接收或者装船后，应托运人的要求，承运人应当签发提单。提单可以由承运人授权的人签发。提单由载货船舶的船长签发的，视为代表承运人签发。

微课：提单抬头

可见，提单的签发人包括承运人、承运人的代理人和船长。各国有关海上货物运输的法律都规定船长是承运人的当然代理人，无须经承运人的特别授权便可签发提单。但如提单由承运人的代理人签发，则代理人必须经承运人的合法授权委托。未经授权，代理人是无权签发提单的。UCP600第20条规定提单也可以由船长的代理人签署。

签发提单时必须表明签发人的身份，代理人签署时还需表明其代理的对象。

② 提单签发的地点和日期。提单签发的地点应当是货物的装船港或接收地。已装船提单签发的日期一般是货物实际装船完毕的日期，并且与大副签署的收货单签发的日期相一致。收妥待运提单的签发日期是场站收据上注明的接收货物的日期，实际的装船日期须在货物装船后另做批注。

③ 提单的份数。从功能上来看，提单有正本和副本之分。副本提单只用于日常业务，不具有法律效力。正本提单是一式若干份，以防提单的遗失、被窃或迟延到达，或在传递过程中发生意外事故造成灭失。各国海商法和航运习惯都允许签发数份正本提单，并且各份正本提单都具有同等效力，但以其中一份提货后，其他各份自动失效。

由于正本提单是一种物权凭证，可以流通和转让，因此，承运人为防止出现利用多份正本提单进行损害提单当事人利益的非法活动，一是要求收货人凭承运人签发的全套正本提单在目的港提货，二是所有正本都在提单上注有"承运人或其代理人已签署本提单一式 × 份，其中一份一经完成提货手续，其余各份失效"等内容。

副本提单虽然不具有物权凭证的特性，不能据以提货，但它却是装运港、中转港及目的港的代理人和载货船舶不可缺少的货运文件，可以对舱单的内容和项目作补充。副本提单的份数视需要而定。

④ 提单的签发依据。提单是根据大副签署的收货单（场站收据），在与提单记载的各项内容核对无误后才签发的。如果收货单（场站收据）上有批注，则提单签发人就应如实转批在提单上。如果该批注为不良批注，此提单则为不清洁提单。

（2）提单的背书（Endorsement）。提单是物权凭证，在其项下记载的货物实际凭单交付前是可以转让的。只有背书才可以转让指示性提单。

微课：提单背书

背书就是票据的持有人转让票据时在票据背面签名或书写文句的手续。按照背书的方法区分，背书分为记名背书、指示背书和空白背书（不记名背书）三种。

① 记名背书。记名背书也称完全背书，是背书人（转让人）在提单背面写明被背书人（受让人）的姓名，并由背书人签名的背书形式。例如，提单持有人 ABC 公司现将提单背书转让给 DEF 公司，在提单背面书写为：

Delivery to DEF Co.

ABC Co.（盖章）

背书时间 × × ×

② 指示背书。指示背书是背书人在提单背面写明"凭指示"或"凭某某指示"字样，并不写明特定受让人，由背书人签名的背书形式。此种背书方式提单持有人 ABC 公司在提单背面可写成：

Delivery to order of DEF Co.

ABC Co.（盖章）

背书时间 × × ×

③ 空白背书。空白背书则是指在提单背书中不记载任何受让人，只由背书人签名的背书形式。此种背书方式提单持有人 ABC 公司在提单背面可写成：

ABC Co.（盖章）

背书时间 × × ×

指示提单只要经过背书都可以转让，如果所签发的提单是凭指示或凭托运人指示提单，则应以托运人为第一背书人；如果是记名指示提单，或选择指示提单，则第一背书人应是提单中指明的指示人，即"凭某某指示"或

"某某或凭指示"中的"某某"应为第一背书人。

采用完全背书的背书形式时，只有连续背书才能连续转让，而采用空白背书形式时，则不需要连续背书即可转让。

（四）交货记录联单

1. 交货记录的用途

交货记录（Delivery Record）是指集装箱运输承运人把货物交付给收货人或其代理人时，双方共同签署的证明货物已经交付及货物交付时情况的单证。同时，它也证明承运人对货物的责任已告终止。交货记录是国际集装箱进口货运业务中的主要单证，在集装箱班轮运输中普遍采用"交货记录"联单以代替件杂货运输中使用的"提货单"（小提单），但实际应用中交货记录或提货单所起的作用及其对不同当事人的责任划分不尽相同。

2. 交货记录的组成

标准交货记录联单一套共5联，其联式内容见表4-2。

微课：提货
单

表4-2　交货记录联单

联号	名称	颜色	用途
第1联	到货通知书	白色	通知收货人提货
第2联	提货单	白色	报关提货凭证
第3联	费用账单（1）	蓝色	计算费用
第4联	费用账单（2）	红色	费用收取通知
第5联	交货记录	白色	货物实际交付记录

三、班轮运费核算

（一）班轮运价

运价是指承运单位承运货物而支付的运输劳动的价格。班轮运价通常以运价本的形式公布。运价本也称费率本或运价表，是班轮公司承运货物时向托运人据以收取运费的费率表的汇总，主要由条款与规定、商品分类、基本费率和附加费率四部分组成。

班轮公司制定运价时除考虑成本和利润外，还要考虑货物价值、商品特性、运量大小、港口装卸效率、航程的远近、航运市场的供求变化及同行业的竞争程度。

根据运价表制定人的不同，运价表可分为班轮公会运价表、班轮公司自定的运价表、双边运价表、货主运价表及协议运价表。其中班轮公会运价是一种垄断性质的运价。

根据运价表结构的不同可分为等级运价表和单项费率运价表。实务中，等级运价表使用最多。该表前部列有常用商品等级表，不同商品对应不同等级，每一等级有一基本费率，一般分为20个等级，1级运费率最低，20级运费率最高。等级运价表中列有各航线上的计收标准，其后还列有该航线上的附加费。

班轮费率表中还有起码运费的规定，即每张提单的最低运费，根据不同地区、是否转船等情况决定。

（二）散杂班轮运费

1. 运费结构

微课：运费计算

班轮运费包括基本运费和附加费两部分。前者是指货物从装运港到卸货港所应收取的基本运费，它是全程运费的主要部分；后者是指对一些需要特殊处理的货物，或者由于突然事件的发生或客观情况变化等原因而需另外加收的费用。实务中，有时船公司为了竞争的需要，收取的基本运费很低，甚至是负值，但船公司却收取了更多的附加费，以弥补其收取的低基本运费的利润损失。

国际海运中，常见的附加费有：

（1）燃油附加费（Bunker Adjustment Factor，B.A.F.）：实践中还称其为Fuel Adjustment Factor（FAF）。在燃油价格突然上涨时加收，以补偿因燃油价格上升而造成的运输成本的增加。

（2）货币贬值附加费（Currency Adjustment Factor，C.A.F.）：货币贬值时，船方按运费的一定百分比加收的费用，以弥补兑换过程中的汇兑损失。

（3）转船附加费（Transshipment Surcharge）：凡是运往非基本港的货物，需转船运往目的港，船方收取的附加费，其中包括转船费和二程运费。

（4）直航附加费（Direct Additional）：当运往非基本港的货物达到一定的货量时，船公司可安排直航该港而不转船时所加收的附加费。

（5）超重、超长附加费（Heavy Lift Additional or Long Length Additional）：当单件货物的毛重或长度或体积超过或达到规定运价的数值时加收的附加费（实务中，散杂件货长度超过9米可能收超长附加费，单件货物重量超过5吨要收超重附加费）。实务中，如果一件货物既超长又超重，船公司一般只收取两者较高者，除非承托双方有特殊约定。

（6）港口附加费（Port Surcharge）：有些港口由于设备条件差或装卸效率低，以及其他原因，船公司加收的附加费。

（7）港口拥挤附加费（Port Congestion Surcharge）：有些港口由于拥挤，船舶停泊时间增加而加收的附加费。

（8）选港附加费（Optional Surcharge）：货主托运时尚不能确定具体卸货港，要求在预先提出的两个或两个以上港口中选择一港卸货，船方加收的附加费。

（9）变更卸货港附加费（Alternational of Destination Charge）：货主要求改变货物原来规定的港口，在有关当局（如海关）准许，船方又同意的情况下所加收的附加费。

（10）绕航附加费（Deviation Surcharge）：由于正常航道受阻不能通行，船舶只有绕道才能将货物运至目的港时，船方所加收的附加费。

（11）战争附加费（War Risk，WAS）：对于战争或有战争威胁国家和地区的港口所加收的临时费用，标准不尽相同。可能包含在运费中，也可能单列出来，一般随海运费支付。

（12）旺季附加费（Peak Season Surcharge，PSS）：在出口货物运输旺季，船公司加收旺季附加费，以期削减货主上货，缓解货运压力。

（13）集装箱不平衡附加费（Container Inbalance Charge，CIC）：集装箱运输业务中，由于去程与回程的货源不平衡导致空箱返回，船公司向货主加收的一种附加费。

除以上附加费外，还有一般性涨价费用（general Rate Increase，GRI），这种费用属于季节性运费普调，不计算在附加费之列，通常列入海运费成本，随海运费一起支付。

附加费通常是在基本运费的基础上加收一定的百分比，或者按每运费吨加收一个绝对数。

2. 计费标准

基本运费按班轮运价表规定的计收标准计收。在班轮运价表中，根据不同的商品，班轮运费的计算标准通常采用下列几种：

（1）按货物毛重运价表内用"W"表示，重量单位为吨（T）。

（2）按货物的体积（尺码吨计收）运价表中用"M"表示，尺码单位为立方米（M），计算运费时1立方米作为1尺码吨。

上述计费的重量吨和尺码吨统称运费吨，又称计费吨（Freight Ton，FT）

（3）以重量吨或尺码吨较高者作为计费吨，运价表中用"W/M"表示。

（4）按货物价格计收，又称从价运费。运价表内用"ad.val"表示。从价运费一般按货物的FOB价的一定百分比收取。

（5）在货物重量、尺码或价值三者中选择最高的一种计收，运价表中用"W/M or ad.val"表示。

（6）按货物重量或尺码最高者，再加上从价运费计收。运价表中用"W/M plus ad.val"表示。

（7）按每件货物作为一个计费单位收费，如活牲畜按"每头"（Per Head），车辆按"每辆"（Per Unit）收费。

120

（8）临时议定价格，即由货主和船公司临时协商议定。

3. 计费公式

$$F=Fb+\sum S$$

式中：F——运费总额；

　　　Fb——基本运费；

　　　$\sum S$——各项附加费的总和。

基本运费是所运货物数量（重量或体积）与规定的基本费率的乘积。常见的附加费为基本运费的一定百分比，也有的收取某一绝对数。

4. 计算步骤

班轮运费的具体计算步骤为：

（1）根据货物的英文名称，从货物分级表中，查出有关货物的计算等级及其计算标准。

（2）从航线费率表中查询有关货物的基本费率。

（3）将各项附加费率加总，所得总和就是有关货物的单位运费。

（4）用单位运费乘以计费吨，即得该批货物的运费总额。

如果是从价运费，则按规定的百分率乘FOB货值即可。

（三）集装箱班轮运费

集装箱海运的费用构成和计算方法与散杂货运输方式有所不同，它包括发生在装运港的内陆运输费、拼箱服务费、堆场服务费、海运运费、集装箱及其设备使用费等。

集装箱运价可分为两大类：一是按散杂货运费计算；二是以每个集装箱为计费单元，该费率即通常所说的包箱费率。包箱费率有三种：

1. 均一包箱费率（Freight for All Kinds，FAK）

均一包箱费率是指对每一集装箱内所装货物不分货类级别、不分重量等级，只按箱型统一规定的费率计算。采用均一包箱费率时，货物仅分为普通货物、半危险货物、危险货物和冷藏货物四大类。不同类别的货物、不同箱型的集装箱费率不同。

2. 等级包箱费率（Freight for Class，FCS）

等级包箱费率是按不同货物种类和等级制定的包箱费率。运用等级包箱费率时，一般将货物分为普通货物、非危险化学品、半危险货物、危险货物和冷藏货物等几大类。其中，普通货物与件杂货一样分为1~20级，各船公司在其运价本中按货物种类、级别和箱型规定包箱费率。但集装箱货的费率级差远小于件杂货费率级差。

3. 等级标准包箱费率（Freight for Class and Basis，FCB）

此种费率是按不同货物的类别、等级（Class）及计算标准（Basis）制定的包箱费率。采用此种费率时，即使是装有同种货物的整箱货，当以重量吨或体积吨为计算单位时，其包箱费率也可能是不同的。这是FCB与FCS的主要区别。

船公司公布其运价时通常是对具体航线按不同箱型公布，除基本运费外，还可能有附加费，如图4-3。集装箱运费的附加费通常是附加一个绝对数。也有的船公司把所有的附加费与基本运费加总，直接公布一个 All In 价，即全包价。但在核算进出口货物运输费用时，还应考虑口岸杂项费用等。

4. 最低运费和最高运费

传统的班轮运输的班轮运费有最低运费的规定，这主要是因为船公司为了保证营运收入不低于成本，即每一单票的运费不得低于一定的数额，又称起码运费。出于同样的考虑，经营集装箱运输的船公司，不论是整箱运输业务还是拼箱运输业务，都制定有最低收费标准。当然，船公司也有最高运费的规定。最高运费是集装箱运输所特有的，此种运费仅适用于轻泡货物，计费重量为尺码吨。实务中，大多数船公司都规定集装箱箱容的85%为最高运费吨。当集装箱所装货物的体积超过这一标准时，超出部分不做运费计算。船公司规定最高运费的目的是鼓励货主改进货物的积载技术，最大限度地利用箱容，从而吸引更多的整箱托运的货物。

四、国际进口货运保险

（一）国际货物运输保险的概念及类别

1. 概念

国际货物运输保险是指保险人和被保险人通过双方协商，就在国际上运输的货物约定以投保人支付一定的费用为条件，要求保险人对该货物可能发生的某种损失承担约定的赔偿责任的一种经济行为和法律行为。支付一定费用的一方当事人为投保人，支付的费用为保险费，承担约定赔偿责任的一方当事人为保险人。被保险人是指其财产或者人身受保险合同保障，享有保险金请求权的人。在财产保险中，被保险人通常就是投保人。

国际货物运输保险要依据四大原则进行，即最大诚信原则、可保利益原则、近因原则、损失赔偿原则。

国际货物运输保险中，保险人是按照不同的险别包括的风险所造成的损失和费用来承担赔偿责任的。在保险业务中，风险、损失、费用和险别之间具有密切的联系。保险费用与所保货物种类、航线及险别有关。

2. 类别

国际货物运输保险的险别，按照能否单独投保，可以分为基本险和附加险。基本险可以单独投保，附加险不能单独投保，只有在投保一种基本险的基础上才能加保附加险。

（1）基本险。基本险也称主险。我国海洋货物运输保险条款包括三种基本险别，即平安险、水渍险和一切险。

① 平安险（Free from Particular Average，F.P.A.）的承保责任范围。平安险按其英文意思是"不负责单独海损"，仅对全部损失和共同海损负责赔偿。随着国际航运和国际贸易的发展，这一险别经过了多次修改和补充，已经超出了原责任范围。现在平安险的承保责任范围是：

a. 被保险货物在运输途中，由于恶劣气候、雷电、海啸、地震、洪水等自然灾害所造成整批货物的实际全损或推定全损。

b. 由于运输工具遭受搁浅、触礁、沉没，与流冰或其他物体碰撞以及失火、爆炸等意外事故造成货物的全部和部分损失。

c. 在运输工具已经发生搁浅、触礁、沉没、焚毁等意外事故的情况下，货物此前又在海上遭受恶劣气候、雷电、海啸等自然灾害所造成的部分损失。

d. 在装卸或转运时由于一件、数件或整批货物落海造成的全部或部分损失。

e. 被保险人对遭受承保责任范围内危险的货物采取抢救、防止或减少货损的措施而支付的合理费用，但以不超过该批被救货物的保险金额为限。

f. 运输工具遭遇海难后，在避难港口由于卸货所引起的损失，以及在中途港、避难港由于卸货、仓储及运送货物所产生的特别费用。

g. 共同海损的牺牲、分摊和救助费用。

h. 运输契约订有"船舶互撞责任"条款，根据该条款规定应由货方偿还船方损失。

② 水渍险（With Particular Average，W.P.A.）的承保责任范围。除平安险所承保的全部责任外，还负责被保险货物在运输中，由于恶劣气候、雷电、海啸、地震、洪水等自然灾害所造成的部分损失。

③ 一切险（All Risks）的承保责任范围。除包括上面的平安险和水渍险的各种责任外，还负责被保险货物在运输中由于一般外来风险所造成的全部或部分损失，如偷窃、碰损、受潮受热、淡水雨淋、短量和包装破裂等。一切险无须再保一般附加险，因为一切险中包括一般附加险。但是一切险可以和特殊附加险一起投保，例如一切险加保战争险或罢工险等。而平安险和水渍险可以加保一般附加险或特殊附加险。

上述三种基本险别，投保人可以从中选择一种投保。险别不同，保险责任的范围也不同。一切险的保险范围和责任最大，水渍险次之，平安险最小，因此其保险费率也相对应地由高到低有所不同。

（2）附加险。附加险（Additional Risk）分为一般附加险和特殊附加险两类。

① 一般附加险（General Additional Risk）。是指由于一般外来风险所造成的全部或部分损失，包括11种险：偷窃、提货不着险；淡水雨淋险；短量险；混杂、玷污险；渗透险；破损、破碎险；串味险；钩损险；受潮、受热险；包装破裂险和锈损险。

② 特殊附加险（Special Additional Risk）。包括：战争险；罢工险；舱面险；进口关税险；拒收险；黄曲霉素险；交货不到险和货物出口到中国香港或中国澳门存仓火险责任扩展条款。被保险货物运抵目的地中国香港，或中国澳门卸离运输工具后，如直接存放于保单载明的过户银行所指定的仓库，本保险对存仓火灾的责任至银行收回抵押款，解除货物的权益为止，或运输险责任中止时起满30天为止。投保这一保险是为了保障过户银行的利益，货物通过银行办理押汇业务，在货主未向银行归还货款前，货物的权益属于银行。因此，保险单上必须注明过户给放款银行。在此阶段，货物即使到达目的港，收货人也无权提取货物，货物一般存放在过户银行指定的仓库中，如在仓库期间发生火灾，保险人负责赔偿。

（二）《跟单信用证统一惯例》对保险单据的规定

国际商会2007年修订的《跟单信用证统一惯例》（UCP600）对保险单据作了具体规定：

（1）所有的保险单据都必须符合信用证的规定，即单证一致的原则。

（2）保险单据必须标明最低投保金额，保险金额至少应为保险货物的CIF价值或CIP价值加10%。从单据表面不能确定CIF或CIP价值的，最低投保金额应为信用证要求付款、承兑或议付金额的110%，或发票毛值的110%，两者中取较大者。保险单的币种要与信用证上所标示的一致。

（3）关于投保险别，要求在信用证上写明各种险别和附加险别的确切名称，不能笼统含糊。例如，要写承保一切险加战争险，不能写承保一般险或者惯常险。信用证上规定保一切险的，银行可以接受任何有一切险批注或条文的保险单据。

（4）关于免赔额或免赔率，银行可以接受标有免赔额或免赔率的保险单证，但是信用证上特别规定无免赔额或免赔率的除外。

（三）信用证中有关投保条件可能出现的问题

（1）来证所投保险险别的词意不明确。

例如，Covering Usual Risks；Customary Risks；Sea Damage Risks；Marine Risks等之类的表述含糊不清，无法确定其真实意图，应要求改证。

再如，Covering All Risks of PICC including Institute War Risks Clauses，这种表述属于主险与附加险条款选择不一致，应该要求改证。

（2）来证投保险别明确，但保险责任小于贸易合同规定。这种情况下，可先按照信用证所列的险别出单兑用，再出批单补保贸易合同所规定的保险责任，将批单寄给客户。

（3）来证投保险别明确，但保险责任大于贸易合同规定。这种情况应酌情处理，或要求对方改证，或要求客户承担保险费差额部分后同意承保。

（4）来证所列目的地笼统或不明确，无法控制保险责任的终止，应要求改证，列明其具体到达的目的地或港口。

如Main port in Europe；Any city in Africa；Up to interior points in Japan；Up to one inland city in Japan；Extended cover from seuer's warehouse to buyer's warehouse in Italy.对于这类的来证内容，应该要求指明具体地点，或者加注"从海船上卸货的港口被视为最后目的地"。

（四）保险险别的选择

办理国际货物运输保险几乎是每一单进出口业务都要做的事，但要办得既稳妥又经济却不简单。由于实际操作中情况千差万别，因此，如何灵活运用保险，回避进出口货物运输中的风险，是技巧性很强的专业工作。

保险险别的选择一般应考虑以下因素：

1. 货物的性质和特点

例如，粮谷类商品的特点是含有水分，在运输途中，如果通风设备不良，容易发潮、发热而致发霉。对于此类商品，一般可以在投保水渍险的基础上加保受潮受热险，或者投保一切险。而轻工类商品如玻璃制品、家电、仪器等比较容易碎裂、碰损或被窃，所以宜在平安险或水渍险的基础上加保碎裂险或碰损险和偷窃提货不着险等。

2. 货物的包装

有些货物在运输及装卸转运过程中，通常因包装破损而造成质量上或数量上损失。因此，在选择险别时，还要考虑货物包装在运输途中可能发生的损坏及其对货物可能造成的损害。需注意的是，由于包装不良或不当造成的货物损失、损害属于海运货物保险的除外责任，保险人一般不予负责。

3. 运输路线及船舶停靠港口

海运中船舶的航行路线和停靠的港口不同，货物可能遭受的风险和损失也有很大不同。某些航线途经气候炎热的地区，如果载货船舶通风不良，就会增大货损。而在政局动荡不定，或者正在发生战争的海域内航行，货物遭受意外损失的可能性自然增加。同时，由于停靠港口在设备、装卸能力以及安全等方面有很大差异，进出口货物在港口装卸时发生货损货差的情况也就不同。

4. 运输季节

运输季节不同，也会给运输货物带来不同风险和损失。例如，载货船舶冬季在60°N以北海域航行，极易发生与流动冰川碰撞的风险。又如，夏季转运粮食、果品，极易出现发霉腐烂或者生虫的现象。

5. 目的地的政治局势

目标市场不同，费率亦不同，在核算保险成本时，就不能一刀切。如果投保一切险，欧美发达国家的费率可能是0.5%，亚洲国家是1.5%，非洲国家则会高达3.5%。货主在选择险种的时候，要根据市场情况选择附加险，如到菲律宾、印度尼西亚、印度的货物，因为当地码头治安较差，风险比较大，应该选择偷窃提货不着险和短量险作为附加险，或直接投保一切险。

（五）保险金额和保险费的计算

1. 保险金额

保险金额是投保人对保险标的实际投保的金额，是保险人承担保险责任的标准和计收保险费的基础。在被保险货物发生保险责任范围内的损失时，保险金额就是保险人赔偿的最高限额。因此，投保人投保运输货物保险时，一般应向保险人申报保险金额。

（1）出口货物运输保险的保险金额，一般是按货物CIF发票金额加一成（加成率为10%）计算。按CIF计算的原因主要是为了使被保险人在货物发生损失时，不仅货价的损失可获补偿，已支付的运费和保险费也能获得补偿；加一成投保主要是为了在货物发生损失时被保险人所支出的费用（开证费、电报费、借款利息、税款等）及预期利润能获得补偿。

对于加成投保的问题，在国际商会《跟单信用证统一惯例》及《国际贸易术语解释通则2020》中均有规定。前者的规定是：最低保险金额为"货物的CIF或CIP金额加10%"；后者的规定是：最低保险金额为"合同规定的价格另加10%"。

当然，保险加成率10%并不是一成不变的。保险人同投保人可以根据不同货物、不同地区进口价格与当地市价之间不同差价、不同的经营费用和预期利润水平，约定不同的加成率。在我国出口业务中，保险金额一般也是按CIF加成10%计算的。如果国外商人要求将保险加成提高到20%或30%，其保险费差额部分应由国外买方负担，同时，国外要求的加成率如果超过30%时，应先征得保险公司的同意，且在签订贸易合同时不能贸然接受，以防由于加成过高，保险金额过大，引发道德风险。

保险金额的计算公式是：

$$保险金额 = CIF货价 \times （1 + 加成率）$$

例如，CIF货价为105美元，加成率为10%，则保险金额为115.5美元。

保险金额既然以CIF价格为基础计算，如果对外报价为CFR而对方要求改报CIF，或者在CFR合同下卖方代买方办理保险，都不能以CFR价格为基础直接加保险费计算，而应先把CFR价格转化为CIF价格再加成计算保险金额。从CFR价格换算为CIF价格时，应利用下列公式：

CIF价格=CFR价格/［1-（1+加成率）×保险费率］

例：某公司出口一批商品到欧洲某港口，原报CFR欧洲某港口，总金额为10 000美元，投保一切险及战争险，一切险费率为0.6%，战争险费率为0.04%，保险加成率为10%，则改报CIF价格为：

CIF价格=10 000/［1-（1+10%）×（0.6%+0.04%）］=10 070.90（美元）

如果出口时按CFR成交，买方要求卖方按照CIF价格加成10%代办投保，可用下列公式直接以CFR价格计算保险金额：

保险金额=CFR价格/［1-（1+加成率）×保险费率］×（1+加成率）

按上例，该批货物的保险金额是：

保险金额=10 000/［1-（1+10%）×（0.6%+0.04%）］×（1+10%）

=11 077.99（美元）

（2）进口货物的保险金额。我国进口货物的保险金额一般以进口货物的CIF价格为准，通常不再加成。如果按照CFR或FOB价格成交，则按照预约保险合同适用的特约保险率、平均保险费率和平均运费率直接计算保险金额。

按CFR进口时：保险金额=CFR货价×（1+特约保险费率）

按FOB进口时：保险金额=FOB货价×（1+平均运费率+特约保险费率）

2. 保险费

投保人向保险人交付的保险费，是保险人承担保险赔偿责任的对价。保险人只有在投保人承诺或实际支付保险费的条件下，才承担相应的保险责任。

保险费是保险人经营业务的基本收入，也是保险人用于支付保险赔款的保险基金的主要来源。每个投保人应交纳的保险费是以投保货物的保险金额为基础、按一定的保险费率计算出来的。计算公式如下：

保险费 = 保险金额 × 保险费率

保险费率是保险人以保险标的危险性大小、损失率高低、经营费用多少等因素为依据，按照不同商品、不同目的地以及不同投保险别加以规定的。目前，中国人民保险公司出口货物保险费率分为一般货物费率和指明货物费率两大类。

（1）一般货物费率适用于所有海运出口的货物，凡是投保基本险别（平安险、水渍险和一切险）的所有海运出口货物，均需依照"一般货物费率表"中的标准收取保险费。

（2）指明货物费率。对于一些在运输途中极易因为外来风险引起短少、破碎和腐烂等损失，且损失率较高的货物，通常将它们单独列出。对这类货物通常会加收一种附加费率。

我国进口货物保险也有两种费率表，即特约费率表和进口货物费率表。特约费率表仅适用于同保险公司签订有预约保险合同的各投保人。它不分国别和地区，对某一大类商品只设定一个费率，有的也不分货物和险别，实际上它是一种优惠的平均费率。进口货物费率表适用于未与保险公司订有预约保险合同的逐笔投保的客户，分为一般货物费率和特价费率两项。一般货物费率按不同的运输方式，分地区、分险别制定，但不分商品，适用于除特价费率中列出的商品以外的其他的一切货物。至于特价费率，是对一些指定的商品投保一切险时采用的。

（六）投保单的缮制

微课：投保
单的缮制

凡是按CFR或FOB条件成交的进口货物，由进口企业向当地保险公司逐笔办理投保手续。在办理时应注意：根据合同或信用证的规定，在备妥货物并已确定装运日期和运输工具后，按约定的保险险别和保险金额，向保险公司投保。投保时应填制投保单并支付保险费（保险费＝保险金额×保险费率），保险公司凭以出具保险单或保险凭证。投保的日期应不迟于货物装船的日期。

保险单是根据投保单的内容缮制的，如果保险单上所列各项内容与信用证要求不符，买卖双方银行均有权拒绝接受保险单。因此，投保单内容必须符合信用证要求。下面就投保单的缮制逐项予以说明。

1. 被保险人

根据信用证要求，出口运输货物保险的被保险人主要有以下几种填法：

（1）如果信用证上有下列相关的规定，则被保险人名称可直接写上受益人公司名称。

"Insurance to be effected by seller and blank endorsed..."

"Policy issued to your order and blank endorse..."

"Policy issued to our beneficiary..."

"Policy issued to order of shipper..."

（2）如果信用证上是"Policy issued to the order of（in favour of）...Bank"，则此指定银行为受益人，那么，被保险人名称可填为"……进口公司，由……银行受益"。

例如，"Hainan Light Industrial Products I&E Crop，held to the order of...Bank"。

（3）如果信用证规定为"Policy or Certificate to our order"或"Policy or

Certificate issued to...Corp"，那么被保险人名称可填开证行的名称或公司名称。

如果信用证规定"Policy or Certificate issued in the name of...Crop"，那么被保险人名称可填为"...Crop"。

（4）如果信用证规定为"Insurance Policy or Certificate to order..."或"Policy or Certificate to bear..."，那么被保险人名称可分别填"to order" or "to bear"。

如果信用证规定"Insurance policy or Certificate endorsed in blank..."，那么被保险人名称打印为受益人名称，受益人交单时再做空白背书。

2. 标记的填写方法

标记又称唛头，应与提单所标记的一致，特别要同印刷在货物外包装上的实际标记相符，以免在检验、核赔时引起混乱。标记的填写方法通常有两种：

（1）如果信用证上未注明"showing marks and No.s"，那么标记的填写方法是"as per invoice No. ...or B/L. No. ..."。

（2）如果信用证上注明"showing marks and No.s"，那么应按照提单上所显示的具体标记填在保险单上。

3. 包装及数量的填写方法

投保单及保险单的包装及数量栏均应依据发票或提单进行填写。

4. 货物项目的填写方法

货物名称单一的，按照发票名称填写。如果货物的分类项目很多，填写其总称即可。如承保的货物包括青霉素和链霉素，填写"Medicine"即可。

如果信用证要求所有单据都加注信用证号码或合同号码，则应在货名栏下方加注信用证号码或合同号码，如"Medicine L/C No. ..."。

5. 保险金额的填写方法

除非信用证特别规定，小数点后尾数一律进位整数。保险金额不得修改。

保险金额大小写必须一致，大写后需加"Only"，表示"整"。例如，"USD5 000.00"应填为"SAY U.S. Dollar Five Thousand Only"。

6. 保险费和保险费率栏的填写方法

除非信用证特别规定，不必逐单写明保险费和保险费率，只需写上"as arranged"即可。

7. 运输工具的填写方法

直达海运的，写明船名，如"Yong Kang"。

直达海运，但出单时船名未定的，填写"to be declared"。

中途转船的可以按示例填写，如"Yong Kang or steamers with transshipment"。

火车运输的，填写 "By train"。

航空运输的，填写 "By air"。

海陆联运的，填写 "M.V. ...and thence by overland transportation to ..."。

陆空陆联运的，填写 "Train/Air/Truck"。

8. 承保险别的填写方法

保险公司内部有"保险险别及代码描述"，可填写代码。

在填写保险险别时需要注意：

（1）在保险险别上，目前除了中国保险条款（China Insurance Clause）外，亦可接受英国伦敦保险人协会条款（Institute Cargo Clauses）以及美国协会货物条款（America Institute Clauses），但各国条款不可混用。

（2）险别的填写次序为：主险、一般附加险、特殊附加险。

（3）海陆联运的，保险险别要同时标明海运险和陆运险。

9. 开航日期的填写方法

以订舱时确认的船期为基础加介词组合"on/about"或"on/after"表示，如船期显示开航日为2022年1月10日，可以表示为"on/about 2022-01-10"或"on/after 2022-01-10"。

10. 赔款偿付地点及赔付币种的填写方法

一般在进口商所在地或目的地支付赔款，如果在保险目的地以外的地点赔付，应写明。所以赔款地点的填写方法通常有：目的港、目的地和指定赔付地。

11. 投保日期的填写方法

应按照保险单签发日如实填写，但不得迟于实际装船日。如在实际装船日后签署，应注明保险责任于装船日起算。

12. 保险代理人的选择

（1）使用目的港、目的地、中转港或转船港的代理人。

（2）当地没有代理人的，可使用全境代理人。若也没有全境代理人，则可由当地合格的检验机构进行检验。措辞如下：

"Survey to carried out by a local competent surveyors"或"Loss/damage to be surveyed by the local competent inspection organization"。

需要注意的是，保险代理人是由保险公司选择的，买卖双方无权指定保险代理人。

货物运输保险投保单
APPLICATION FORM FOR CARGO TRANSPORTATION INSURANCE

被保险人

Insured: _____

发票号（INVOICE NO. ）:

合同号（CONTRACT NO. ）:

信用证号（L/C NO. ）:

发票金额（INVOICE AMOUNT ）:　　　　　　　　　　投保加成（PLUS ）:

兹有下列物品向中国人民保险公司北京市分公司投保（INSURANCE IS REQUIRED ON THE FOLLOWING COMMODITIES ）:

标记 MARKS & NOS.	包装及数量 QUANTITY	保险货物项目 DESCRIPTION OF GOODS	保险金额 AMOUNT INSURED

启运日期:　　　　　　　　　装载运输工具:

DATE OF COMMENCEMENT:　　ER CONVEYANCE:

自　　　　　　经　　　　　　　至

FROM:　　　　　VIA:　　　　　TO:

提单号:　　　　　　赔款偿付地点:

B/L NO.:　　　　　CLAIM PAYABLE AT:

投保险别:（PLEASE INDICATE THE CONDITIONS &/OR SPECIAL COVERAGES: ）

_____

请如实告知下列情况:(如"是"在［　］中打"√","不是"打"×") IF ANY, PLEASE MARK "√" OR "×":

1. 货物种类:袋装［　］散装［　］冷藏［　］液体［　］活动物［　］机器/汽车［　］危险品等级［　］

　　GOODS:　BAG/JUMBO　BULK　REEFER　LIQUID　LIVE ANIMAL MACHINE/AUTO DANGEROUS CLASS

2. 集装箱种类:普通［　］开顶［　］框架［　］平板［　］冷藏［　］

　　CONTAINER:ORDINARY　OPEN　FRAME　FLAT　REFRIGERATOR

3. 装运工具: 海轮 [　　] 飞机 [　　] 驳船 [　　] 火车 [　　] 汽车 [　　]

BY TRANSIT:SHIP　　PLANE　　BARGE　　TRAIN　　TRUCK

4. 船舶资料:　　　　船籍 [　　]　　船龄:[　　　]

PARTICULAR OF SHIP:　　RIGISTRY　　　　AGE

备注:被保险人确认本保险合同条款　　　　投保人（签名盖章）

和内容已经完全了解。　　　　　　　　APPLICANT'S SIGNATURE

THE ASSURED CONFIRMS HEREWITH

THE TERMS AND CONDITIONS OF

THESE INSURANCE CONTRACTS

FULLY UNDERSTOOD.

电话:（TEL）

投保日期:（DATE）

地址:（ADD）

本公司自用（FOR OFFICE USE ONLY）

费率:　　　　　　　　保费:

RATE:　　　　　　　PREMIUM _____

经办人:　　　　　　核保人:　　　　　　负责人:

能 力训练

2021年6月4日,中国农业银行江苏省分行同意南京丽霞进出口有限公司的改证申请,开立如下信用证修改书:

MT 707		AMENDMENT TO A DOCUMENTARY CREDIT
SENDER'S REFERENCE	20 :	111LC0801066
RECEIVER'S REFERENCE	21 :	NON
DATE OF ISSUE	31C:	210529
DATE OF AMENDMENT	30 :	210604
NUMBER OF AMENDMENT	26E:	01
BENEFICIARY（BEFORE THIS AMENDMENT）	59 :	MAYAMA CORPORATION 7-25-2, NIINA, MINO, OSAKA, JAPAN

NARRATIVE	79 :	46A:ITEM 3 PLS. AMEND TO "2/3 SET OF CLEAN" ON BOARD "OCEAN BILLS OF LADING ..." I/O ORIGINAL.
		INCREASE ITEM 6:"BENEFICIARY'S CERTIFICATE CONFIRMING THAT ONE SET OF THE ABOVE MENTION NON-NEGOTIABLE DOCUMENTS AND 1/3 SET OF ORIGINAL B/L HAVE BEEN SENT TO THE APPLICANT BY DHL WITHIN 3 WORKING DAYS AFTER B/L DATE".
		OTHER TERMS AND CONDITIONS REMAIN UNCHANGED. AMENDMENT FEE ARE FOR A/C OF APPLICANT. SUBJECT TO UCP600

1. 制作订舱委托书并办理订舱

2021年6月20日，南京丽霞进出口有限公司外贸业务员蔡锋根据Mayama Corporation经理Yama所发电子邮件中如下备货信息，制作了订舱委托书并向上海望目国际货运代理有限公司办理订舱手续：

（1）包装：2个木箱。

（2）唛头： •

MAYAMA

LX08099

SHANGHAI

MADE IN JAPAN

C/NO.1–2

（3）总毛重：12.3吨。

（4）总体积：22立方米。

（5）最迟7月8日就能备妥货物装运，订1个20英尺集装箱。

订舱委托书

年   月   日

托运人		合同号	
		信用证号	
		运输方式	
收货人		启运港	
		目的港	
		装运期	
通知人		可否转运	
		可否分批	
		运费支付方式	
		正本提单	

唛头	货名	包装件数	总毛重	总体积

注意事项	

受托人：	委托人：
电话： 传真：	电话： 传真：
联系人：	联系人：

2. 书写装船指示并通知装船

2021年6月23日，南京丽霞进出口有限公司外贸业务员蔡锋接到上海望目国际货运代理有限公司的通知，已按订舱委托书的要求落实订舱，船期为7月8日，船公司为中远集装箱运输有限公司，船名为TAKEKO，航次为243W。该公司在大阪港代理商的信息为：

公司名称：AGO International Freight Forwarding Co.，Ltd.

地址：10-11，Aza shinbo，Ohaza Yamaya，Osaka，Japan

联系人：Nick   电话：0081-665-39-3145   传真：0081-665-39-3146

蔡锋根据订舱信息书写以下装船指示，给Mayama Corporation经理Yama发电子邮件通知装船。

3. 办理进口货物运输预约保险

2021年7月1日，南京丽霞进出口有限公司外贸业务员蔡锋填写如下投保单，向中国人民保险公司江苏省分公司办理进口货物运输预约保险。

进口货物运输预约保险合同

合同号：OP98986　　　　　　　　　　　　　年　　月　　日

甲方：

乙方：中国人民保险公司江苏省分公司

双方就进口货物的运输预约保险拟定各条以资共同遵守：

一、保险范围

甲方从国外进口全部货物，不论运输方式，凡贸易条件规定由进口商办理保险的，都属于本合同范围之内。甲方应根据本合同的规定，向乙方办理投保手续并支付保险费。

乙方对上述保险范围内的货物，负有自动承保的责任，在发生本合同规定范围内的损失时，均按本合同的规定，负责赔偿。

二、保险金额

保险金额以货物的到岸价格（CIF）即货价加运费加保险费为准（运费可用实际运费，亦可由双方协定一个平均运费率计算）。

三、保险险别和费率

各种货物需要投保的险别由甲方选定并在投保单中填明。乙方根据不同的险别规定不同的费率。现暂定如下：

货物种类	运输方式	保险险别	保险费率

四、保险责任

各种险别的责任范围，以所属乙方制定的"海洋货物运输保险条款""海洋运输货物战争险条款""海运进口货物国内转运期间保险责任扩展条款""航空运输一切险条款"和其他有关条款的规定为准。

五、投保手续

甲方一经掌握货物发运情况，即应向乙方寄送启运通知书，办理投保。通知书一式五份，由保险公司签认后，退回一份。如不办理投保，货物发生损失，乙方不予理赔。

六、保险费

乙方按照甲方寄送的启运通知书照前列相应的费率逐笔计收保费，甲方应及时付费。

七、索赔手续和期限

本合同所保货物发生保险责任范围内的损失时，乙方应按制定的"关于海运进口保险货物残损检验的赔款给付方法"和"进口货物施救整理费用支付方法"迅速处理。甲方应尽力采取防止货物扩大受损的措施，对已遭受损失的货物必须积极抢救，尽量减少货物的损失。向乙方办理索赔的有效期限，以保险货物卸离海港之日起满一年终止。如有特殊需要可向乙方提出延长索赔期。

八、合同期限

本合同自　　年　　月　　日起生效。

乙方：中国人民保险公司江苏省分公司

王　正

甲方：

项目五　进口付汇操作

【学习目标】

知识目标：

● 熟悉信用证的单据条款

● 掌握审单的依据、标准和原则

● 熟悉汇付与托收支付方式的基本操作方法

技能目标：

● 能根据信用证审核出单据中存在的问题，根据问题性质做
　出处理意见

● 能结合进口业务风险和公司利益，进行信用证、汇款和托
　收业务的对外付汇操作

素养目标：

● 具备防范单据、信用证与合同不符的风险意识

● 具备严谨的审单责任意识

项目背景

　　根据上述案例背景，我们了解到，广东普华国际贸易有限公司（Puhua International Trade Co., Ltd.）同澳大利亚的澳大利亚革富酒业股份有限公司（Australian Genfolds Winery Company Limited）签订了进口7 740瓶红葡萄酒的合同，并在合同中约定该笔货款采用50%前T/T，其余50%的货款L/C的方式支付。其中前T/T付款时间应不迟于货物装运日期前的15日，信用证的开证时间在合同签订日期后的45天以内。

　　合同签订后，普华公司的业务员小赵与澳大利亚革富酒业股份有限公司业务联系人Joshua Hwang一直保持着通信联系。并在Joshua Hwang的催促下于2021年1月20日向澳大利亚革富酒业股份有限公司开立了信用证，2021年1月25日又根据澳方的要求修改了信用证。

　　2021年3月31日，Joshua Hwang通知小赵，革富公司已经备货完毕，随时可以交货。

　　小赵遂于4月2日联系广东宏运物流服务公司市场部许亮联系订舱事宜，并于当天填写了订舱委托书，约定租用地中海航运公司的船舶于4月25日在澳大利亚的墨尔本港口接货，经香港中转最终将货物运往海口。

　　根据合同约定，4月25日在澳大利亚的墨尔本港口交货，广东普华国际贸易有限公司应不迟于货物装运日期前的15日，通过电汇方式向澳大利亚方支付全部货款50%。4月3日部门经理要求小赵去银行办理50%预付款手续。

　　普华公司的业务员小赵，作为第一次独立办理业务的外贸业务员，有些手忙脚乱。T/T流程如何？办理电汇需要哪些手续？又该承担何种费用？前T/T对于进口公司来讲风险几何？

　　电汇完成后，革富行在4月25日交货后，于4月26日即收集、整理了相关单据向澳新银行（ANZ Bank）交单。澳新银行（ANZ Bank）于5月2日审单结束并向革富行支付了货款。随即澳新银行（ANZ Bank）向信用证的开证行中国工商银行广州支行寄单索偿。开证行中国工商银行审单无误后向澳新银行（ANZ Bank）付款，5月9日工商银行向广东普华国际贸易有限公司提示付款，5月10日广东普华国际贸易有限公司向工商银行支付款项并取得货物单据。5月12日海易公司向普华公司支付了全部款项，5月13日全部货物到达海口港。

　　在进口信用证业务中，开证行对于出口方所提交的单据具有审核义务。但该义务采取"单单一致，单证一致"的原则，仅针对所交单据的形式、完整性和准确性进行审核，对真伪性不承担责任。作为进口方的普华公司业务员小赵又该采取什么手段来回避进口风险，保障自身利益呢？进口付汇操作又该如何进行呢？

任务完成 <<<<<<<<<<<<<<<<<<<<<<<<<<<<<<<<<<<<<<<<<<<

在进口信用证业务中，开证行对于受益人（出口商）所提交的单据具有审核义务。但该义务采取"单单一致，单证一致"的原则，仅针对所交单据的形式、完整性和准确性进行审核，对真伪性不承担责任。

我国的信用证进口业务中，开证行收到受益人或者议付行转交来的单据后，根据"单单一致，单证一致"的原则先进行审核。然后向开证申请人发出进口信用证到单通知书并将上述全套单据复印件一并附上。银行先期审单过程中所发现的不符点也记录在到单通知书中，以征询开证申请人的意见。开证申请人收到银行的到单通知书及单据后，一方面审看银行前期审单过程中的不符点是否能够接受。另一方面需要自行验证单据的真伪，以尽量杜绝假单据欺诈所带来的损失。

任务1　审核进口单证

一、对照到单通知审核单据

收到银行的到单通知后，进口商应根据到单通知审核其所收到单据的种类和份数是否与到单通知中所记载的内容相符。

二、以信用证及其修改书（如果有的话）、UCP600条款为依据审核单据

收到银行交来的单据后，进口商需根据信用证及其修改书（如果有的话）、UCP600条款及国际标准银行实务（ISBP745），按照"单证一致，单单一致"的原则，对所收到的进口单据进行清点和审核，并写出审单结果。

第一步，根据信用证及其修改书（如果有的话），清点审核所收到的单据种类和份数，并重新审读信用证相关条款，尤其是对单据要求的有关条款等，都是应密切关注的要点。

第二步，根据信用证及其修改（如果有的话）、UCP600及ISBP745的条款，按照"单证一致，单单一致"的审单原则，逐项审核单据中的内容。

（1）审核单据中的日期与信用证的有效期、交单期和装运期的匹配度；

（2）审核单据的种类和份数的完整性；

（3）审核其他单据。

审单完毕后，业务人员应对审单的结果进行逐项记录，并填写审单结果单。

任务2　不符点单据处理

在国际货物贸易中，出口商须在货物装运后为进口商提供全套货运单据，包括商业发票、装箱单、运输单据、原产地证、保险单据（依照《国际贸易术语解释通则2020》而定）及其他进口商因进口国监管或自身需要要求的其他单据，以便进口商在货物运抵后能凭单去办理清关提货手续。汇付项下，单据由出口商直接快递给进口商；托收及信用证项下单据由出口商交给其委托银行或信用证指定的兑用银行，再由银行快递给其在进口商的代理行或开证行，到时银行会通知进口商去付款赎单。在这个过程中双方应该就单据的处理进行密切沟通，以避免单到不符造成进口清关失误。

汇付或托收项下的进口来单的审单工作由进口商完成，进口商首先应该就收到的全套单据与合同的规定是否相符，单单之间共有内容是否有互相矛盾之处，做出审核，单据中存在的不符点是否会影响清关要做出评估，如果对清关有影响，应暂缓对外付款而转为与出口商协商完善补救措施。

信用证项下的进口来单如有不符，开证行会在来单通知上注明，并解除其信用证项下付款的责任，但信用证项下的货物是进口商想要的，因此进口商还是要评估不符点可能给进口清关带来的影响，如果不影响清关，可以放弃不符点接受单据对外付款；如果存在的不符点会影响清关，要与出口商沟通完善单据，再通过开证行付款取回单据清关提货；如果进口商刚好对货物不满意，可以顺势对出口商提出降价要求或拒绝付款。

信用证项下银行的审单只是表面审核，有时虽未列出不符点单据，但海关的关注点与银行不一样，所以进口商还是要对来单进行审核评估，认为虽表面相符但可能影响清关的项目还是需要与出口商沟通解决，不能要求银行对外拒付。因为银行在信用证项下的审单与付款是相对独立的，有时虽然进口商认为存在不符点，但银行在UCP600与ISBP745等国际惯例与国际标准银行实务及国际商会相关意见项下，却不能够对外拒付，因为按照相关惯例与意见，不符点并不成立。

本次普华公司进口澳大利亚葡萄酒信用证项下来单并无存在不符点。

任务3 完成信用证支付流程

在进口信用证业务中，开证行对于出口方所提交的单据具有审核义务。但该义务采取"单单一致，单证一致"的原则，仅针对所交单据的形式、完整性和准确性进行审核，对真伪性不承担责任。

我国的信用证进口业务中，开证行收到受益人或者议付行转交来的单据后，根据"单单一致，单证一致"的原则先进行审核。然后向开证申请人发出进口信用证到单通知书并将上述全套单据复印件一并提交。银行先期审单过程中所发现的不符点也记录在到单通知书中，以征询开证申请人的意见。开证申请人收到银行的到单通知书及单据后，一方面审看银行前期审单过程中的不符点是否能够接受。另一方面需要自行验证单据的真伪，以尽量杜绝假单据欺诈所带来的损失。

上述案例中，普华公司的业务员小赵于2021年5月6日，接到中国工商银行广州支行到单通知，所收到的具体单据如下：

1. 到单通知

<table>
<tr><td colspan="4" style="text-align:center">中国工商银行
INDUSTRIAL AND COMMERCIAL BANK OF CHINA
进口信用证到单通知
ADVICE OF BILL ARRIVAL</td></tr>
<tr><td>To：
致</td><td>Puhua International Trade Co.，Ltd.
广东普华国际贸易有限公司</td><td>Date：
日期</td><td>2021-05-06</td></tr>
<tr><td>Contract No.：
合同号</td><td>GDPH1521</td><td>Draft Amount
汇票金额</td><td>USD287 025.00</td></tr>
<tr><td>L/C No.：
信用证号</td><td>LC15000016-ICBCGD</td><td>AB No.：
到单编号</td><td>ICBC987656789</td></tr>
<tr><td>Tenor Type：
即期/远期</td><td>AT SIGHT</td><td>Maturity Date
到期日</td><td>2021-05-09</td></tr>
<tr><td>Negotiating Bank：
议付行</td><td colspan="3">Australia & New Zealand Banking Group Limited</td></tr>
<tr><td>Doc. Mail Date：
寄单日期</td><td colspan="3">2021-05-02</td></tr>
<tr><td colspan="4">PLEASE FIND HEREWITH ENCLOSED THE FOLLOWING DOCUMENTS SENT FROM NEGOTIATING BANK AND ACKNOWLEDGE RECEIPT BY SIGNING AND RETURNING US.
兹附奉议付行寄来的下列单据，请查收。</td></tr>
</table>

DRAFT	B/L	INVOICE	P/L	C/Q	SHIPPING ADVICE
1	3/3	3	3	3	1

<table>
<tr><td>DISCREPANCIES（IF ANY）:
单据不符点:

</td></tr>
<tr><td>REMARKS:
备注（客户）</td></tr>
<tr><td>NOTE:
1. 该单据将于上述付款日对外付款，请贵司于接本通知后三日内将所附《对外付款/承兑通知书》签署意见及核销单一式三联填妥加盖公章后交我行，以便及时对外付款。否则，我行将于上述付款日对外付款，不再另行通知。
2. 如贵司因单据有不符点需拒付，请于接本通知后三日内将所附的拒付通知交我行，并退回全套单据。

　　　　　　　　　　　　　　　　　　　　　　　　（银行盖章）</td></tr>
</table>

　　通过该通知单可知，银行前期审单中未发现不符点。则下面小赵工作的重点是验证对方所交单据的真伪。业务中验证单据的真伪主要是验证提单的真伪。

　　小赵根据对方所提交的提单（详见提单）信息，可以登录船公司指定网站输入提单号码进行查询，也可以通过国际航运协会查询提单中所注明的相关船舶信息以验证提单真伪。

　　小赵根据提单信息，登录了签发提单船公司的网址验证了该提单的真实性。

　　2. 汇票

<table>
<tr><td colspan="2" align="center">BILL OF EXCHANGE</td></tr>
<tr><td>NO. __AG1603003__</td><td>DATE: __MAY 2.2021__ Melbourne,Australia</td></tr>
<tr><td colspan="2">FOR __USD287 025.00__</td></tr>
<tr><td colspan="2">AT __+++__ SIGHT OF THIS FIRST BILL OF EXCHANGE (SECOND OF THE SAME TENOR AND DATE BEING UNPAID) PAY TO __Australia & New Zealand Banking Group Limited__ OR ORDER THE SUM OF __U.S. DOLLARS TWO HUNDRED EIGHTY SEVEN THOUSAND AND TWENTY FIVE ONLY.__</td></tr>
<tr><td colspan="2">DRAWN UNDER __INDUSTRIAL AND COMMERCIAL BANK OF CHINA GUANGZHOU BRANCH__</td></tr>
<tr><td>L/C NO. __LC15000016-ICBCGD__</td><td>DATE __Jan. 20,2021__</td></tr>
<tr><td colspan="2">TO: __INDUSTRIAL AND COMMERCIAL__
　　__BANK OF CHINA__　　　　*Matthew Daniel Smith*
　　__GUANGZHOU BRANCH__　　AUSTRALIAN GENFOLDS WINERY CO.,LTD</td></tr>
</table>

3. 商业发票

AUSTRALIAN GENFOLDS WINERY COMPANY LIMITED

1701 ALBERT ROAD, SOUTH MELBOURNE, VICTORIA, AUSTRALIA

COMMERCIAL INVOICE

To:PUHUA INTERNATIONAL TRADE CO.,　　　Invoice No.: AG1603003

　　LTD. OF GUANGDONG 220 BEIJING ROAD,　Invoice date: Apr.25.2021

　　GUANGZHOU, GUANGDONG　　　　　　　S/C No.: GDPH1521

　　　　　　　　　　　　　　　　　　　　S/C Date: Jan. 6, 2021

From:AUSTRALIAN GENFOLDS WINERY CO., LTD.

　　1701 ALBERT ROAD, SOUTH MELBOURNE, VICTORIA, AUSTRALIA

LC No.:　　LC15000016–ICBCGD　　　　　Date:　　Jan. 20, 2021

Marks and Numbers	Number and kind of packages Description of goods	Quantity	Unit Price	Amount
	FOB Melbourne,Australia as per INCOTERMS2020			
N/M	Red wine	BTL	USD PER BTL	USD
	GIN 407 (2013)	1 140	7.50	8 550.00
	GIN 407 (2012)	1 200	9.50	11 400.00
	GIN 407 (2011)	1 800	12.50	22 500.00
	GIN 707 (2013)	1 200	39.00	46 800.00
	GIN 707 (2011)	1 200	86.00	103 200.00
	Grange (2013)	600	216.00	129 600.00
	Grange (2010)	600	420.00	252 000.00
As per the confirmed sample of Jan. 26, 2021 and Order No. DD 678				
TOTAL:		7 740blts	USD 574 050.00	

SAY TOTAL:　SAY U.S. DOLLARS FIVE HUNDRED SEVENTY FOUR THOUSAND
　　　　　　AND FIFTY ONLY

SIGNATURE: Australian Genfolds Winery Co., Ltd.

Matthew Daniel Smith

4. 海运提单

BILL OF LADING	
Shipper: **AUSTRALIAN GENFOLDS WINERY COMPANY LIMITED** **1701 ALBERT ROAD, SOUTH MELBOURNE, VICTORIA, AUSTRALIA TEL: 0061–3–87654321**	**B/L No.:** MSCU263759 **BILL OF LADING DIRECT OR WITH TRANSSHIPMENT**
Consignee or Order: TO THE ORDER OF **INDUSTRIAL AND COMMERCIAL BANK OF CHINA GUANGZHOU BRANCH**	SHIPPED on boarding apparent good order and condition (unless otherwise indicated) the goods or packages specified herein and to be discharged at the mentioned port of discharge or as near thereto as the vessel may get safely and be always afloat.
Notify Address: (1) PUHUA INTERNATIONAL TRADE CO., LTD. OF GUANGDONG 220 BEIJING ROAD, GUANGZHOU, GUANGDONG TEL: 0086–20–87654321 (2) **INDUSTRIAL AND COMMERCIAL BANK OF CHINA GUANGZHOU BRANCH**	The weight, measure,marks and number, quality, contents and vale, being particulars furnished by the Shipper, are not checked by the Carrier on loading .
Place of RECEIPT: **VOYAGE NO.** 5219F **Port of Discharge** HAIKOU,CHINA	**OCEAN Vessel:** LONGHAI **PORT OF LOADING** MELBOURNE, AUSTRALIA **PLACE OF DELIVERY**	The Shipper, Consignee and the Holder of this Bill of Lading Hereby expressly accept and agree to all printed,written or stamped provisions,exceptions and conditions of this Bill of Lading including those on the back hereof. IN WITNESS where the number of original Bill of Lading stated below have been signed,one of which being accomplished, the other (s) to be void.

Container Number,Seal Number and Marks	**Description of Good**	**G.W (KGS)**	**Meas. (CBM)**
1×20′RF TCKU2381801/ FE3285	1290 Cases Red wine	10 656	24.000

SHIPPED ON BOARD DATE: 2021-04-25	NUMBER OF ORIGINAL THREE (3) B (S)/L:	PLACE AND DATE OF ISSUED MELBOURNE, AUSTRALIA 2021-04-25
	SIGNED BY GUANGDONG HONGYUN LOGISTIC MELBOURNE BRANCH As agent of the carrier MSC Mediterranean Shipping Company S.A.	

5. 卖方签发的非木质包装声明

GENFOLDS WINERY CO.
NON-WOODEN CERTIFICATE

DESCRIPTION OF GOODS:　COMMODITY:　Red wine

QUANTITY: 7740 btls PACKING: 1 × 20′ RF

NO.OF PACKING:　TCKU2381801/ FE3285

TOTAL GROSS WEIGHT:　10 656 KGS

TOTAL NET WEIGHT:　10 320 KGS

NAME OF VESSEL:　LONGHAI

PORT OF LOADING:　MELBOURNE, AUSTRALIA

PORT OF DESTINATION:　HAIKOU, CHINA

BILL OF LOADING NUMBER:　MSCU263759

DATE SHIPPED:　Apr.25.2021

WE CERTIFY THIS SHIPMENT DOES NOT CONTAIN ANY SOLID WOOD PACKING MATERIALS !

Matthew Daniel Smith

Issued by Genfolds Winery Company Limited

145

6. 装箱单

EXPORT PACKING LIST ORDER # MSCU263759			
Commodity & specification	**Quantity**	**Unit price**	**Amount**
FOB Melbourne, Australia as per INCOTERMS2020			
Red wine			
GIN 407 (2013)	1 140 btls	USD 7.50/btl	USD8 550.00
GIN 407 (2012)	1 200 btls	USD 9.50/btl	USD11 400.00
GIN 407 (2011)	1 800 btls	USD 12.50/btl	USD22 500.00
GIN 707 (2013)	1 200 btls	USD 39.00/btl	USD46 800.00
GIN 707 (2011)	1 200 btls	USD 86.00/btl	USD103 200.00
Grange (2013)	600 btls	USD 216.00/btl	USD129 600.00
Grange (2010)	600 btls	USD 420.00/btl	USD252 000.00
As per the confirmed sample of Jan. 26, 2021 and Order No. DD 678			
TOTAL	7 740 btls		USD574 050.00
TOTAL CONTRACT VALUE: SAY U.S. DOLLARS FIVE HUNDRED AND SEVENTY FOUR THOUSAND AND FIFTY ONLY.			

CONTAINER# TCKU2381801/ FE3285

NET WEIGHT: 10 320 KGS

GROSS WEIGHT: 10 656 KGS

CUBIC METERS: 24 CBM

AUSTRALIAN GENFOLDS WINERY COMPANY LIMITED

1701 ALBERT ROAD, SOUTH MELBOURNE, VICTORIA, AUSTRALIA

TEL: 0061-3-87654321

7. 商会签发的原产地证书

ORIGINAL	
1. Exporter's name, address and country: AUSTRALIAN GENFOLDS WINERY COMPANY LIMITED 1701 ALBERT ROAD, SOUTH MELBOURNE, VICTORIA, AUSTRALIA TEL: 0061–3–87654321	Certificate No.: FCA202101457 **CERTIFICATE OF ORIGIN** **Form for China-Australia Free Trade Agreement** Issued in ___AUSTRALIA___ (See overleaf Instruction)
2. Producer's name and address (if known):	
3. Importer's name, address and country (if known): PUHUA INTERNATIONAL TRADE CO., LTD. OF GUANGDONG 220 BEIJING ROAD, GUANGZHOU, GUANGDONG TEL: 0086–20–87654321	
4. Means of transport and route (if known): Departure Date: 2021–04–24 Vessel /Flight/Train/Vehicle No.LONGHAI VOY: 5219F Port of loading: MELBOURNE, AUSTRALIA Port of discharge: HAIKOU CHINA	**5. Remarks:**

6. Item number (Max 20)	7. Marks and Numbers on packages (optional)	8. Number and kind of packages; Description of goods	9. HS code (6–digit code)	10. Origin criterion	11. Gross or net weight or other quantity (e.g. quantity unit, liters, m³.)	12. Invoice number and date
1		ONE THOUSAND TWO HUNDRED AND NINETY (1290) CARTONS OF RED WINE **********	2204.21	wo	7 740 BOTTLES	AG1603003 APR. 25, 2021

13. Declaration by the exporter:	14. Certification: .
The undersigned hereby declares that the above-stated information is correct and that the goods exported to **CHINA** (Importing Party) comply with the origin requirements specified in the China-Australia Free Trade Agreement. MELBOURNE 2021–04–26 _____ Place and date, signature of authorized signatory	On the basis of control carried out, it is hereby certified that the information herein is correct and that the described goods comply with the origin requirements of the China-Australia Free Trade Agreement. **2021–04–26** Issued at Melbourne, VIC _____ Place and date, signature and stamp of authorized body AUSTRALIAN CHAMBER OF COMMERCE AND INDUSTRY ACCI Level 3, Commerce House, 24 Brisbane Avenue, Barton A.C.T 2600, Australia Telephone International (+612) 6200 6000—Local (02) 6270 8000—Fax (+612) 6273 3196 ABN: 85 008 391 795 Authorised to issue Certificates of Origin by the Government of the Commonwealth of Australia

8. 数量和品质证书

<table>
<tr><td colspan="5" align="center">CERTIFICATE OF QUANTITY AND QUALITY</td></tr>
<tr><td rowspan="3">TO</td><td rowspan="3">Puhua International Trade Co., Ltd. of Guangdong
220 Beijing Road, Guangzhou City, Guangdong Province</td><td colspan="2">ISSUE DATE</td><td>Apr.05.2021</td></tr>
<tr><td colspan="2">S/C. NO.</td><td>GDPH1521</td></tr>
<tr><td colspan="2">L/C NO.</td><td>LC15000016–ICBCGD</td></tr>
</table>

WE CERTIFY THAT THE PRODUCT LISTED ABOVE CONFORMS WITH THE QUALITY REQUIREMENTS SPECIFIED IN CONTRACT OR MANUFACTURING SPECIFICATIONS.

COMMODITY:

NO.	COMMODITY: RED WINE	YEAR	VARIETIES	QUANTITY	PACKING	PACKING AMOUNT
1	GIN 407	2013	Cabernet Sauvignon	1 140	6 bottles per carton	190
2	GIN 407	2012	Cabernet Sauvignon	1 200	6 bottles per carton	200
3	GIN 407	2011	Cabernet Sauvignon	1 800	6 bottles per carton	300
4	GIN 707	2013	Cabernet Sauvignon	1 200	6 bottles per carton	200
5	GIN 707	2011	Cabernet Sauvignon	1 200	6 bottles per carton	200
6	Grange	2013	Shiraz	600	6 bottles per carton	100
7	Grange	2010	Shiraz	600	6 bottles per carton	100

COUNTRY OF ORIGIN AND MANUFACTURER: GENFOLDS WINERY CO. AUSTRALIAN

Signed by: *Matthew Daniel Smith*

GENFOLDS WINERY CO.

9. 装运通知

SHIPPING ADVICE			
TO	Puhua International Trade Co., Ltd. of Guangdong 220 Beijing Road, Guangzhou City, Guangdong Province	ISSUE DATE	Apr.25.2021
		S/C. NO.	GDPH1521
		L/C NO.	LC15000016–ICBCGD

Dear Sir or Madam:

We are glad to advice you that the following mentioned goods has been shipped, full details were shown as follows:

Invoice Number	AG2103003
Bill of Loading Number	MSCU263759
Ocean Vessel	LONGHAI, 5219F
Port of Loading	MELBOURNE, AUSTRALIA
Date of Shipment	Apr.25.2021
Port of Destination	HAIKOU, CHINA
Estimated Date of Arrival	MAY 15, 2021
Containers Number	TCKU2381801/ FE3285
Description of Goods	RED WINE
Shipping Marks	N/M
Quantity	7 740 BTLS
Gross Weight	10 656 KGS
Net Weight	10 320 KGS
Total Value	USD 574 050.00

Thank you for your patronage. We look forward to the pleasure of receiving your valuable repeat orders.

Sincerely yours,

Signed by: *Matthew Daniel Smith*

GENFOLDS WINERY CO.

在国际贸易中，支付货款是买方的一项主要责任和义务。进口商最担心一个问题——款项支付后收不到货物，或者收货时间晚于合同规定的时间，或者所收到的货物与合同规定不符。

因此，若想避免上述风险，安全、顺利及时地收到符合要求的货物，就需要了解下面这些内容：支付时间、支付票据和支付方式。

一、支付时间及支付票据

（一）支付时间

在国际贸易中，支付时间有三种订法：

1. 货款预付（Pay in Advance）

双方在合同中规定，买方要在卖方交货之前付款。买方风险大。

2. 交货/单付款

双方在合同中规定，在卖方交货并提交证明其已经完成交货义务的单据后，买方才支付货款。

视频：国际
货款的支付

3. 延期付款（Deferred Payment）

在收交货后若干天买方才需要履行付款义务。卖方风险大。

（二）支付票据

在国际货物贸易结算中，非现金结算是基本的结算方式。在非现金结算条件下，国际债权债务的清算是通过各种信用工具即票据的传递来实现的，而且各国都对票据进行了立法，我国在1995年通过的《中华人民共和国票据法》（简称《票据法》），自1996年1月1日起施行。

国际货款收付中使用的主要支付票据有汇票、本票和支票三种。其中，汇票是国际货款收付使用最广泛的一种信用工具。

1. 汇票

汇票（Bill of Exchange，Draft）是由出票人签发的，委托付款人在见票时或者在指定日期无条件支付确定金额给收款人或持票人的票据。

视频：汇票
的定义

按照各国广泛引用的英国《票据法》的规定，汇票是一个人向另一个人签发的无条件书面命令，要求受票人在见票时或在未来的固定时间或可以确定的时间，对某人或其指定的人或持票人支付一定金额的无条件的书面支付命令。

汇票一般有两张正本（First Exchange 和 Second Exchange），具有同等效力，付款人付一不付二，付二不付一，先到先付，后到无效。

（1）汇票的使用。汇票的使用主要有出票、提示、承兑、付款等。如果需转让，则通常经过背书行为转让。汇票遭到拒付时，还会涉及做成拒绝证书和行使追索权的法律权利。

① 出票。出票（Issue/to draw a draft）是指出票人签发票据并将其交付给收款人的票据行为。在出票时，对收款人通常有两种写法：限制性抬头和指示性抬头。例如，"仅付A公司"（Pay A Co. only）或"付给A公司，不准流通"（Pay A Co. not negotiable）为限制性抬头。"付A公司或指定人"（Pay A Co. or order或Pay to the order of A Co.）为指示性抬头。这种抬头的汇票，除A公司可以收取票款外，也可以经过背书转让给第三方。

视频：汇票的使用之一

② 提示。提示（Presentation）是指持票人将汇票提交付款人要求承兑或付款的行为。提示可以分成两种：

a. 承兑提示（Presentation-for-Acceptance）是指汇票的持票人在汇票到期日之前向付款人出示汇票，要求付款人承诺到期付款的行为。

b. 付款提示（Presentation-for-Payment）是指持票人向付款人出示即期汇票，要求付款的行为。

国际货物买卖业务中实施提示行为的多为银行，也可以是其他相关的债权人。

③ 承兑。承兑（Acceptance）是指经持票人提示，汇票付款人承诺对远期汇票承担到期付款责任的行为。付款人在汇票正面写明"承兑"字样，注明承兑日期，并由付款人签字，然后将汇票交还持票人。付款人对汇票做出承兑，即成为承兑人。承兑人有在远期汇票到期时付款的责任。汇票一经承兑，付款人就成为汇票的承兑人，并成为汇票的主债务人，而出票人便成为汇票的从债务人（或称次债务人）。

视频：汇票的使用之二

国际货物买卖中汇票的承兑人托收项下为买卖合同中的买方，信用证项下多为开证行。

④ 付款。对于即期汇票，在持票人提示汇票时，付款人即应付款（Payment）；对于远期汇票，付款人经过承兑后，在汇票到期日付款。一经付款，汇票上的一切债权债务即告解除。

⑤ 背书。背书（Endorsement）是转让汇票权利的一种法定手续，就是由汇票持有人在汇票背面记载有关事项经签章或再加上受让人的名字，并将汇票转交受让人的行为。对受让人来说，所有在他之前的背书人以及原出票人都是他的"前手"；对出让人来说，所有在他出让以后的受让人都是他的"后手"。前手对后手负有担保汇票必然会被承兑或付款的责任。

在国际金融市场上，一张远期汇票持有人如想在付款人付款前提前取得票款，可以经过背书将汇票转让给贴现的银行或金融公司，由它们将扣除一定贴现利息后的票款付给持有人，这种业务做法称为贴现。

背书分为空白背书（Blank Endorsement）或不记名背书和特别背书（Special Endorsement）或记名背书两种做法。

⑥ 拒付和追索。持票人向付款人提示，付款人拒绝付款或拒绝承兑，均称拒付（Dishonour）。另外，付款人逃匿、死亡或宣告破产，以致持票人无法实现提示，也称拒付。发生拒付时，持票人有追索权，即享有向其前手（背书人、出票人）要求偿付汇票金额、利息和其他费用的权利。

汇票的出票人或背书人为了避免承担被追索的责任，可在汇票上加注"不受追索"（without Resource），但这样的汇票很难转让或贴现。

（2）汇票的主要内容。下面主要介绍信用证项下汇票的主要内容和缮制方法：

各出口商开具的汇票虽然格式多样，但其基本栏目和内容是一致的。根据《日内瓦统一法》规定，汇票必须包括下列内容：

① 汇票字样（Draft）。通常在票面上表述为 Bill of Exchange 或 Draft。

② 编号（No.）。汇票编号多填本套单据的发票号码，以便于在日后操作中核对单据中的内容。

③ 出票日期与地点（Date and Place of Issue）。出票日期与地点通常并列于汇票右上方。信用证项下的出票日期是相符交单日期，出票地点是交单地或出票人所在地，通常出口商多委托兑用银行在办理兑用时代填。值得注意的是，汇票出票的日期不得早于其他单据日期，也不得晚于信用证有效期和信用证规定的交单期限，如无交单期限规定，不得晚于提单签发日后第21天。

④ 汇票金额（Amount）。汇票金额用数字小写和英文大写分别标明。小写金额位于 Exchange for 后，可保留2位小数，由货币名称缩写和阿拉伯数字组成。例如，USD1 450.80。大写金额位于 The sum of 后，习惯上句首加"Say"，意指"计"，句尾加"Only"示意为"整"，小数点用 Point 或 Cents 表示。例如，Say U. S. Dollars One Thousand Four Hundred and Fifty Point Eight only（计：壹仟肆佰伍拾美元捌拾美分整）。汇票大小写金额与币制必须相符，通常和发票金额一致。如果信用证规定汇票按发票价值95%或以"贷记通知单"（Credit Note）方法扣佣，应从发票中扣除上述金额后的余额作为汇票金额。汇票金额不得超过信用证金额，除非信用证另有规定。

⑤ 付款期限（Tenor）。信用证项下的汇票付款期限必须与信用证规定相符。付款期限主要有即期和远期两种。即期付款在 At 与 Sight 之间填上虚线或"*"符号，变成"At *** Sight"，表示见票即付，远期付款主要有见票后若干天付款。例如，信用证规定见票后90天付款（Available against your drafts drawn on us at 90 days after sight），在at 与sight之间填入"90 days after"，意为从承兑日后第90天为付款期；信用证规定出票日后45天付款（Available against presentation of the documents detailed herein and of your drafts at 45 days after date of the draft），则在at后填入"45 days after date"，将汇票上印就的"sight"划掉，其意为汇票出票日后45天付款；信用证规定提单日后30天付款（Available by beneficiary's drafts at 30 days after date of B/L date），则在at后填入"30 days after date of B/L YYYY-MM-DD"，删去sight，意为提单日YYYY-MM-DD（此为具体的提单日期）后第30天付款。

另有一种远期汇票，即信用证汇票条款中规定远期汇票（如Available by your drafts at 30 days after sight on us），在特殊条款中又规定受益人可即期收款（如The negotiating bank is authorized to negotiate the usance drafts on sight bases, such as acceptance commission, discount charges and interest are for account by buyer），期限仍按远期（30 days after）填制，在汇票空白处打上"this usance draft negotiate on sight bases, such as acceptance commission, discount charges and interest are for account by ×××（买方名称）"即可向兑用银行即期收款，其贴息由开证申请人负担（配合假远期信用证业务使用）。

⑥ 受款人（Payee）。汇票受款人又称抬头人或收款人，是指接受票款的当事人。汇票常见的抬头表示方式有：

a. 指示性抬头。即在受款人栏目中填写Pay to the order of …，意为付给……人的指定人。在我国，出口业务中多以中国银行等兑用银行为受款人，如Pay to the Bank of China。以兑用银行为收款人，兑用银行要在汇票背面进行背书。

b. 限制性抬头。即在受款人栏目中填写Pay to … only，或Pay to … not transferable，意为仅付……人或限付给……人，不许转让。使用这种方式多是付款人不愿将本债务和债权关系转移到第三方。

c. 持票人抬头。又称来人式抬头，即在受款人栏目中填写Pay to bearer，意为付给持票人。这种方式不用背书就可转让，风险较大，现极少使用。我国《票据法》禁止使用来人式抬头。

⑦ 出票条款（Drawn Clause）。出票条款必须按信用证的描述填于Drawn under后，如信用证没有出票条款，其分别填写开证行名称和地址、信用证编号和开证日期。

信用证如有利息条款，例如，"Payable with interest at 5% annum from date hereof to approximate date of arrival of cove in Tokyo"，或信用证要求汇票注明"Documents against payment"等，则必须在出票条款后将其列出。

⑧ 付款人（Drawee）。汇票付款人即受票人，包括付款人的名称和地址，

在汇票中以 To ...（致……）表示。付款人必须按信用证规定填制，通常为开证行。如果信用证规定"drawn on us"或未规定付款人，在 to 后都标注开证行名称和地址。

⑨ 出票人签章（Signature of the Drawer）。出票人为信用证受益人，也就是出口商。通常在右下角空白处标注出口商全称，由经办人签章，该汇票才正式生效。

（3）汇票的种类。

汇票可分成以下几种：

① 按出票人的不同可分为银行汇票和商业汇票。银行汇票的出票人是银行，付款人也是银行。商业汇票的出票人是企业或个人，付款人可以是企业、个人或银行。

② 按是否附有包括运输单据在内的商业单据可分为光票汇票和跟单汇票。光票汇票是指不附带包括货运单据在内的商业单据的汇票。银行汇票多是光票汇票。跟单汇票，又称信用汇票、押汇汇票，是需要附带提单、仓单、保险单、装箱单、商业发票等与货物有关的商业单据才能进行付款的汇票。商业汇票多为跟单汇票，国际货物贸易中使用的多为跟单汇票。

③ 按付款期限的不同可分为即期汇票和远期汇票。汇票的付款日期有四种记载方式：见票即付、见票后若干天付款、出票后若干天付款、定日付款。若汇票上未记载付款日期，则视为见票即付。见票即付的汇票为即期汇票，其他三种记载方式为远期汇票。

④ 按承兑人的不同可分为商业承兑汇票和银行承兑汇票。远期的商业汇票经企业或个人承兑后，称为商业承兑汇票。远期的商业汇票经银行承兑后，称为银行承兑汇票。银行承兑后即成为该汇票的主债务人，所以银行承兑汇票是一种银行信用。

⑤ 按流通地域，汇票又分为国内汇票和国际汇票。

分类只是从某一特征划分，实际业务中可以是复合类型的。例如，在国际货物贸易实践中，常见汇票以商业跟单汇票居多。

2. 本票

本票（Promissory Note）是指出票人签发的，承诺自己在见票时无条件支付确定的金额给收款人或者持票人的票据。本票的基本当事人只有两个：出票人和收款人。本票的出票人就是付款人。

在国外，本票根据出票人身份不同，可分为银行本票和商业本票，而我国《票据法》仅只承认银行本票，亦即银行签发的承诺自己在见票时无条件支付确定的金额给收款人或者持票人的票据。银行本票又可以分为定额本票和不定额本票。

银行本票可以用于转账，注明"现金"字样的银行本票可以用于支取现金。银行本票都是即期的（见票即付）。我国在国际贸易结算中使用的本票都是银行本票。

3. 支票

支票（Cheque，Check）是出票人签发的，委托办理支票存款业务的银行或者其他金融机构在见票时从其银行支票账户中无条件支付确定的金额给收款人或者持票人的票据。由此可见，支票具有两个重要特点：一是见票即付；二是银行作为付款人。

出票人在签发支票后，应承担票据上的责任和法律上的责任。我国《票据法》第八十七条规定：支票的出票人所签发的支票金额不得超过其付款时在付款人处实有的存款金额。出票人签发的支票金额超过其付款时在付款人处实有的存款金额的，为空头支票。禁止签发空头支票。签发空头支票是被各国法律禁止的，开出空头支票的出票人要负法律上的责任。

支票一般可分为以下几种类型：

（1）记名支票（Cheque Payable to Order），是在支票的收款人一栏，写明收款人姓名，如"限付给A"（Pay A Only）或"指定人"（Pay A Order）。记名支票取款时需由收款人签章，方可支取。

（2）不记名支票（Cheque Payable to Bearer），又称空白支票，支票上不记载收款人姓名，只写"付来人"（Pay Bearer）。取款时持票人无须在支票背后签章，即可支取。此项支票仅凭交付而转让。

（3）划线支票（Crossed Cheque），是在支票正面划两道平行线的支票。划线支票与一般支票不同，非银行不得领取划线支票票款，故只能委托银行代收票款入账。使用划线支票的目的是在支票遗失或被人冒领时，还有可能通过银行代收的线索追回票款。

（4）保付支票（Certified Cheque），是指为了避免出票人开出空头支票，保证支票提示时付款，支票的收款人或持票人可要求银行对支票保付。保付是由付款银行在支票上加盖"保付"戳记，以表明在支票提示时一定付款。支票一经保付，付款责任即由银行承担。出票人、背书人都可免于追索。付款银行对支票保付后，即将票款从出票人的账户转入设定的专户，以备付款，所以保付支票提示时，不会被退票。

4. 汇票、本票和支票的区别

汇票、本票、支票的构成要素大致相同，都具有出票、背书、承兑、付款这些流通证券的基本条件，都是可以转让的流通工具。但它们之间具有明显的区别：

（1）汇票和支票有三个基本当事人，即出票人、付款人、收款人；本票只有出票人（付款人和出票人为同一个人）和收款人两个基本当事人。

（2）支票的出票人与付款人之间必须先建立资金关系，以签发支票；汇票的出票人与付款人之间不必先建立资金关系；本票的出票人与付款人为同一个人，不存在资金关系。

（3）支票和本票的主债务人是出票人，而汇票的主债务人在承兑前是出票人，在承兑后是承兑人。

（4）远期汇票需要付款人履行承兑手续；本票由于出票时出票人就负有担保付款的责任，因此无须提示承兑；支票均为即期，故也无须承兑。

（5）支票、本票持有人只对出票人有追索权，而汇票持有人在票据的有效期内，对出票人、背书人、承兑人都有追索权。

（6）汇票有复本，而本票、支票则没有。

（三）结算货币的选择

无论采用现金还是非现金结算，在选择计价和支付货币时，要注意汇率的变化趋势。

由于各国间的货币汇率经常发生变化，所以就有硬币和软币之分。

硬币（Hard Currency）：未来有上涨趋势的货币。

软币（Soft Currency）：未来有下跌趋势的货币。

为避免由于汇率变化所可能带来的损失，在进口时应尽量选择用软币计价和支付。

例如，从国外进口10万欧元（相当于73万元人民币）的货物，合同规定一个月后付款，可以选择美元或欧元计价／支付。假设：

签订合同时汇率：　　　1欧元＝7.3元人民币　　　1美元＝6.5元人民币

付款时汇率：　　　　　1欧元＝7.2元人民币　　　1美元＝6.6元人民币

软币：欧元　　　　硬币：美元

如果选择欧元作为计价／支付货币，付款时实际支付：

10万欧元×7.2＝72万元人民币（比签合同时少支付1万元人民币的货款）

假如当时选美元，那么合同金额为730 000÷6.5＝11.231万美元。

付款时实际支付11.231×6.6＝74.125万元人民币（比签订合同时多付11 250元人民币）。

二、国际贸易货款的主要支付方式及支付的流程

在国际货款的支付中，常用的支付方式有三种：汇付、托收和信用证L/C。

（一）汇付

1. 汇付的含义与当事人

汇付（Remittance），又称汇款，是由国际货物买卖合同的买方委托银行主动将货款支付给卖方的结算方式。汇付是建立在商业信用基础上的，即在

货物买卖中，货款能否如约汇付，完全取决于买方的商业信用，因此这种支付方式具有一定的商业风险。

国际货物买卖合同中采用汇付方式来支付货款时，支付时间的约定有预付和到付两种。如约定预付，买方要承担卖方不交货、延迟交货等风险。如约定到付，则卖方要承担买方拒付货款的风险。

汇付方式涉及四个基本当事人，即汇款人、收款人、汇出行和汇入行。

（1）汇款人（Remitter），即付款人，通常是买卖合同中的买方或者贸易往来中的债务人。

（2）收款人（Payee，Beneficiary），即收款方，也称受益人。通常是买卖合同中的卖方或者贸易往来中的债权人。

（3）汇出行（Remitting Bank），即汇出款项的银行，通常是业务中买方所在地银行。

（4）汇入行（Paying Bank），即受汇出行委托解付汇款的银行。因此，又称解付行，通常是卖方所在地银行。

汇款人在办理汇付时要提交境外汇款申请书，汇款申请书被视为汇款人与汇出行之间的契约，汇出行有义务依照汇款人的指示办理汇款业务，并通过代理行解付汇款。汇出行与汇入行之间是委托代理关系，汇入行依照该代理关系对汇出行承担解付汇款的义务。

2. 汇付的种类和业务流程

汇付的种类有三种：电汇、信汇和票汇。

（1）电汇。电汇（Telegraphic Transfer，T/T）是汇出行应汇款人的申请，拍发加押电报、电传或通过环球银行间金融电讯协会SWIFT方式给另一国家的分行或代理行（汇入行）指示解付一定的金额给收款人的一种汇款方式。电汇方式的优点在于速度快，收款人可以迅速收到货款。随着现代通信技术的发展，银行与银行之间使用SWIFT直接通信，快速准确。电汇是目前使用较广泛的一种方式。

承接电汇业务的汇出行发电后，汇入行对SWIFT报文解密输出，缮制电汇通知书，通知收款人取款。汇入行解付货款后，将已解付通知书寄给汇出行进行转账，并将收据寄交汇出行，以便在必要时交给汇款人，作为汇款已经交付清楚的凭证。具体的电汇业务流程如下：

①汇款人填写电汇汇款申请书，交款付费给汇出行。

②汇款人取回电汇回执。

③汇出行发出SWIFT电报给汇入行，委托汇入行解付汇款给收款人。

④汇入行收到SWIFT报文后，缮制电汇通知书，通知收款人收款。

⑤收款人收到通知书后，在收款联上盖章，交汇入行。

⑥ 汇入行解付汇款给收款人。

⑦ 汇入行通知汇出行汇款解付完毕。

（2）信汇。信汇（Mail Transfer，M/T）是指汇出行利用信函方式通知汇入行解付货款付给卖方的方式。信汇的特点是费用较低，收款时间长。由于电汇尤其是SWIFT的广泛使用，信汇方式已极少用。

电汇和信汇的业务流程参见图5-1。

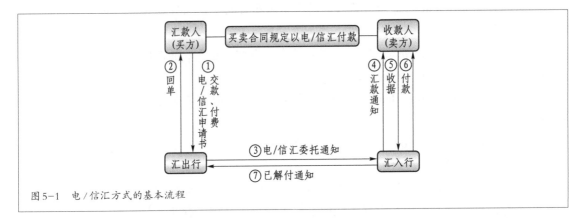

图5-1 电/信汇方式的基本流程

（3）票汇。票汇（Remittance by Banker's Demand Draft，D/D）是汇出行应汇款人的申请，代汇款人开立以其分行或代理行为解付行的银行即期汇票，支付一定的金额给收款人的一种汇款方式。它的优点是可随身携带，还可转让，费用也较低。目前仍广泛使用，但多用于小额汇款。

票汇主要是以银行即期汇票作为支付工具的一种汇付方式，近年来，使用其他票据如本票、支票等日益增多。在我国，出口业务中使用票汇方式时，出口商收到国外进口商寄来的票据后，如付款银行在国外的，出口商均需委托当地银行通过付款地的国外代理行向付款银行代为收款。收到国外代收行的收妥通知方可据以结汇，这就是票据托收业务。

票汇业务流程如下：

① 汇款人填写票汇汇款申请书，交款付费给汇出行。

② 汇出行开立一张以汇入行为付款人的银行即期汇票交给汇款人。

③ 汇款人将该银行即期汇票寄（送）交收款人。

④ 汇出行将汇票通知书寄汇入行。

⑤ 收款人向汇入行提示银行即期汇票要求付款。

⑥ 汇入行解付汇款给收款人。

⑦ 汇入行将解付通知书寄给汇出行，通知它汇款解付完毕，要求偿付。

与电汇相比，票汇有以下特点：

① 票汇的汇入行无须通知收款人取款，而由收款人持汇票登门取款。

②票汇使用的汇票除有限制转让和流通的规定外，经收款人背书，可以转让流通，而电汇的收款人则不能将收款权转让。

③票汇汇款时间比电汇长，但汇款费用比电汇低。

3. 汇付的应用风险和注意事项

（1）汇付的风险及防范。买卖双方使用哪一种结算方式，都需要从手续费用、风险和资金负担的角度来考虑它的利弊。

汇付的优点在于手续简便、费用低廉。但它的缺点是风险大，资金负担不平衡，因为以汇付方式结算，可以是货到付款，也可以是预付货款。如果是货到付款，卖方向买方提供信用并融通资金。而对于预付货款，则是买方向卖方提供信用并融通资金。不论哪一种方式，风险和资金负担都集中在一方。在进出口贸易中，汇款如果使用在资信可靠或关系密切友好的贸易伙伴之间，能高效、安全、及时、低成本结汇。对出口商来说，如果能争取到预付货款方式对其较为有利。但如果是货到付款方式，只要发运了货物就很难对进口商品进行有效控制。在此情形下，出口商能否收到货款则完全取决于进口商的商业信用，如果进口商不守信用，出口商最终可能面临货款两空的风险。对进口商而言，争取货到付款方式有利；反之，如果采用预付货款方式，风险加大。

票汇方式还存在伪造汇票、传递失误的风险，在操作中务必注意防范。

在我国外贸实践中，汇付一般只用来支付定金、尾款、佣金等款项支付，不是一种主要的结算方式。在国际上，跨国公司内部大量交易的货款支付、可靠的贸易伙伴之间的货款支付或网络销售，采用汇付结算方式的较为多见。

（2）汇付操作过程中的注意事项。作为出口商（境内收款人），要想减少风险，更快地收到款项，则关键应注意提示进口商（境外汇款人）按下列要求填写汇款申请书：

①正确填写收款人全称、账号（必须注明收款人开户银行的交换行号）及开户银行英文名全称。

②如进出口企业在境外账户行办理汇款，则应该在汇款申请书中的收款人银行的代理行一栏填写开户银行的相对应境外账户行名称。开户银行账户资料可向开户银行查询。

③收款人银行名称要准确，要有银行SWIFT号码。

④收款人名称为开户银行名称。

⑤收款人账号：A/C NO.：××××（填写开户银行在境外账号行的相对应币种的有关账号）。

⑥备注或附言中应注明实际的收款单位名称和账号（收款人单位账号组

成必须是行号+收款人账号，A/C NO.：×××—×××××××）。

（二）托收

1. 托收的含义和特点

托收（Collection）是指出口商开立汇票，委托出口地银行通过其在国外的分行或代理行，向进口商收取货款的一种结算方式。托收是一种常用的国际货物贸易结算方式。其基本做法是：出口商（委托人）根据买卖合同先行发运货物，然后开出汇票连同有关货运单据交出口所在地银行（托收行），委托其通过进口所在地分行或其他银行（代收行）向进口商收取货款，凭进口商的付款或承兑向进口商交付全套单据。国际商会制定的《托收统一规则》（URC522）是各国银行办理国际托收业务的通行惯例。

托收结算方式有如下特点：

（1）属于商业信用，银行无审核单据内容及保证付款的责任。

（2）如遭进口商的拒付，除非另有约定，银行无代管货物的义务。

（3）托收对出口商的风险较大，D/A比D/P的风险更大。

（4）托收对进口商较为有利，可免去银行手续费及保证金等，还可能有预借货物单据的便利。

2. 托收的当事人及其法律关系

托收方式的基本当事人有四个，即委托人、托收行、代收行、付款人。

委托人（Principal），即委托银行代收款项的人（跟单汇票的出票人），一般是出口商。委托人按照买卖合同关于托收的规定，与银行签订并履行委托银行收款的合约。

托收行（Remitting Bank）也称寄单行，是委托代收款项的银行，主要是按照委托人的要求和国际惯例处理业务。

代收行（Collecting Bank）是托收行在进口地的代理人，根据托收行的委托指示向付款人收款的银行。

付款人（Drawee）一般是进口商，是支付托收项下款项的人。

托收当事人之间有以下的法律关系：

（1）委托人与托收行之间的委托代理关系。托收行应该严格按照委托人的托收委托指示进行托收业务，根据URC522的规定，银行应善意和合理地谨慎行事。但是，托收行对于托收的款项并不承担必须收回的义务。

（2）托收行与代收行之间的委托代理关系。代收行应按托收行的指示，及时向汇票上的付款人作付款提示或承兑提示以收取货款，如遭拒付则应及时通知托收行，并要保管好单据。如果代收行违反托收指示，在付款人未付款的情况下擅自将单据交给付款人，就违反了合理谨慎义务，应对托收行承担违约责任。

（3）委托人与代收行之间不存在直接的合同关系。尽管托收行是委托人的代理人，代收行又是托收行的代理人，但依代理法的一般原则，在委托人与代收行之间并没有合同关系。因此，如果代收行违反托收指示行事导致委托人遭受损失，委托人只能通过托收行追究代收行的责任。

（4）代收行与付款人之间不存在任何法律上的权利义务关系。付款人是否付款是依据其对托收票据的付款责任。

3. 托收方式的业务流程

（1）进出口商双方签订买卖合同。

（2）出口商按照合同规定的要求发运货物。

（3）发运货物后，出口商填写委托申请书，开立汇票，连同货运单据交托收行，请求代收货款。

（4）托收行根据托收申请书缮制托收委托书，连同汇票、货运单据交进口地代收行委托代收货款。

（5）代收行按照委托书的指示向进口商提示汇票和单据。

（6）进口商付款。

（7）代收行交单。

（8）代收行办理转账并通知托收行款已收妥。

（9）托收行向出口商交款。

托收的业务流程参见图5-2。

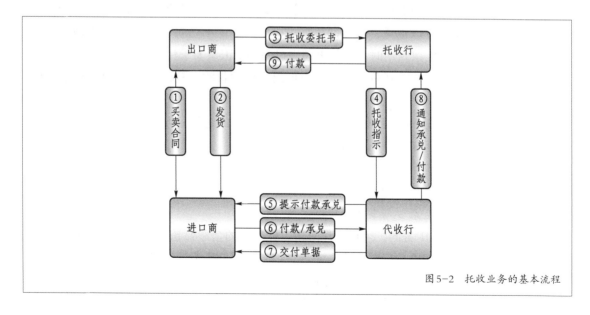

图5-2 托收业务的基本流程

4. 托收的种类

托收方式的种类有：

（1）跟单托收。跟单托收（Documentary Collection）指出口商将汇票连同提单、装箱单、原产地证、发票等装运单据一起交给出口商所在地的银行，委托该银行向进口商收取货款的货款收付方式。采用跟单托收时，根据托收业务中委托收款时交付单据的条件不同，可以分为两种交单方式：

① 付款交单（Documents against Payment，D/P），是指出口商委托托收银行只有在进口商付款后方能将单据交付进口商的托收方式。

根据进口商付款赎单的时间不同，付款交单又分为即期付款交单和远期付款交单。

即期付款交单（D/P at Sight），是指出口方按买卖合同发货后，开立以进口商为付款人的即期汇票并附上合同货物单据，通过委托行指示代收行在收到上述单据和托收委托书后直接向进口商提示，进口商见票后须立即付款以获得全套货物单据的托收方式。

远期付款交单（D/P at ... Days after Sight），是指出口商按买卖合同发货后，开立以进口商为付款人的远期汇票并附上合同货物单据，代收银行收到单据后立即向进口商提示远期汇票，由进口商承兑该远期汇票后退回银行，待汇票付款期到时，银行再次向进口商做付款提示，银行在收到该远期汇票款才向进口商交付货物单据。

② 承兑交单（Documents against Acceptance，D/A），是指出口商按买卖合同发货后，开立以进口商为付款人的远期汇票并附上合同货物单据，代收银行收到单据后立即向进口商提示远期汇票，若单据合格，进口商应对该远期汇票予以承兑，银行即根据进口商的上述承兑向进口商交付货物单据，当该远期汇票到期时，银行再向进口商提示汇票要求付款。

采用跟单托收方式，为降低出口商的收款风险，有关单据的缮制需注意以下事项：

a. 汇票金额与合同及发票中托收结算的金额一致。

b. 汇票出票人要签字或盖章。

c. 汇票要背书。

d. 汇票的出票人和签发人保持一致。

e. 汇要与发票等单据保持一致。

f. CIF合同，须提交保险单，保险单的金额要超过发票金额至少10%。

g. 运输单据涉及价格条款时须与合同价格条款保持一致。

h. 按合同要求提供运输单据。

i. 各种单据中的货物描述要保持一致。

（2）光票托收。光票托收（Clean Collection）指出口商只开具汇票（只凭金融单据）委托银行向进口商收款，而不附任何其他商业单据。在国际货物贸易中，光票托收通常用于贸易、非贸易项下的小额支付，如出口货款的尾款、样品费、佣金、赔偿金等的收付。

采用光票托收应注意以下内容：

① 票据的名称、种类、期限、金额、币种。

② 收款人的名称和地址。

③ 付款人的名称和地址。

④ 票据的背书。

⑤ 远期票据是否承兑。

⑥ 利息条款。

⑦ 票据签发人的名称和签字。

5. 使用托收方式时应注意的问题

托收对出口商有一定的风险，特别是承兑交单风险更大，因为此方式是在付款上给买方提供了优惠，进口商可以免交开证押金和手续费，还有预借单据提货之便利，故有利于扩大出口业务。在出口业务中，应该根据不同货物的销售情况、不同客户与不同国家的贸易习惯，适当采用托收方式。在使用托收方式时，应注意以下问题：

（1）在调查研究的基础上，选择资信好的商人作为交易对象。

（2）成交金额不宜过大，要考查交易对象的支付能力。

（3）了解进口国家的贸易管制和外汇管理制度，以免由于进口商未领到进口许可证或未申请到外汇等原因，给出口商造成被动和损失。

（4）了解进口国家的贸易习惯，以免影响安全迅速收汇。如有的国外代收行只接受即期付款交单的托收委托，而把远期付款交单当作承兑交单处理，并不承担任何责任和风险。有的国家的银行对D/P概念很陌生，常常要求将D/P远期改为D/A。有的国家商人在即期付款交单情况下，要按"当地习惯"，即在货物到达目的港后，而不是代收行提示后即行"见票"，这种"习惯"在欧洲和非洲都较为普遍。按此"习惯"，万一货物无法抵达目的港，进口商就可永不"见票"，永不付款。因此，为避免进口商以"当地习惯"为借口迟付或逃避付款，除应在出口合同中加列利息条款外，还应明确规定进口商应在汇票第一次提示时即行付款或承兑。也可以在合同中明确规定"自装船后××天交单付款"。

（5）为避免或减轻托收方式给出口商带来的风险，可以按CIF价格成交，装运前投保海运货物险，防止在拒付的情况下货物再次遭受损失，进口商逃之夭夭，出口商可凭保险单向保险公司索赔。

（6）采用托收方式成交，提单不应以进口商为收货人，最好采用"空白抬头、空白背书"提单。为了维护出口商利益，在取得代收行同意的条件下，也可以代收行作为提单抬头人。以便发生进口商拒付或拒绝承兑时，出口商可及时授权托收行，协助安排货物。

（7）在采用D/A方式下，延长了进口商付款的时间，出口商在制定价格时应考虑利息等相关成本。

（8）投保卖方利益险。卖方利益险是专为卖方化解买方商业风险而设的险种。但实际业务中，卖方须在成交前，先行向保险公司提出申请，取得保险额度后才可开始交易。

托收方式主要是建立在商业信用的基础上，出口商仅凭进口商的信用发货，发完货后才委托收款，商业风险较大，因此，采用托收方式作为合同付款条件时，一定要慎重行事。

（三）信用证

信用证是在货物贸易中引入银行信用的一种支付方式。由于银行资金雄厚，信誉度较高，由银行向进出口商提供的信用保证易于被人接受，故信用证支付方式被国际货物买卖当事人普遍采用，成为国际货款收付的主要结算方式。

1. 信用证概述

信用证（Letter of Credit，L/C），UCP600第2条中对它做了如下定义：指一项不可撤销的安排，无论其名称或描述如何，该项安排构成开证行对相符交单予以承付的确定承诺。简言之，信用证是开证行对受益人有条件的付款承诺。这个条件就是相符交单。目前实务中使用的信用证都是SWIFT格式的信用证。

（1）信用证的主要内容。

① 信用证的说明。如信用证的种类、性质、编号、金额、开证日期、有效期及到期地点、当事人的名称和地址、使用本信用证的权利可否转让等。

② 货物的说明。货物的名称、品种、规格、价格、数量、单价、包装及运输标志等。

③ 装运条件的说明。装运的最迟期限、启运港（地）、目的港（地）、运输方式、可否分批及可否转船等。

④ 单据要求说明。单据的种类（商业发票、提单、保险单）、名称、内容和份数等。

⑤ 特殊条款。根据进口国政治、经济、贸易情况的变化或每一笔具体业务的需要，可做出不同的规定。

⑥ 责任条款。开证行对受益人及汇票持有人保证付款的文句。

⑦ 开证行对指定银行的指示条款、兑用金额背书条款、索汇方法、寄单方法。

（2）信用证的特点。

① 开证行负第一付款责任。信用证方式下，开证银行是以自己的信用作保证向受益人开出的信用证，所以开证银行应负第一性的付款责任。且根据UCP600，开证银行的付款责任不仅是首要的而且是独立的。这就意味着即使进口商失去偿付能力，只要出口商提交的单据符合信用证条款，开证银行仍需承担付款责任。

② 信用证是独立于合同之外的一种自足文件。信用证是开证银行向受益人开立的书面保证文件，虽然其开立的依据是买卖合同，但一经开立即成为独立于买卖合同以外的契约，不受买卖合同的约束。UCP600明确规定：信用证按其性质与凭以开立信用证的销售合同或其他合同，均属不同的业务。即使信用证中援引这些合同，银行也与之毫无关系，并不受其约束。据此，开证银行及信用证所涉各当事人只能以信用证中所列条款为依据处理信用证业务。信用证一经开出，在信用证业务处理过程中，各当事人的责任与权利都以信用证为准。

③ 信用证是一种单据的买卖，凭单付款。UCP600明确规定：在信用证业务中，银行处理的是单据，而不是与单据有关的货物、服务及其他履约行为。因此，银行在处理信用证业务时，只凭单据，不问货物，只根据表面上符合信用证条款规定的单据承担付款责任。只要受益人根据"单证一致""单单一致"的"表面符合的原则"，提交了信用证要求的单据，开证银行就应承担付款责任，进口商也应接受单据并向开证银行付款赎单。如果事后进口商发现货物与单据的描述不符，则只能凭买卖合同向出口商索赔，而与银行无关。

（3）信用证的作用。信用证的作用可以概括为以下两个主要方面：

① 基本解决了进出口双方互不信任的矛盾。

② 有利于进出口商向银行融通资金，加快了他们的资金周转，扩大了进出口贸易额。

出口商收到信用证后，可以通过出口银行做打包贷款。对进口商来说，开证时通常只需付部分押金，在收到单据时才支付100%货款，其资金负担要比预付货款时轻得多。另外，在远期付款情况下，进口商也可向开证行做进口押汇，向当地银行融通资金。

但是，信用证业务也有不足之处。它的不足在于手续烦琐、费用多、出口商容易用假单据欺骗等。这主要是因为UCP600规定，银行对任何单据的形式、完整性、准确性、真实性、伪造或法律效力，或单据中规定的或附加的一般及/或特殊条件概不负责。

2. 信用证的当事人及其权利与义务

信用证的基本当事人有两个：开证行和受益人。其他关系人为开证申请人、通知行、议付行、付款行、承兑行、偿付行等，如果信用证经过保兑，保兑行也成为信用证的当事人。

（1）开证申请人（Applicant）。开证申请人是指向银行申请开立信用证的人，一般为进出口业务中的进口商，也称开证人（Opener）。

义务：根据买卖合同向银行申请开立信用证；向银行交付一定比例的开证保证金；及时付款赎单。

权利：验、退单（以信用证为依据）；验、退货（以合同为依据）。

（2）开证行（Opening/Issuing Bank）。开证行是指接受开证申请人的委托，对受益人开立信用证的银行。它承担保证付款的责任。

义务：正确、及时开证；承担第一性付款责任。

权利：收取手续费和押金；拒绝受益人的不符单据；对受益人付款后，如开证申请人无力付款赎单时可处理单、货；货款不足时可向开证申请人追索余额。

（3）通知行（Advising/Notifying Bank）。通知行是指接受开证行的委托，将信用证转交给出口商的银行。它只证明信用证的表面真实性，不承担其他义务。证明信用证的真实性是通知行的审证责任。

（4）受益人（Beneficiary）。受益人是指信用证上指定的有权使用该证的人，是业务中的出口商或实际供货商。

义务：收到信用证后应及时根据合同核对信用证，发现有与合同不符或不能接受的条款要尽早联系开证申请人指示开证行修改信用证或拒绝接受，如接受应按信用证规定开始履行发货、交单等责任。

权利：信用证被拒绝修改或修改后仍不符，则有权在通知开证申请人后，单方面撤销合同并拒绝信用证；交单后，若开证行倒闭或无理拒付，可直接要求开证申请人付款；收款前若开证申请人破产，可停止货物装运并自行处理；若开证行倒闭时信用证还未使用，可要求开证申请人另开。

（5）议付行（Negotiating Bank）。议付行是指愿意垫款买入受益人交来的信用证项下跟单汇票及随附货物单据的银行，即根据信用证开证行的付款保证和受益人的请求，按信用证规定对受益人交付的跟单汇票垫款或贴现，并向信用证规定的付款行索偿的银行。限定议付时议付行在SWIFT信用证的41A（41D）栏被指名，一般为通知行；自由议付时受益人可自行选择议付行。

义务：严格审单；垫付或贴现跟单汇票；背批信用证。

权利：可议付也可不议付；议付后寄单索偿；若议付后开证行倒闭或借

口拒付，可向受益人追回垫款。

（6）付款行（Paying/Drawee Bank）。付款行是指信用证上指定付款的银行，即对符合信用证的单据向受益人付款的银行（可以是开证行也可以是受其委托的另一家银行）。付款行有权付款或不付款；一经付款无权向受益人或汇票善意持有人追索。

在多数情况下信用证并无另外指定，付款行就是开证行。

（7）保兑行（Confirming Bank）。保兑行是指受开证行委托对信用证以自己名义提供付款保证的银行。银行加批"保兑"（Confirmed）字样，即对此信用证做出了不可撤销的确定的付款承诺；保兑行对信用证独立负责，凭单付款；付款后只能向开证行索偿；开证行拒付或倒闭，保兑行无权向受益人和议付行追索。

（8）承兑行（Accepting Bank）。承兑行是指对受益人提交的远期汇票进行承兑的银行，亦是付款行。

（9）偿付行（Reimbursement Bank）。偿付行是指受开证行在信用证上的委托，代开证行向议付行或付款行清偿垫款的银行（又称清算行）。该行只付款不审单；只管偿付不管退款；偿付行不偿付时开证行偿付。

3. 信用证业务的基本程序

跟单信用证是独立于买卖合同的文件，开证银行只对信用证负责，但它又是以货物买卖合同为背景而产生的。以银行为中心的信用证业务程序，大体都有申请开证、开证、通知、审证、修改、兑用及索汇和赎单等环节。结合货物买卖合同，信用证业务操作的基本程序如下：

（1）进出口双方经过磋商一致，签订买卖合同，并约定以信用证方式进行结算。

（2）进口商向开证行递交开证申请书，约定信用证内容，并支付押金或提供担保人。

（3）开证行接受开证申请书后，根据申请开立信用证，正本寄交通知行，指示其转交或通知受益人（出口商）。

（4）通知行转交信用证或通知受益人信用证已到。

（5）受益人核对信用证是否与合同相符，如果不符，可要求进口商通过开证行进行修改；信用证修改完成并被受益人接受后，则出口商（受益人）根据信用证要求备货、装运。

（6）出口商将信用证要求的单据在有效期内交予议付行。

（7）议付行接受单据并付款，若单、证不符，可以拒付（若后期发生开证行拒付，议付行有权要求受益人退还所付款项）。

（8）议付行将单据寄送开证行或开证行指定的付款行，向其索偿。

（9）开证行收到单据后，应核对单据是否符合信用证，如正确无误，即应偿付议付行代垫款项，同时通知开证申请人备款赎单。

在我国的国际货物贸易结算的实际业务中，信用证单据到达开证行之前，根据开证合同，开证人应已将信用证支付所需款项存入开证行。到单后，银行将全套单据（复印件）交开证人（进口商），限期审单并决定是否付款赎单，付款/拒付书面通知银行，银行根据开证人的通知决定偿付或拒付。即开证行的对外偿付是在申请人赎单之后。银行这样处理业务不能够违背UCP600第14条b款所指的银行审单期限的规定：按照指定行事的被指定银行、保兑行（如有）以及开证行，自其收到提示单据的翌日起算，应各自拥有最多不超过五个银行工作日的时间以决定提示是否相符。该期限不因单据提示日适逢信用证有效期或最迟提示期或在其之后而被缩减或受到其他影响。

（10）进口商付款赎单或是拒绝付款，付款后，进口商取得货物单据。

（11）进口商凭提单办理提货。

信用证业务流程参见图5-3。

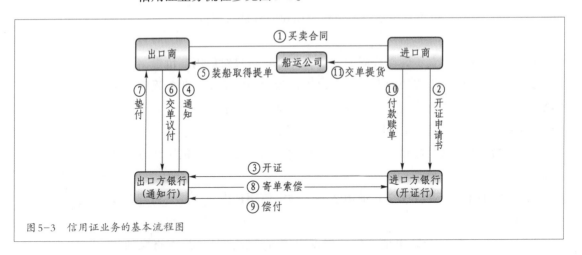

图5-3　信用证业务的基本流程图

4. 信用证的种类

（1）按信用证项下的汇票是否附有货运单据分为 跟单信用证（Documentary Credit）与光票信用证（Clean Credit）。

跟单信用证是指开证行以一套符合要求的单据为付款条件的信用证。这套单据包括代表货物或证明货物已交运的单据，如提单、铁路运单、航空运单等以及发票、保险单等商业单据。国际货物贸易中一般使用的是跟单信用证。

光票信用证是开证行仅凭不附单据的汇票即行付款的信用证，汇票如附有不包括运输单据的发票、货物清单等，仍属光票。

（2）根据开证行所负的责任，我们称跟单信用证为不可撤销信用证（Irrevocable Credit）。不可撤销信用证是指信用证一经开出，在有效期内，未经受益人及保兑行（如果有）的同意，开证行不得片面修改或撤销信用证的规定和承诺。信用证上未注明可否撤销，即为不可撤销信用证。按照UCP600的定义，国际货物贸易中使用的信用证，均为不可撤销信用证。

（3）按付款时间不同，可分为即期信用证（Sight Credit）与远期信用证（Usance L/C）。

即期信用证又称即期付款信用证，只要受益人提交合格的出口单据，银行则立即付款。

远期信用证是指银行收到受益人提交的合格货物单据时，先接受单据，而后在规定的将来时间付款的信用证。承兑信用证与延期付款信用证均属远期信用证。

即期付款信用证和远期信用证中的延期付款信用证都会在信用证上明确规定一家银行为付款行，不要求受益人必须出具汇票，仅凭提交的单据即可要求付款。

（4）按信用证的可转让性，可分为可转让信用证（Transferable Credit）和不可转让信用证（Non-transferable Credit）。

可转让信用证是指开证行授权有关银行在受益人的要求下，可将信用证的全部或部分金额转让给第三方使用的信用证。

可转让信用证必须由开证行在证中注明"可转让"字样，否则不得转让。可转让信用证只限转让一次。如信用证允许分批装运，在总和不超过信用证金额的前提下，可分别转让给若干个第二受益人。如信用证不允许分运，则只限转让给一个第二受益人。

UCP600规定，凡是信用证中未注明"可转让"的，即为不可转让信用证。

可转让信用证多用于总公司对外成交，分（子）公司负责交货或是机器设备买卖合同中卖方为集成生产商的情况。

（5）循环信用证（Revolving Credit）。循环信用证是指信用证被全部或部分使用后，其金额又恢复到原金额，可再次使用，直至达到规定的次数或规定的总金额为止。它通常在等量分批交货情况下使用。循环信用证有按时间循环的，也有按金额循环的。

（6）对开信用证（Reciprocal Credit）。指两份信用证的开证申请人互以对方为受益人而开立的信用证，通常是在双方互为进口方和出口方的交易中使用。

对开信用证有以下特点：

① 两张信用证金额大体相等。

② 第一张信用证的受益人是第二张信用证的开证人。

③ 第一张信用证的开证人是第二张信用证的受益人。

（7）背对背信用证（Back to Back Credit）。指受益人向原证的通知行或其他银行以原证为基础，申请另开一份条款相近、金额不同的新信用证。背对背信用证多发生在中间商介入货物贸易的情况，即中间商根据买方开来的信用证向实际卖方开出另一份信用证。

5. 信用证支付方式下进出口商的风险

对于货物贸易，信用证方式在很大程度上化解了商业风险，容易为买卖双方所共同接受。但是由于信用证独立于合同之外的单据买卖特性（"单证一致"原则），由于单据、货物分属于不同的合约关系，银行虽然居中行事，但它并无对货物承担义务的业务性质，使它依然存在一些商业风险。信用证业务的商业风险，对于不同的进出口当事人表现出不同的形式：

（1）进口商面临的风险。信用证方式下买方面临风险的主要原因在于付款的依据是货物单据，而不是货物，卖方是否按合同规定交货与付款条件无关，只要所交单据符合信用证条件，卖方就可取得货款。实际业务中可能出现的情况是：单据无误，但交货不符。而当发现卖方所交货物与合同不符时，无论是即期信用证还是远期信用证方式下，买方均已丧失了对货款支付的控制权。

（2）出口商面临的风险。

① 进口商不按合同规定开证。信用证条款应与买卖合同相应条款规定一致，但实际上由于多种原因，进口商不依照合同开证的情况时有发生，从而使合同难以得到执行，或者使出口商招致额外的损失。最常见的是：进口商不按期开证或不开证（如在市场变化和外汇、进口管制严格的情形下）；进口商在信用证中增添一些对其有利的附加条款（如单方面提高保险险别与金额、变换目的港、更换包装等），以达到变更合同的目的；进口商在信用证中做出许多限制性的规定等。

② 进口商故设单据障碍、陷阱。进口商往往利用信用证"单证一致"的原则，蓄意在信用证中增添一些难以实现的单据条件，或设置一些文字陷阱。如有意规定不确定、有意做出文字错误以及条款内容相互矛盾的单据要求等，为其拒付货款创造条件。此外，信用证中规定禁止分批装运却又限定每批交货的期限，或既允许提示联运提单又禁止转船，或者要求的保险的种类相互重叠等，这些无疑给出口方的出单制造困难、设计障碍。

2021年7月17日，南京丽霞进出口有限公司外贸业务员蔡锋接到中国农业银行江苏省分行到单通知。具体单据如下：

1. 到单通知

<table>
<tr><td colspan="5" align="center">中国农业银行
AGRICULTURAL BANK OF CHINA
进口信用证到单通知
ADVICE OF BILL ARRIVAL</td></tr>
<tr><td>To：
致</td><td colspan="2">NANJING LIXIA IMPORT AND EXPORT CO.，LTD.
南京丽霞进出口有限公司</td><td>Date：
日期</td><td>2021-07-17</td></tr>
<tr><td>Contract No.：
合同号</td><td colspan="2">LX08099</td><td>Draft Amount
汇票金额</td><td>USD80 000.00</td></tr>
<tr><td>L/C No.：
信用证号</td><td colspan="2">111LC0801066</td><td>AB No.：
到单编号</td><td>AB35690456</td></tr>
<tr><td>Tenor Type：
即期/远期</td><td colspan="2">USANCE</td><td>Maturity Date
到期日</td><td>2021-10-06</td></tr>
<tr><td>Negotiating Bank：
议付行</td><td colspan="4">RESONA BANK OSAKA TOYONAKA BRANCH</td></tr>
<tr><td>Doc. Mail Date：
寄单日期</td><td colspan="4">2021-07-14</td></tr>
<tr><td colspan="5">PLEASE FIND HEREWITH ENCLOSED THE FOLLOWING DOCUMENTS SENT FROM NEGOTIATING BANK AND ACKNOWLEDGE RECEIPT BY SIGNING AND RETURNING US.
兹附奉议付行寄来的下列单据，请查收。</td></tr>
</table>

<table>
<tr><td>DRAFT</td><td>B/L</td><td>INVOICE</td><td>P/L</td><td>C/O</td><td>SHIPING ADVICE</td><td>BENE. CERTIFICATE</td></tr>
<tr><td>1</td><td>2/3</td><td>3</td><td>3</td><td>2</td><td>1</td><td>1</td></tr>
</table>

DISCREPANCIES（IF ANY）:

单据不符点：

REMARKS:

备注（客户）

NOTE:

1. 该单据将于上述付款日对外付款，请贵司于接本通知后三日内将所附《对外付款/承兑通知书》签署意见及核销单一式三联填妥加盖公章后交我行，以便及时对外付款。否则，我行将于上述付款日对外付款，不再另行通知。

2. 如贵司因单据有不符点需拒付，请于接本通知后三日内将所附的拒付通知交我行，并退回全套单据。

（银行盖章）

2. 汇票

BILL OF EXCHANGE   No. __M-809-5__

For __USD80 000.00__   Osaka, July 8, 2021

At 90 DAYS FROM B/L DATE, JULY 8, 2021 of this **FIRST** Bill of Exchange (Second of the same tenor and date being unpaid) pay to **THE RESONA BANK LTD.** or order the sum of SAY: US DOLLARS EIGHTY THOUSAND ONLY.

VALUE RECEIVED AND CHARGE THE SAME TO ACCOUNT OF NANJING LIXIA IMPORT AND EXPORT CO., LTD.

DRAWN UNDER AGRICULTURAL BANK OF CHINA, JIANGSU BRANCH NANJING, CHINA

L/C NO. __111LC0801066__   DATED __MAY 29, 2021__

TO: AGRICULTURAL BANK OF CHINA

JIANGSU BRANCH   MAYAMA CORPORATION

NANJING, CHINA   ·························· Yama

3. 海运提单

Shipper Insert Name, Address and Phone		B/L No. COSU00249587	
MAYAMA CORPORATION 7-25-2, NIINA, MINO, OSAKA, JAPAN		中远集装箱运输有限公司 COSCO CONTAINER LINES TLX: 33057 COSCO CN FAX: +86（021）6545 8984 ORIGINAL	
Consignee Insert Name, Address and Phone			
TO ORDER OF SHIPPER			
Notify Party Insert Name, Address and Phone			
NANJING LIXIA IMPORT AND EXPORT CO., LTD. NO. 3108 RENMIN RD. NANJING, CHINA TEL: 0086-25-4825113　FAX: 0086-25-4825120			
Ocean Vessel Voy. No.	Port of Loading	Port-to-Port **BILL OF LADING** Shipped on board and condition except as other ...	
TAKEKO, 243W	OSAKA JAPAN		
Port of Discharge	Port of Destination		
SHANGHAI CHINA			

Marks & No. Container / Seal No.	No. of Containers or Packages	Description of Goods	Gross Weight/ KGS	Measurement/ CBM
MAYAMA LX08099 SHANGHAI MADE IN JAPAN C/NO.1-2 SCZU4835677 COSU220899	1×20′FCL （2 WOODEN CASES）	ONE SET OF HS1122 NUMERICALLY CON-TROLLED SHARPENING MACHINE AND SPARE PARTS FREIGHT COLLECT	12 300	22

Description of Contents for Shipper's Use Only（Not part of This B/L Contract）				
Total Number of containers and/or packages（in words）: ONE CONTAINER ONLY.				

Ex. Rate:	Prepaid at	Payable at	Place and date of issue	
		SHANGHAI CHINA	OSAKA JAPAN　JULY 8, 2021	
	Total Prepaid	No. of Original B（s）/L	Signed for the Carrier, COSCO CONTAIN-ER LINES	
		THREE（3）	K. J COSCO JAPAN CO., LTD. AS AGENT	

4. 商业发票

MAYAMA CORPORATION   No.: M–809–5

7–25–2, NIINA, MINO   Date: JULY 8, 2021

OSAKA, JAPAN

INVOICE

Invoice of HS1122 NUMERICALLY CONTROLLED SHARPENING MACHINE AND

SPARE PARTS

Shipped per " TAKEKO, 243W " from OSAKA JAPAN to SHANGHAI CHINA

Sailing on or about   JULY 8, 2021   B/L NO.: COSU00249587

For account and risk of Messrs. NANJING LIXIA IMPORT AND EXPORT CO., LTD.

NO. 3108 RENMIN RD. NANJING, CHINA   TEL: 0086–25–4825113

Pament terms L/C AT 90 DAYS FROM B/L

Letter of Credit No.   111LC0801066   Dated: MAY 29, 2021

Issued by AGRICULTURAL BANK OF CHINA, JIANGSU BRANCH NANJING, CHINA

Marks & nos.	Quantity	Description of goods	Unit price	Amount
MAYAMA LX08099 SHANGHAI MADE IN JAPAN C/NO.1–2	1 SET	HS1122 NUMERICALLY CONTROLLED SHARPENING MACHINE AS PER CONTRACT NO. LX08099	USD80 000.00	USD80 000.00

2 WOODEN CASES   1 SET   TOTAL: FOB OSAKA, JAPAN: USD80 000.00

TOTAL AMOUNT: US. DOLLARS EIGHTY THOUSAND ONLY.

Signed by: MAYAMA CORPORATION

............Yama..........

5. 装箱单

MAYAMA CORPORATION　　　　　　　　　　　　No.: M–809–5

7–25–2, NIINA, MINO　　　　　　　　　　　　　　Date: JULY 8, 2021

OSAKA, JAPAN

PACKING LIST

Packing list of _HS1122 NUMERICALLY CONTROLLED SHARPENING MACHINE AND SPARE PARTS_

Shipped per " _TAKEKO, 243W_ " from _OSAKA JAPAN_ to _SHANGHAI CHINA_

Sailing on or about _JULY 8, 2021_　　B/L NO.: _COSU00249587_

For account and risk of Messrs. _NANJING LIXIA IMPORT AND EXPORT CO., LTD._

NO. 3108 RENMIN RD. NANJING, CHINA　　TEL: 0086–25–4825113

Pament terms _L/C AT 90 DAYS FROM B/L_

Letter of Credit No. _111LC0801066_　　Dated: _MAY 29, 2021_

Issued by _AGRICULTURAL BANK OF CHINA, JIANGSU BRANCH NANJING, CHINA_

Marks & nos.	Quantity	Description of goods	Gross weight	Net weight	Measurement
MAYAMA LX08099 SHANGHAI MADE IN JAPAN C/NO.1–2	1 SET	HS1122 NUMERICALLY CONTROLLED SHARP-ENING MACHINE AS PER CONTRACT NO. LX08099 SHIPPED IN 1×20′ FCL	11 600 KGS	12 300 KGS	22 CBM
2 WOODEN CASES	1 SET	TOTAL:	11 600 KGS	12 300 KGS	22 CBM

Signed by:　MAYAMA CORPORATION

. . . . .Yama. . . . .

6. 装运通知

MAYAMA CORPORATION No.: M-809-5

7-25-2, NIINA, MINO Date: JULY 10, 2021

OSAKA, JAPAN

SHIPPING ADVICE

ONE SET OF HS1122 NUMERICALLY CONTROLLED SHARPENING MACHINE AND SPARE PARTS AS PER CONTRACT NO. LX08099 HAVE BEEN SHIPPED PER "TAKEKO, 243W" FROM OSAKA, JAPAN TO SHANGHAI, CHINA ON JULY 8, 2021.

B/L NO.: COSU00249587

GROSS WEIGHT: 12 300 KGS

MEASUREMENT: 22 CBM

PACKAGES: 2 WOODEN CASES

LETTER OF CREDIT NO.: 111LC0801066

DATED: MAY 29，2021

ISSUED BY: AGRICULTURAL BANK OF CHINA，JIANGSU BRANCH NANJING, CHINA

Signed by： MAYAMA CORPORATION

............Yama..........

7. 原产地证明

MAYAMA CORPORATION   No.: M–809–5

7–25–2, NIINA, MINO   Date: JULY 10, 2021

OSAKA, JAPAN

CERTIFICATE OF ORIGIN

WE HEREBY CERTIFY THAT ONE SET OF HS1122 NUMERICALLY CONTROLLED SHARPENING MACHINE AND SPARE PARTS AS PER CONTRACT NO. LX08099 ARE OF JAPANESE ORIGIN.

LETTER OF CREDIT NO.: 111LC0801066

DATED: MAY 29, 2021

ISSUED BY: AGRICULTURAL BANK OF CHINA, JIANGSU BRANCH NANJING, CHINA

---

8. 受益人证明

MAYAMA CORPORATION   No.: M–809–5

7–25–2, NIINA, MINO   Date: JULY 10, 2021

OSAKA, JAPAN

BENEFICIARY'S CERTIFICATE

WE HEREBY CERTIFY THAT ONE SET NON-NEGOTIABLE DOCUMENTS OF INVOICE, B/L, PACKING LIST, SHIPPING ADVICE, CERTIFICATE OF ORIGIN, AND 1/3 SET OF ORIGINAL B/L HAVE BEEN SENT TO THE APPLICANT BY DHL WITHIN 3 WORKING DAYS AFTER B/L DATE.

LETTER OF CREDIT NO.: 111LC0801066

DATED: MAY 29, 2021

ISSUED BY: AGRICULTURAL BANK OF CHINA, JIANGSU BRANCH NANJING, CHINA

Signed by:　MAYAMA CORPORATION

.............Yama.............

任务1 审核进口单证

外贸业务员蔡锋需根据信用证111LC0801066及其修改、UCP600的条款，按照"单证一致，单单一致"的审单原则，对以上进口单据（2-8）进行审核，并写出审单结果。

审单结果
合同号：
信用证号：
不符点：

任务2 处理不符单据

若经审核，进口单据存在不符点，外贸业务员蔡锋书写处理意见，并处理不符单据。

任务3 办理对外付款手续

若经处理，已解决不符单据问题，外贸业务员蔡锋填写对外付款/承兑通知书和购汇申请书等，并办理对外付款手续。

1. 填写对外付款/承兑通知书

对外付款/承兑通知书

银行业务编号 111P0080071221   日期：

结算方式	□信用证 □保函 □托收 □其他	信用证/保函编号	
来单币种及金额		开证日期	
索汇币种金额		期限	到期日
来单行名称		来单行编号	
收款人名称			
收款行名称及地址			

续表

付款人名称			
☑对公 组织机构代码 14565232-1	□对私	□个人身份证号码	
扣费币种及金额		□中国居民个人　□中国非居民个人	
合同号		发票号	
提运单号		合同金额	
银行附言（各银行可根据本行业务要求规定其内容及格式）			
申报号码		实际付款币种及金额	
付款编号		若为购汇支出，购汇汇率	
收款人常驻国家名称及代码　日本 □□□392		是否为进口核销项下付款	□是　□否
是否为预付款	□是 □否	最迟装运期	外汇局批件/备案表号
付款币种及金额		金额大写	
其中 购汇金额		账　号	
现汇金额		账　号	
其他金额		账　号	
交易编码	1　01010 □□□□□ 相应币种及金额	交易附言	

□同意即期付款 □同意承兑并到期付款 □申请拒付 联系人及电话 蔡锋 4825113 申报日期	付款人印鉴（银行预留印鉴）	银行业务章 经办　　复核　　负责人

179

2. 填写购汇申请书

<table>
<tr><td colspan="6" align="center">中 国 农 业 银 行
购买外汇申请书</td></tr>
<tr><td colspan="6">中国农业银行南京市分行:
我公司现按国家外汇管理局有关规定向贵行提出购汇申请,并随附有关单证,请审核并按实际转账日牌价办理售汇。</td></tr>
<tr><td>单位名称</td><td colspan="2"></td><td>人民币账号</td><td colspan="2"></td></tr>
<tr><td>购汇金额
(大小写)</td><td colspan="2"></td><td>当日汇率</td><td>(不写)</td><td>折合人民币
(大小写)</td><td>(不写)</td></tr>
<tr><td>购汇支付方式</td><td colspan="5">□支票　　□银行汇票　□银行本票　□扣账　□其他</td></tr>
<tr><td>购汇用途</td><td colspan="5">□进口商品　□从属费用　□索赔退款　□还贷　□其他</td></tr>
<tr><td>对外结算方式</td><td colspan="5">□信用证　　□代收　　□汇款　　(□货到付款　　□预付货款)</td></tr>
<tr><td rowspan="4">业务参考</td><td>商品名称</td><td></td><td colspan="2">数量</td><td></td></tr>
<tr><td>合同号</td><td></td><td colspan="2">发票号</td><td></td></tr>
<tr><td>合同金额</td><td></td><td colspan="2">发票金额</td><td></td></tr>
<tr><td>核销单号</td><td></td><td colspan="2">信用证号</td><td></td></tr>
<tr><td>进口商品类型</td><td colspan="5">□一般进口商品
□控制进口商品,批文随附如下:
　　□进口证明　　□许可证　　□登记证明　　□其他批文
批文号码:　　　　　　批文有效期:</td></tr>
<tr><td>附件</td><td colspan="5">□售汇通知单　　　□进口付汇核销单　　□正本报关单
□合同/协议　　　□发票　　　　　　□正本运单
□保险费收据　　　□运费单/收据　　　□佣金单
□付款委托书　　　□开证申请书　　　□其他</td></tr>
<tr><td colspan="6">
　　　　　　　　　　　　　　　　申请单位:
联系人:　　　　　　　电话:　　　　　　　　　　　年　　月　　日</td></tr>
<tr><td colspan="6">银行审核意见:

经办人:　　　复核人:　　　审批:　　　　　　　年　　月　　日</td></tr>
</table>

项目六　进口接货及清关操作

【学习目标】

知识目标：

● 掌握进口货物清关及接货流程；了解我国检验检疫制度和通关的法律法规。

技能目标：

● 能整理并审核完整的清关单证，办理进口货物清关手续，顺利提取、接收进口货物。

素养目标：

● 具备严格遵守进口清关法律的守法意识
● 具备严谨的接货责任意识

项目背景

广东普华国际贸易有限公司与澳大利亚革富酒业股份有限公司签约进口的澳大利亚原产葡萄酒从墨尔本启运，经中国香港转船运抵收货地海南海口，普华国际贸易有限公司拟提货后将其交付给内贸合同的买方海南海易商贸有限公司。2021年5月13日，运载该批货物的"LONGHAI"号船舶顺利在海口港申报入境。普华公司委托海南嘉亿鼎报关代理有限公司办理该批货物的进口接货手续，嘉亿鼎报关公司的报关员小张收到普华公司业务员刘丽快递寄送的清关文件，主要有报检委托书、报关委托书、普华公司营业执照复印件、该批货物的官方原产地证书、官方卫生证书、生产成分列表、生产日期灌装证明、中英文标签、提单、贸易合同、装箱单、商业发票，检验合格报告（国外出具）等。

任务分解

报关员小张的工作任务包括：

任务1 查询并确认该进口葡萄酒的HS商品编码，确定海关监管条件及应缴纳税费的税率等，准备报关报检单证；

任务2 货物到港后，持正本海运提单到船公司或船代处换提货单并办理放货手续；

任务3 填制入境货物报检单办理报检手续；

任务4 填制进口货物报关单办理报关手续；

任务5 海关放行后，去码头办理提货手续，提取货物。

任务完成

任务1 查询并确认该进口葡萄酒的HS商品编码，确定海关监管条件及应缴纳税费的税率等，整理报检、报关单证

进出口商品归类是海关监管、征税和统计的基础，编码的核定决定了货物需办理的许可证件和应缴纳税费费率等。如属于管制货物就需事先办理相

关进出口许可证件，并在报关时提交，否则海关不予放行。按归类规则查询葡萄酒的编码为 2204.2100.00。小张查询进出口报关手册，进一步明确了本次进口货物报关的基本信息：

商品编码	2204.2100.00				
商品名称	小包装的鲜葡萄酿造的酒				
申报要素	1:品名;2:品名(中文及外文名称);3:加工方法(鲜葡萄酿造);4:酒精浓度;5:级别;6:年份(没有年份的申报无年份);7:产区(中文及外文名称);8:酒庄名(中文及外文名称);9:葡萄品种(中文及外文名称);10:包装规格(单位包装规格*每箱单位数);11:品牌(中文及外文名称);				
法定第一单位	升	法定第二单位	千克		
最惠国进口税率	14%	普通进口税率	180%	暂定进口税率	—
消费税率	10%	出口关税率	0%	出口退税率	15%
增值税率	17%	海关监管条件	AB	检验检疫类别	RS
商品描述	小包装的鲜葡萄酿造的酒(小包装指装入两升及以下容器的)				

由于编码 2204.2100.00 所对应的海关监管条件为 AB，由监管证件代码表可知，该批货物的进口需法检。此外，无须申领其他许可证件。

《中华人民共和国政府和澳大利亚政府自由贸易协定》自 2015 年 12 月 20 日起已正式实施，并先后进行了三次降税。最后一次降税已于 2019 年 1 月 1 日进行，整瓶葡萄酒进口关税已降至 0。

葡萄酒进口报检的单证主要有：报检委托书、入境报检单、贸易合同、发票、装箱单、提单（提货单）、出口国官方原产地证书、卫生证书、中英文标签；因本次进口为该品牌葡萄酒首次进口，报检还需提供标签审核申请表、中文标签样张 5 份、原标签及中文翻译件各 5 份（注明产地）、反映产品特定属性的证明材料（生产成分列表、生产灌装日期证明等），向海关办理标签审核备案手续（若非首次进口的葡萄酒应提交以往的进口食品销售记录）。

葡萄酒进口报关的单证主要有：报关委托书、进口报关单、贸易合同、发票、装箱单、提单（提货单）、收货人营业执照复印件、外商营业执照复印件、入境货物通关单、原产地证。

任务 2　持正本海运提单到船公司或其代理人处换提货单

提货单是收货人或其代理人向现场码头、仓库提取货物的凭证，也是报关的基本单证。因此，货物到港后报关员小张凭加盖了收货人普华公司公章的提单到船公司或其代理人处办理换单手续。本票货物海运费已预付，小张到船公司的收费窗口结清了换单费、清洁费、消毒费、驳船操作费等费用后，到换单窗口取得了提货单。

中国海口外轮代理有限公司
CHINA OCEAN SHIPPINE AGENCY HAIKOU
提货单（DELIVERY ORDER）

致：_____ 港区、场、站 　　　　　　　船档号：

收货人：广东普华国际贸易有限公司 　　　　　靠泊码头：

下列货物已办妥手续，运费结清，准予交付收货人

船名	LONGHAI	航次 5219F	启运港 MELBOURNE		卸货港 HAIKOU
提单号 MSCU263759		交付条款	目的地　HAIKOU		运费
到达日期 20211009		箱数 1×20′RF	一程船名		

唛头	箱号/铅封号	货名	总件数	总重量/ KGS	总体积/ CBM
N/M	TCKU2381801/ FE3285	Red wine	1 290 Cases	10 656.00	24

1 收货人章	2 海关章	3	4
5	6	7	8

重要提示：

1. 本提货单中有关船、货信息依据船公司的相关资料填制，请当场核对内容。

2. 凡属法定检验、检疫的进口商品，必须向有关监管机构申报。

3. 根据《中华人民共和国海关法》（简称《海关法》）规定，货物到港（站）14天内未能及时向海关申报，由此引起的海关滞报金，由收货人承担；货物抵港三个月不提取，将做无主货物由海关提取处理。

4. 货物到港（站）未能提取货物，由此引起的集装箱超期使用费、码头堆存费、移箱费等费用，由收货人承担。

5. 在本提货单下，承运人代理人及雇佣人的任何行为，均应被视为代表承运人的行为，均应享受承运人享有的免责、责任限制和其他任何抗辩理由。

　　　　　　　　　　　　　　　　　　中国海口外轮代理有限公司
　　　　　　　　　　　　　　　　　　2021年5月14日

任务3　整理报关单证，填制进口货物报关单办理报关手续

小张整理了本次葡萄酒进口报关需要提交的材料：代理报关委托书、进口报关单、贸易合同、发票、装箱单、提单（提货单）、生产国原产地证书（正本）、生产国卫生证书（正本）、原包装标签样张、原包装标签中文翻译件、反映产品特定属性的证明材料（生产成分列表、生产灌装日期证明等）。将随附单证逐一扫描上传，填制进口报关单向海关发送电子数据申报。海关接受申报后，小张打印出纸质报关单以备后续交单以及留存。

中华人民共和国海关进口货物报关单

预录入编号：112104386		海关编号：6401202111254453657		页码/页数:1/1
境内收货人（4401923048） 广东普华国际贸易有限公司	进境关别（6401） 海口港	进口日期 20210513	申报日期 20210514	备案号
境外发货人 Australian Genfolds Winery Company Limited	运输方式（2） 水路运输	运输工具名称及航次号 LONGHAI/5219F	提运单号 MSCU263759	货物存放地点 海口港
消费使用单位（4401923048） 广东普华国际贸易有限公司	监管方式（0110） 一般贸易	征免性质（101） 一般征税	许可证号	启运港（AUS147） 墨尔本
合同协议号 GDPH1521	贸易国（地区）（AUS） 澳大利亚	启运国（地区）（AUS） 澳大利亚	经停港（HKG003） 香港港（中国香港）	入境口岸（CHN901） 海口港
包装种类 纸箱	件数 1 290	毛重/kg 10 656	净重/kg 10 320	成交方式 FOB	运费 502/1.2/2	保费	杂费

随附单证及编号
随附单证2：发票；代理报关委托协议（纸质）；装箱单；合同；提/运单；原产地证；生产日期证明

标记唛码及备注 备注：N/M <18：01>

项号	商品编号	商品名称及规格型号	数量及单位	单价/总价/币制	原产国（地区）	最终目的国（地区）	境内目的地	征免
1	2204210000	葡萄酒 Red Wine 4|3|葡萄酒 Red Wine|鲜 葡 萄 酿造|13%VO|一级|2011-2013年|产区古纳华拉谷|澳大利亚革富（Genfolds）酒庄|赤霞珠、西拉子|750ml×6|	5 805升 10 320千克 7 740瓶	74.16666 574 050.0000 美元	澳大利亚（AUS）	中国（CHN）	海口（46011）	照章征税（1）

特殊关系确认：否	价格影响确认：否	支付特许权使用费确认：否	自报自缴：是

报关人员　报关人员证号　电话 张小明 申报单位（4601185543）海南嘉亿鼎报关代理有限公司	兹申明对以上内容承担如实申报、依法纳税之法律责任 申报单位（签章）	海关批注及签章

任务4　海关放行后提取货物

小张持加盖了海关放行章的提货单到码头公司缴清港杂费用，提取货物后，转到海关的监管仓库，海关抽样检验合格后出具了卫生证书。若该批葡萄酒预包装上没有中文标签，还应在海关的监督下加贴中文标签方可取得合格证书。取得了合格的卫生证书的进口葡萄酒方可在国内销售使用。

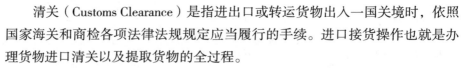

<<<<<<<<<<<<< 识要点 <<<<<<<<<<<<<<<<<<<<<<<<<<<<<<<<<<<<<<<<<<

一、进口接货概述

（一）清关

1. 清关的含义

微课：进口
报关流程

清关（Customs Clearance）是指进出口或转运货物出入一国关境时，依照国家海关和商检各项法律法规规定应当履行的手续。进口接货操作也就是办理货物进口清关以及提取货物的全过程。

"清关"涵盖的范围比"报关"和"通关"大。报关是指进出境当事人（收发货人或其代理人）向海关办理货物进出境申报手续及其相关事务的过程；通关不仅包括进出境当事人向海关办理进出境报关的过程，还包括海关对进出境运输工具、货物、物品的监督管理以及核准其进出境的过程；清关包括通关全过程，还包括货物在报关之前许可证件的申领和检验检疫审批备案手续的办理，以及特殊货物放行后的结关手续等。进口货物在结关之前都处在海关监管之下，不准自由流通，只有全部办结了、报关手续，口岸海关给予放行后，货主或其代理人才能提取货物。

2. 我国现行的清关模式

在2018年4月20日之前，我国的清关模式一般为"先报检，后报关"。凡列入《出入境检验检疫机构实施检验检疫的进出境商品目录》（简称法检商品目录）的进出境货物，货主或其代理人应先办理报检手续，取得"出/入境货物通关单"后方可办理报关手续，未经报检取得检验检疫证单的法检货物不能通关过境。海关在进出境监管环节审核"单""证""货"三要素，只有达到"单单相符""单证相符""单货相符""证货相符"，海关才会放行，货物才能合法进出境。

由于长期以来海关与出入境检验检疫机构在口岸管理上存在诸如货物重复装卸、执法环节衔接不紧、查获处理标准和程序不一致等问题，影响了口岸通关环境，我国从2012年5月起试点施行"关检合一"清关模式。2014年

8月1日起，海关、检验检疫"三个一"（一次申报、一次查验、一次放行）工作模式全面推行到全国所有直属海关和检验检疫部门、所有通关现场、所有依法需要报关报检的货物和物品。2018年4月20日，原国家质量监督检验检疫总局的检验检疫职能正式并入海关总署。原出入境检验检疫系统统一以海关名义对外开展工作，报关口岸一线旅检、查验和窗口岗位统一上岗、统一着海关制服、统一佩戴关衔，业务上真正实现通关"三个一"。

（二）进口接货操作流程

进口人接到到货通知以后，即可备齐随附单证，办理清关提货手续。进口人可以自行报关提货并办理相关内陆运输操作，也可以委托货代公司或报关企业代理，委托代理报关需提交《代理报关委托书》，并提供报关所需的各项单证。

1. 单证准备

单证准备是清关工作的一个重要环节。

接到合同、发票、装箱单、原产地证、提运单等基本单证后，我们应首先查询海关税则或进出口报关手册，确认进口货物的商品编码及其海关监管条件和应缴纳税费的税率等，然后按海关监管条件要求，准备相应的进口报关单证。

进口人在进口通关环节有两大基本义务，即"税"和"证"。"税"就是进口税费，进口人应按税则规定及时支付进口货物的相关税费，包括进口关税、消费税和增值税。我国实施的是复式税则，进口同一种商品，原产地不同可能导致适用不同的关税税率，包括最惠国税率、普通税率、协定税率、特惠税率，其中协定税率和特惠税率属于优惠关税。在这一环节我们要确认进口货物是否原产于享受进口优惠关税的国家或地区，如果是，则在报关时需提交原产地证书以获得关税优惠。进出口税则片段如表6-1所示。

表6-1 进出口税则片段

税则号列	货品名称	最惠国税率/%	普通税率/%	增值税率/%	出口退税/%	计量单位	监管条件
0603.1500	-百合花（百合属）	10	100	13	5	千克/枝	AB
0603.1900	-其他	10	100	13		千克/枝	
0603.1900 10	鲜的濒危植物插花及花蕾（制花束或装饰用的）	10	100	13		千克/枝	ABFE

税则号列	货品名称	最惠国税率/%	普通税率/%	增值税率/%	出口退税/%	计量单位	监管条件
0603.1900 90	其他鲜的插花及花蕾（制花束或装饰用的）	10	100	13	5	千克/枝	AB
0603.9000	其他	23	100	17		千克/枝	

"证"指的是许可证件，即对于国家限制进口的货物，收货人在进口申报时应按规定提供相应的海关监管证件。商务部等相关主管部门每年都会调整和公布进口商品许可管理目录，进口货物是否需要申领许可证件、申领什么样的许可证件，都可以通过查询海关监管条件来确定，不同的监管条件代码提示进口人在进口时需提交不同的监管证件。国家限制进口的货物在进口前必须办理好相关的许可证件，这是海关审核该货物是否"合法进口"的依据。如果发生"无证到货"的情况，进口货物可能被海关罚款、没收或责令退运出境。海关监管证件代码如表6-2所示。

表6-2　海关监管证件代码简表

代码	监管证件名称	代码	监管证件名称
1	进口许可证	4	出口许可证
9	禁止进口商品	8	禁止出口商品
A	入境货物通关单	B	出境货物通关单
J	黄金及其制品进出口准许证或批件	K	深加工结转申请表
O	自动进口许可证（新旧机电产品）	Y	原产地证明
E	濒危物种出口允许证	F	濒危物种进口允许证

2. 换单

货物到港后，收货人应持正本海运提单或正本放货保函以及其他船公司要求的放货资料到船公司或船务代理处换提货单。

提货单（或"进口分拨单""港区提单"等）是收货人或其代理人据以向现场码头、仓库提取货物的凭证。虽然正本提单才是物权凭证，但在实际业务中则是由收货人或其代理人先向船公司在卸货港的代理提交正本提单，船公司的代理据以签发提货单，收货人或其代理人持提货单到码头仓库提取货物。

提货单是进口货物报关的基本单证之一，码头仓库凭加盖了海关放行章的提货单放行货物（目前部分口岸已施行电子放行，码头闸口凭海关部门关联系统发送的包含船名、航次、提单号、集装箱号、放行时间等信息的电子放行指令）。因为只有等船公司或其代理人将舱单数据传送到海关，海关确认舱单数据后，报关人员才可以进行货物申报，换单时应催促船舶代理部门及时办理船舶入境申报手续，给海关传送舱单，否则后续货物报关时可能被提示"货未到港"而无法申报。

3. 报关

《中华人民共和国海关法》第八条规定："进出境运输工具、货物、物品，必须通过设立海关的地点进境或者出境。在特殊情况下，需要经过未设立海关的地点临时进境或者出境的，必须经国务院或者国务院授权的机关批准，并依照本法规定办理海关手续。因此，由设立海关的地点进境并办理规定的海关手续是货物进境的基本规则，也是进口货物收货人的一项基本义务。

货物进境应当经过审单、查验、征税、放行四个海关作业环节。与之相适应，进口货物收发货人或其代理人只有按程序办理相对应的进口申报、配合查验、缴纳税费、提取货物等手续，货物才能进境。除了以上进境阶段的工作外，对于保税加工货物、减免税进口货物等特殊海关监管货物，在进境前还需办理备案申请等手续，进出境后还需在规定的时间以规定的方式向海关办理核销、结案等手续。

4. 提货

核实海关的放行信息后，收货人或其代理人即可持签盖放行章的提货单或凭货物放行信息（无纸化通关）到码头、仓库、场所等办理交费、提货手续。提货手续办结后，港区内码头、仓库、场所等将提货凭证留存，签发出卡口证明，报关人员凭出卡口证明，将进口货物运离海关卡口。

二、进口货物报关

由设立海关的地点进境并办理规定的海关手续是货物进境的基本规则，也是进口货物收货人的一项基本义务。

（一）进境货物报关程序

1. 进口申报

申报是指报关员填制报关单并提交相关的随附单据，向海关申明进口货物实际情况的过程。

（1）申报期限。根据我国法律法规的规定，收货人或其代理人应于载运进口货物的运输工具申报进境之日起14日内向海关办理申报手续，超过规定期限报关的，海关将按日征收该批货物申报价值万分之五的滞报金。若货物进境后三个月未申报，则海关将提取货物变卖。

（2）申报地点。进口货物应当由收货人或其代理人在货物的进境地海关办理进口申报手续。需转运到境内其他地方的货物，经海关同意，收货人或其代理人也可以将货物转关运输到设有海关的指运地进行申报。

（3）申报方式。在有纸通关模式下，报关员录入电子报关数据申报，收到海关接受申报的回执后打印出纸质报关单，连同报关随附单据一起提交给现场海关进行审单；"通关无纸化"模式下，报关员录入电子数据后，扫描上传相应的随附单据，在办公室即可完成进口申报操作。海关以接受申报数据的日期为接受申报的日期。

（4）申报单证。申报单证可以分为报关单和随附单证两大类，其中随附单证包括基本单证和特殊单证。

基本单证是指进口货物的货运单据和商业单据，主要有进口提货单据、商业发票、装箱单等。一般来说，任何货物的申报都必须有基本单证。

特殊单证主要有进口许可证件、加工贸易电子化手册和账册、征免税证明、原产地证明、贸易合同等。

2. 配合查验

查验是海关依法对进出口货物进行实际核查的执法行为，是为了确定进出口货物收发货人或者其代理人向海关申报的内容是否与进出口货物的真实情况相符，主要是确定商品的归类是否正确，价格、原产地、知识产权等情况申报是否属实。

海关接受申报并审核后，按一定的比例（4%~6%）实施查验。海关确定查验后，由现场接单关员打印《查验通知单》，必要时制作查验关封交报关人员，接到海关的查验通知后，报关人员应及时备齐有助于说明货物品名、规格、数（重）量、产地、价值等情况的资料，例如装箱单、提单、备案合同、发票、产品说明书等，在规定时间内赶到海关查验区配合查验。这些资料及时提供给海关，将对缩短货物查验时间、减少双方意见分歧非常有利。而且，一些不宜直接拆开的货物能够及时向海关解释说明以免发生损失。

海关的查验计划以及查验的具体时间一般由现场海关查验受理岗位安排。查验前，报关人员应与场站取得联系，调配运力将海关指定查验的集装箱调运至海关指定的查验区，并配合海关查验。海关查验货物时，进口货物的收货人、出口货物的发货人或其授权报关员应当到场，并负责协助搬运货物，开拆和重封货物的包装。海关认为必要时，可以径行开验、复验或者提取货样。

查验结束后，陪同查验的报关人员应当在《查验记录单》上签名，确认查验结果。

3. 缴纳税费

除另有规定外，海关在货物进境并完成接单审核，对需要查验的货物完成查验核实之后即填发税款缴款书。进口货物缴税期限是自海关签发税款缴款书之日起15日内，收货人应在规定时间内在网上支付进口税费，或到指定的银行柜台缴纳税费，逾期海关将按日征收滞纳税款万分之五的滞纳金。

4. 放行提货

放行是口岸海关监管现场作业的最后一个环节。海关放行是指海关接受进出口货物的申报，审核电子数据报关单和纸质报关单及随附单证，查验货物，证明税费或接受担保后，对进口货物做出结束海关进出境现场监管决定，允许进口货物离开海关监管现场的工作环节。海关在决定放行进口货物后，在进口提货凭证上签盖"海关放行章"。海关与海关监管区内各个码头、仓库、场所等对进出口货物实行双轨制放行管理，因此，报关人员在货物海关签证放行后，还要在海关终端系统中，确认该报关单电子数据的放行信息及时发送到当地口岸码头的管理系统，并及时到码头仓库提取货物。

（二）进口许可管理制度

进出口许可是国家对进出口商品的一种行政管理制度，是指根据国家的法律、政策和国内外市场的需要，对进出口商品的品种、数量实行全面管制的制度。

海关监管是国家实现对外贸易管制的重要手段。商务部及其他行业主管部门依据国家对外贸易管制政策发放各类许可证或文件，由海关验证审核"单"（包括报关单在内的各类报关单据及其电子数据）、"证"（各类许可证件及其电子数据）、"货"（实际进出境货物）三要素是否相符。"单、证、货"三要素互为相符是海关确认货物合法进出口的必备条件。海关只有在确认"单单相符""单货相符""单证相符""证货相符"，且申报人在办结税费缴纳的情况下才会放行货物。

我国对进口货物的许可管制制度分为三个部分：禁止进口管理、限制进口管理和自动进口许可管理。

（1）禁止进口管理。实施禁止进口管理的货物，任何企业和个人不得经营进口。

①禁止进口目录。目前我国公布的禁止进口的货物目录共有七批。

第一批：根据保护生态环境的国际条约而定——如破坏臭氧层的四氯化碳、虎骨、犀牛角、麝香等。

第二批：旧机电——压力容器类、电器、医疗设备类、汽车工程及车船机械类（安全、环保）。

第三、四、五批：固体废物类——城市垃圾、医疗垃圾、含铅汽油淤渣等。

第六批：履行《鹿特丹公约》和《关于持久性有机污染物的斯德哥尔摩

公约》而颁布的，如长纤维青石棉、二恶英等。

第七批：履行《关于汞的水俣公约》而颁布的，如含汞燃料电池、含汞消毒剂等。

② 国家有关法律法规明令禁止进口的商品。

a. 来自动植物疫情流行的国家和地区的有关动植物及其产品和其他检疫物；

b. 动植物病源（包括菌种、毒种等）及其他有害生物、动物尸体、土壤；

c. 带有违反"一个中国"原则内容的货物及其包装；

d. 以氯氟烃物质为制冷剂、发泡剂的家用电器产品和氯氟烃物质为制冷工质的家用电器用压缩机；

e. 滴滴涕、氯丹等；

f. 莱克多巴胺和盐酸莱克多巴胺。

③ 其他各种原因停止进口的商品。

a. 以CFC—12为制冷工质的汽车及汽车空调器、空调压缩机（含汽车空调器）；

b. 右置方向盘的汽车；

c. 旧服装；

d. Ⅷ因子制剂等血液制品；

e. 氯酸钾、硝酸铵。

（2）限制进口管理。目前，我国限制进口货物管理按照其限制方式划分为许可证件管理和关税配额管理。

① 许可证件管理。许可证件管理是指在一定时期内根据国内政治、工业、农业、商业、军事、技术、卫生、环保、资源保护等领域的需要，以及为履行我国所加入或缔结的有关国际条约的规定，按照经国家各主管部门签发许可证件的方式来实现各类限制进口的措施。

许可证件管理主要包括进口许可证、两用物项和技术进口许可证、濒危物种进口许可证、限制类可利用固体废物进口许可证、药品进口许可证、音像制品进口许可证、黄金及其制品进口许可证等管理。

国务院商务主管部门或者国务院有关部门在各自的职责范围内，根据国家有关法律、行政法规的规定签发上述各项管理所涉及的各类许可证件，海关凭相关许可证件验收。

② 关税配额管理。关税配额管理是指一定时期（一般是1年）内，国家对部分进口的商品制定关税配额税率并规定该商品进口数量总额，在限额内，经国家批准后允许按照关税配额税率征税进口，如超出限额则按照配额

外税率征税进口的措施。一般情况下，关税配额税率优惠幅度很大，如小麦关税配额税率与最惠国税率相差达65倍。国家通过这种行政管理手段，对一些重要商品以关税这个成本杠杆来实现限制进口的目的，因此关税配额管理是一种相对数量的限制。目前，我国小麦、玉米、稻谷、大米、食糖、羊毛及毛条、棉花等商品实施关税配额管理。

（3）自动进口许可管理。由于国家监测进出口情况的需要，我国对部分属于自由进口的货物实行自动进口许可管理。自动进口许可管理是在自由进口货物进口前通过签发自动进口许可证的方式对其进行自动登记的许可制度。目的是统计和监测进口数量，提供贸易管制决策参考等。

（三）进口报关单主要栏目的填制说明

为规范进出口货物收发货人的申报行为，统一进出口货物报关单填制要求，海关总署制定了《中华人民共和国海关进出口货物报关单填制规范》，并根据形势变化不定期地进行修订调整。2019年1月22日，海关总署发布第18号公告（关于修订《中华人民共和国海关进出口货物报关单填制规范》的公告），公布了最新的报关单填制规范，自2019年2月1日起实行。

进口货物报关单主要栏目的填制要求如下：

1. 报关业务相关单位信息

境内收发货人：填报在海关备案的对外签订并执行进出口贸易合同的中国境内法人、其他组织名称及编码。编码填报18位法人和其他组织统一社会信用代码，没有统一社会信用代码的，填报其在海关的备案编码。

境外收发货人：境外收货人通常指签订并执行出口贸易合同中的买方或合同指定的收货人，境外发货人通常指签订并执行进口贸易合同中的卖方。填报境外收发货人的名称及编码。名称一般填报英文名称，对于AEO互认国家（地区）企业的，编码填报AEO编码；对于AEO非互认国家（地区）企业等其他情形的，编码免予填报。

消费使用单位：填报已知的进口货物在境内的最终消费、使用单位的名称，包括自行从境外进口货物的单位和委托进出口企业进口货物的单位。

申报单位：自理报关的，本栏目填报进出口企业的名称及编码；委托代理报关的，本栏目填报报关企业名称及编码。

2. 运输信息

进境关别：应根据货物实际进境的口岸海关，填报海关规定的《关区代码表》中相应口岸海关的名称及代码。无实际进出境的货物，填报接受申报的海关名称及代码。

进口日期：填报运载进口货物的运输工具申报进境的日期。本栏目为8位数字，顺序为年（4位）、月（2位）、日（2位）。本栏目在申报时免予填报。

运输方式：包括实际运输方式和海关规定的特殊运输方式。前者指货物实际进出境的运输方式，按照进出境所使用的运输工具分类；后者指货物无实际进出境的运输方式，按照货物在境内的流向分类。本栏目应按照海关规定的《运输方式代码表》选择填报相应的运输方式。

运输工具名称：填报载运货物进出境的运输工具名称或编号。填报内容应与运输部门向海关申报的舱单（载货清单）所列相应内容一致。特殊运输方式填报具体运输方式名称，例如管道、驮畜等。无实际进出境的报关单，本栏目免予填报。

航次号：填报载运货物进出境的运输工具的航次编号。

提运单号：填报进出口货物提单或运单的编号。无实际进出境的，本栏目免予填报。

启运国（地区）：填报进口货物起始发出直接运抵我国或者在运输中转国（地）未发生任何商业性交易的情况下运抵我国的国家（地区）。不经过第三国（地区）转运的直接运输进出口货物，以进口货物的装货港所在国（地区）为启运国（地区）。经过第三国（地区）转运的进出口货物，如在中转国（地区）发生商业性交易，则以中转国（地区）作为启运国（地区）。无实际进出境的，填报"中国"（代码142）。

装货港：填报进口货物在运抵我国关境前的最后一个境外装运港。本栏目应根据实际情况按海关规定的《港口代码表》选择填报相应的港口中文名称及代码。无实际进出境的，本栏目填报"中国境内"（代码142）。

境内目的地：填报已知的进口货物在国内的消费地、使用地或最终运抵地，其中最终运抵地为最终使用单位所在的地区。本栏目按海关规定的《国内地区代码表》选择填报相应的国内地区名称及代码。

件数：填报有外包装的进出口货物的实际件数。本栏目不得填报为零，裸装货物填报为"1"。

包装种类：应根据进出口货物的实际外包装种类，按海关规定的《包装种类代码表》选择填报相应的包装种类代码。

毛重（千克）：填报进出口货物及其包装材料的重量之和，计量单位为千克，不足一千克的填报为"1"。

净重（千克）：填报进出口货物的毛重减去外包装材料后的重量，即货物本身的实际重量，计量单位为千克，不足一千克的填报为"1"。

集装箱号：填报装载进出口货物（包括拼箱货物）集装箱的箱体信息。一个集装箱填一条记录，分别填报集装箱号（在集装箱箱体上标示的全球唯一编号）、集装箱的规格和集装箱的自重。

3. 合同及费用信息

合同协议号：填报进出口货物合同（包括协议或订单）编号。未发生商业性交易行为的免予填报。

贸易国（地区）：填报对外贸易中与境内企业签订贸易合同的外方所属的国家（地区）。进口填报购自国，出口填报售予国。未发生商业性交易行为的填报货物所有权拥有者所属的国家（地区）。无实际进出境的，填报"中国"（代码142）。

许可证号：填报相关许可证的编号。这些许可证包括进（出）口许可证、两用物项和技术进（出）口许可证、两用物项和技术出口许可证（定向）、纺织品临时出口许可证、加工贸易出口许可证、边境小额贸易出口许可证。

一份报关单只允许填报一个许可证号。

随附单证：根据海关规定的《监管证件代码表》选择填报除许可证号栏规定填报的许可证件以外的其他进出口许可证件或监管证件代码及编号。

成交方式：应根据进出口货物实际成交价格条款，按海关规定的《成交方式代码表》（如表6-3所示）选择填报相应的成交方式代码。无实际进出境的报关单，进口填报CIF，出口填报FOB。

表6-3　成交方式代码表

代码	1	2	3	4	5	6
名称	CIF	C&F	FOB	C&I	市场价	垫仓

运费：填报进口货物运抵我国境内输入地点起卸前的运输费用，出口货物运至我国境内输出地点装载后的运输费用。运费可按运费单价、总价或运费率三种方式之一填报，注明运费标记（运费标记"1"表示运费率，"2"表示每吨货物的运费单价，"3"表示运费总价），并按海关规定的《货币代码表》选择填报相应的币种代码。运费和保费合并计算的，一并填报在运费栏。

保费：填报进口货物运抵我国境内输入地点起卸前的保险费用，出口货物运至我国境内输出地点装载后的保险费用。保费可按保险费总价或保险费率两种方式之一填报，注明保险费标记（保险费标记"1"表示保险费率，"3"表示保险费总价），并按海关规定的《货币代码表》选择填报相应的币种代码。

杂费：填报成交价格以外的、按照《中华人民共和国进出口关税条例》相关规定应计入完税价格或应从完税价格中扣除的费用。可按杂费总价或杂费率两种方式之一填报，注明杂费标记（杂费标记"1"表示杂费率，"3"表示杂费总价），并按海关规定的《货币代码表》选择填报相应的币种代码。应计入完税价格的杂费填报为正值或正率，应从完税价格中扣除的杂费填报为负值或负率。

4. 海关监管信息

备案号：填报进出口货物收发货人、消费使用单位、生产销售单位在海关办理加工贸易合同备案或征、减、免税备案审批等手续时，海关核发的《加工贸易手册》《征免税证明》或其他备案审批文件的编号。

监管方式：以国际贸易中进出口货物的交易方式为基础，结合海关对进出口货物的征税、统计及监管条件综合设定的海关对进出口货物的管理方式。其代码由4位数字构成，前两位是按照海关监管要求和计算机管理需要划分的分类代码，后两位是参照国际标准编制的贸易方式代码。本栏目应根据实际对外贸易情况按海关规定的《监管方式代码表》选择填报相应的监管方式简称及代码。一份报关单只允许填报一种监管方式。加工贸易结转货物，本栏目免予填报。常见的监管方式代码如表6-4所示。

表6-4　监管方式代码

代码	监管方式	适用情况
0110	一般贸易	一般贸易
0214	来料加工	来料加工装配贸易进口料件及加工出口货物
0320	不作价设备	加工贸易外商提供的不作价进口设备
0420	加工贸易设备	加工贸易项下外商提供的进口设备
0615	进料对口	进料加工（对口合同）
0644	进料料件内销	进料加工料件转内销
0654	进料深加工	进料深加工结转货物
1300	修理物品	进出境修理物品
2025	合资合作设备	合资合作企业作为投资进口设备物品
2225	外资设备物品	外资企业作为投资进口的设备物品
2600	暂时进出货物	暂时进出口货物
2700	展览品	进出境展览品
3010	货样广告品A	有经营权单位进出口的货样广告品
3039	货样广告品B	无经营权单位进出口的货样广告品
3100	无代价抵偿	无代价抵偿进出口货物
4500	直接退运	直接退运
4561	退运货物	因质量不符、延误交货等原因退运进出境货物
9710	跨境电商B2B直接出口	跨境电子商务企业对企业直接出口
9810	跨境电商出口海外仓	跨境电子商务出口海外仓

征免性质：应根据实际情况按海关规定的《征免性质代码表》选择填报相应的征免性质简称及代码。持有海关核发的《征免税证明》的，应按照《征免税证明》中批注的征免性质填报。一份报关单只允许填报一种征免性质。

5. 备注栏

（1）标记唛码中除图形以外的文字和数字。

（2）受外商投资企业委托代理其进口投资设备、物品的进出口企业名称。

（3）与本报关单有关联的，同时在业务管理规范方面又要求填报的备案号，填报在电子数据报关单中"关联备案"栏。

（4）与本报关单有关联的，同时在业务管理规范方面又要求填报的报关单号，填报在电子数据报关单中"关联报关单"栏。

（5）办理进口货物直接退运手续的，本栏目填报《进口货物直接退运表》或者《海关责令进口货物直接退运通知书》编号。

（6）申报时其他必须说明的事项填报在本栏目。

6. 其他事项确认栏

特殊关系确认：根据《中华人民共和国海关审定进出口货物完税价格办法》（以下简称《审价办法》）第十六条，有下列情形之一的，应当认为买卖双方存在特殊关系：（1）买卖双方为同一家族成员的；（2）买卖双方互为商业上的高级职员或者董事的；（3）一方直接或者间接地受另一方控制的；（4）买卖双方都直接或者间接地受第三方控制的；（5）买卖双方共同直接或者间接地控制第三方的；（6）一方直接或者间接地拥有、控制或者持有对方5%以上（含5%）公开发行的有表决权的股票或者股份的；（7）一方是另一方的雇员、高级职员或者董事的；（8）买卖双方是同一合伙的成员的。买卖双方在经营上相互有联系，一方是另一方的独家代理、独家经销或者独家受让人，如果符合前款的规定，也应当视为存在特殊关系。

价格影响确认：根据《审价办法》第十七条，买卖双方之间存在特殊关系，但是纳税义务人能证明其成交价格与同时或者大约同时发生的下列任何一款价格相近的，应当视为特殊关系未对进口货物的成交价格产生影响：（1）向境内无特殊关系的买方出售的相同或者类似进口货物的成交价格；（2）按照本办法第二十三条的规定所确定的相同或者类似进口货物的完税价格；（3）按照本办法第二十五条的规定所确定的相同或者类似进口货物的完税价格。海关在使用上述价格进行比较时，应当考虑商业水平和进口数量的不同，以及买卖双方有无特殊关系造成的费用差异。

支付特许权使用费确认：根据《审价办法》第十三条，填报确认进出口行为中买方是否存在向卖方或者有关方直接或者间接支付特许权使用费。特许权使用费是指进出口货物的买方为取得知识产权权利人及权利人有效授权人关于专利权、商标权、专有技术、著作权、分销权或者销售权的许可或者转让而支付的费用。进出口行为中买方存在向卖方或者有关方直接或者间接支付特许权使用费的，在本栏目应填报"是"，反之则填报"否"。

7. 报关货物信息

项号：填报报关单中的商品顺序编号（商品序号），以及专用于加工贸易、减免税等已备案、审批的货物，填报和打印该项货物在《加工贸易手册》或《征免税证明》等备案、审批单证中的顺序编号（备案序号）。

商品编号：填报的商品编号由10位数字组成。前8位为《中华人民共和国进出口税则》确定的进出口货物的税则号列，同时也是《中华人民共和国海关统计商品目录》确定的商品编码，后2位为符合海关监管要求的附加编号。

商品名称、规格型号：分两行填报及打印。第一行填报进出口货物规范的中文商品名称，第二行填报规格型号。商品名称及规格型号应如实填报，并与进出口货物收发货人或受委托的报关企业所提交的合同、发票等相关单证相符。商品名称应当规范，规格型号应当足够详细，以能满足海关归类、审价及许可证件管理要求为准，可参照《中华人民共和国海关进出口商品规范申报目录》中对商品名称、规格型号的要求进行填报，并与进出口货物收发货人或受委托的报关企业所提交的合同、发票等相关单证相符。

数量及单位：分三行填报及打印。

（1）第一行应按进出口货物的法定第一计量单位填报数量及单位，法定计量单位以《中华人民共和国海关统计商品目录》中的计量单位为准。

（2）凡列明有法定第二计量单位的，应在第二行按照法定第二计量单位填报数量及单位。无法定第二计量单位的，本栏目第二行为空。

（3）成交计量单位及数量应填报并打印在第三行。

原产国（地区）：应依据《中华人民共和国进出口货物原产地条例》《关于非优惠原产地规则中实质性改变标准的规定》以及海关总署关于各项优惠贸易协定原产地管理规章规定的原产地确定标准填报。同一批进出口货物的原产国不同的，应分别填报原产国（地区）。进出口货物原产国（地区）无法确定的，填报"国别不详"（代码701）。

最终目的国（地区）：填报已知的进出口货物的最终实际消费、使用或进一步加工制造国家（地区）。同一批进出口货物的最终目的国（地区）不同的，应分别填报最终目的国（地区）。

单价：填报同一项号下进出口货物实际成交的商品单位价格。无实际成交价格的，本栏目填报单位货值。

总价：填报同一项号下进出口货物实际成交的商品总价格。无实际成交价格的，本栏目填报货值。

币制：应按海关规定的《货币代码表》选择相应的货币名称及代码填报，如《货币代码表》中无实际成交币种，需将实际成交货币按申报日外汇折算率折算成《货币代码表》列明的货币填报。

征免：应按照海关核发的《征免税证明》或有关政策规定，对报关单所列每项商品选择海关规定的《征减免税方式代码表》中相应的征减免税方式填报。

海南三环公司（4601137432）受文昌宝宜公司（4690160359）委托，从丹麦奥尔胡斯A公司购买一批寝室用品（床垫和枕头，填充物成分为100%聚醚型聚氨酯）从海口港进境。本次交易的价格术语为CFR海口。三环公司自行办理了海运保险，保险费率为0.3%。运载该货物的运输工具于2021年10月12日申报进境。三环公司提供相关的商业及货运单据委托永佳报关公司向海口海关办理相关进口手续。以下为该票货物的海运提单。

Shipper	BILL OF LADING
DSV AIR & SEA A/S HVIDKAERVEJ 23 DK–5052 ODENSE SV DENMARK　TEL：5394126207	B/L No.：NHJ002454 **HANJIN** **HANJIN SHIPPING** （**NON NEGOTIABLE**）
Consignee HAINAN SANHUAN IMP.& EXP. TRADING CO.，LTD 　ROOM 605，NO 397，LONGKUN ROAD，HAIKOU CITY，HAINAN PROVINCE，CHINA 　TEL：86–0898–65756469	
Notify Party SAME AS CONSIGNEE	
*Pre carriage by ǀ***Place of Receipt** 　　　　　　AARUHUS，DENMARK	
Ocean Vessel　Voy. No.　ǀ**Port of Loading** CHAITEN　　　814E　　AARUHUS，DENMARK	

Port of discharge HAIKOU，CHINA	*Final destination HAIKOU，CHINA	Freight payable at AARUHUS	Number original B/L THREE（3）
Marks and Numbers **CONTAINER AND SEALS**	**Number and kind of** packages；Description	**Gross weight** /KG	**Measurement** /CBM
N/M BSIU9056158\40HC 67183 TARE：3 800 KGS INKU2399988\40HC 67186 TARE：3 800 KGS TOTAL 2 CONTAINERS	590 PACKAGE 228PACKAGES BEDDING 362PACKAGES BEDDING	6 077.000	116.00
TOTAL PACKAGES （IN WORDS）			
Freight and charges	FREIGHT ALL AS ARRANGED		
		Place and date of issue AARUHUS　30SEP.2021 Signed for the Carrier 　　MAX	
*Applicable only when document used as a Through Bill of Loading			

请根据以上资料，选择下列栏目正确选项：

1. "备案号" 栏：（　　　）。

A. 此栏为空　　　　　　　　　　　B. 4601137432

C. 4690160359　　　　　　　　　　D. NHJ002454

2. "出口日期" 栏：（　　　）。

A. 20210930　　B. 20211012　　C. 211012　　D. 此栏为空

3. "运输方式" 栏：（　　　）。

A. 公路运输　　B. 铁路运输　　C. 水路运输　　D. 其他运输

4. "收发货人" 栏：（　　　）。

A. 海南三环公司（4601137432）　　B. 海南三环公司

C. 文昌宝宜公司（4690160359）　　D. 永佳报关公司

5. "消费使用单位" 栏：（　　　）。

A. 海南三环公司（4601137432）　　B. 海南三环公司

    C. 文昌宝宜公司（4690160359）   D. 文昌宝宜公司

6. "成交方式"栏：（　　　）。

    A. CIF   B. CFR   C. FOB   D. C&I

7. "启运国（地区）"栏：（　　　）。

    A. 中国   B. 丹麦   C. 奥尔胡斯   D. 海口

8. "运费"栏：（　　　）。

    A. 502/4 000/3   B. 4 000   C. 502/4 000/2   D. 此栏为空

9. "件数"栏：（　　　）。

    A. 2   B. 590   C. 228   D. 362

10. "征免"栏：（　　　）。

    A. 一般征税   B. 全免   C. 全额退税   D. 照章征税

项目七 进口善后业务操作

【学习目标】

知识目标：

● 熟悉进口合同中的违约、索赔、不可抗力及仲裁条款，
能处理进口合同的争议与索赔

● 掌握不可抗力事件的认定，处理进出口业务纠纷

● 掌握进口合同履行结束后的业务归档

技能目标：

● 能根据有关进口贸易的国际惯例、国际条约及国内外法
律法规，处理进口善后业务环节的操作

● 能够了解作为进口方在合同执行过程中的违约、索赔、
不可抗力及仲裁的处理

● 能够了解进口善后业务归档工作流程，妥善处理进口
善后工作

素养目标：

● 具备与国外客户协同处理进口善后业务所需的良好沟通
能力

● 具备与单证员、财务人员协同处理进口善后业务的良好
团队精神

先 导案例

（1）2021年12月，海南海易商贸有限公司收到由广东普华国际贸易有限公司代理进口的整批红酒。经检验发现，所有的红葡萄酒均用螺旋盖封瓶而不是采用传统的软木塞封瓶。海易公司认为在交易磋商时，曾向进口代理人强调所有的葡萄酒必须用A级软木塞封瓶并且把酒庄标志、产酒年份印在木塞上，让消费者开瓶时通过木塞就知道酒是在酒庄原产地装瓶，证明它的真实身份。海易公司以封瓶不符为由向普华公司提出异议。

普华公司业务员对该酒的封瓶要求也有印象，并曾经就封瓶具体要求与澳大利亚的葡萄酒供应商革富公司进行过沟通。普华公司业务员拿出海易公司与普华公司签订的委托代理进口合同以及普华公司与澳大利亚革富酒业股份有限公司签订的进口合同，但发现在两份合同中对葡萄酒封瓶要求均没有相应描述。

普华公司向澳大利亚革富酒业股份有限公司反映海易公司提出的异议，澳大利亚革富公司回应说，澳大利亚大多数酒庄已经习惯用螺旋盖替代软木塞封瓶，因为软木塞封瓶可能因为软木塞污染出现TCA（三氯苯甲醚），从而影响葡萄酒入口后的果香。

海易公司认为螺旋盖缺乏浪漫色彩，而且看起来像浓缩果汁包装，无法提高葡萄酒的档次，难以被消费者接受，坚持要求退货。

澳大利亚革富公司认为货物品质不存在缺陷，拒绝退货要求。澳大利亚革富公司称，进口方提出的软木塞封瓶并没有写在合同中，只能视为对红酒封瓶的建议，不具有法律效力，如果买方同意承担运输费用，将同意给予换货。

面对高额的运费及产品未知的市场销售情况，海易公司不知所措。

（2）2021年9月，美国公司A向中国贸易商B购买一批火鸡，供应感恩节市场。合同规定交货期为2021年10月底前。但卖方违反合同，推迟到2021年11月7日才装船。

买方认为卖方不按时装运，错过感恩节最佳销售时机，火鸡将难以销售。因此，买方拒收货物，并主张撤销合同。

双方就买方有无拒收货物和撤销合同的权利产生了争议。

（3）中国A公司与越南B公司签订一份进口拖鞋的合同。洽谈中，A公司看过B公司提供的拖鞋样品，同意以样品作为交货的品质标准。

合同品质条款规定了具体的成交商品货号、规格、颜色及"品质与卖方10月20日提交样品大致相似"字样。货到中国后，A公司提出"颜色存在色差、工艺粗糙"，要求退货处理。B公司解释货物是凭样品成交，样品经过中国A公司确认过，所发货物为与样品为同货号的货物，并称橡胶制品按常识会存在色差问题，且合同中注明"品质与样品大致相似"。A公司认为所收商品颜色与样品存在严重色差，合同中品质说明部分并没有注明所交货物会有色差，坚持要求退货。

中国A公司与越南B公司就货物品质问题产生了纠纷。

（4）中国进口商向巴西木材出口商订购一批木材，合同规定"如果受到政府干预，合同应当延长，直至取消"。

签约后适逢巴西热带雨林遭受严重破坏，巴西政府对木材出口进行限制，致使巴西出口商在合同规定期内难以履行合同。出口商以不可抗力为由要求延迟合同执行或解除合同，中国进口商不同意对方要求，双方就此发生了争议。

（5）我国某公司从巴基斯坦进口一批地毯，合同的商检条款规定：以装运港（地）签发的品质检验证书作为信用证项下议付所提交单据之一，买方对货物的索赔须在货物到达目的港（地）后30天内提出，并提供经卖方同意的公证机构出具的公证报告。

货到我国口岸后，我国进口商办理进口手续提货，并将地毯转卖给当地零售商销售。地毯在销售过程中，零售商发现部分产品质量存在瑕疵，要求退货，进口商认为还在索赔期限内，于是向出口商提出索赔。

巴基斯坦出口商认为货物已经转卖，产品存在瑕疵可能是在零售过程中保管不当造成的，且买方没有提供官方检验报告，只凭零售商的退货要求就认定产品存在品质问题是没有道理的，卖方对买方的索赔不予理会。买卖双方就谁为该批货物存在部分瑕疵负责发生了争议。

（6）中国A公司从越南B公司进口拖鞋一批，因B公司所发商品颜色与样品存在严重色差，品质不符，该批货物被要求退换。B公司同意换货并承担相关费用。A公司在收到B公司的换货后，对货物严加检验，货物与样品大致相符。之后，进口商对出口商及本次贸易资料进行归档整理。请分析，进口善后资料归档的意义。

 **任务完成** <<<<<<<<<<<<<<<<<<<<<<<<<<<<<<<<<<<<<<<<<<<<<<<<<<<<<<

一、先导案例1解析

先导案例1属于合同条款订立不完整引发的争议。

我国是《联合国国际货物销售合同公约》的成员之一，我国对该公约的态度是：基本上赞同公约的内容，但在公约允许的范围内，根据我国的具体情况提出了两项保留，其中包括关于国际货物买卖合同必须采用书面形式的保留。

在本案例中，考虑到合同条款确实没有明确强调软木塞封瓶，进而不存在客户的"违约"说法。考虑到葡萄酒往返运费较高，海易公司只能放弃换货要求，接受货物。

二、先导案例2解析

先导案例2属于违反合同运输条款引发的争议。

根据《联合国国际货物销售合同公约》第三十三条a款的规定：如果合同规定有日期，或从合同可以确定日期，应在该日期交货。本案例中，B公司违反了合同约定的交货期，构成根本性违约，A公司有权利拒收货物并撤销合同。

案例启示：合同中的运输条款是国际贸易合同的主要交易条件之一，卖方要按规定时间交货。如果卖方违反合同的交货期，买方有权利拒收货物、撤销合同，并保留要求卖方损害赔偿的权利。

三、先导案例3解析

先导案例3属于违反合同品质条款引发的争议。

根据《联合国国际货物销售合同公约》的规定，卖方交货必须符合约定的质量条款，如果卖方交货不符合合同的质量条款，买方有权要求损害赔偿，也可以要求修理或交付替代货物，甚至拒收货物和撤销合同并要求赔偿损失。

本案例中，合同的品质的表示方法有凭文字说明和凭样品表示两种，因此，卖方有义务保证所交货物与样品或说明一致。虽然合同中描述"品质与样品大概相同"，但A公司所收商品颜色与样品存在严重色差，且合同中品质说明并没有注明"所交货物会有色差"的字样，B公司所交货物品质与样品不符。因此，B公司应该承担所交货物品质不符的责任。

案例启示：国际贸易实践中，凡是能够用一种方法表示品质的，一般不宜采用两种或两种以上方法表示品质。若采用多种方法表示商品品质，货物品质必须符合约定品质条件。

四、先导案例4解析

先导案例4属于不可抗力事件发生引发的争议。

按照国际惯例，政府颁布禁令属于不可抗力。发生不可抗力事件，巴西出口商依据合同规定向中国进口商提出延迟合同执行或解除合同的要求，有据可依，中国进口商的索赔要求不合理。

案例启示:不可抗力又称人力不可抗拒事故,它是指在货物买卖合同签订以后,不是由于订约者任何一方当事人的过失或疏忽,而是由于发生了当事人既不能预见,又无法事先采取预防措施的意外事故,以致不能履行或不能如期履行合同,遭受意外事故的一方可以免除履行合同的责任或延期履行合同。

五、先导案例5解析

先导案例5中,合同明确规定了检验的时间、地点及索赔条款。买方在接收货物之前有权对货物进行检验,但买方对货物的检验并不是买方接收货物的前提条件。我国进口方没有在货物到港后利用合理的机会对商品进行检验,而是直接把货物转卖给零售商,由此,买方放弃了对该批货物的检验权。

进口商理应对该批瑕疵货物负责。

六、先导案例6解析

先导案例6属于进口善后业务资料归档案例。

由于外贸业务周期相对较长,贸易纠纷时有发生,保管好进口资料,在争议发生时可以及时找出所需单据进行索赔理赔;业务结束后,对供货商按地理位置、行业、客商性质、成交金额或资信情况等进行归类,对加强客户的管理很有必要。

进口善后业务资料归档管理是进出口企业管理的一个重要部分,不仅为今后的查找追溯带来方便,而且体现了外贸从业人员较高的管理水平及从业能力。

知 识要点 <<<<<<<<<<<<<<<<<<<<<<<<<<<<<<<<<<<<<<<<<<<<<<<<<<<<<<<<<

一、进口贸易的相关国际条约及惯例

我国进口企业了解与进口贸易相关的国际条约、国际贸易惯例、国内外法律法规,有利于在进口贸易中降低违约风险,减少损失发生。

(一)有关货物买卖的国际条约

有关货物买卖的国际条约主要包括:《联合国国际货物销售合同公约》《联合国国际货物买卖时效期限公约》《国际货物买卖合同法律适用公约》《统一提单若干法律规定的国际公约》(海牙规则)《维斯比规则》《联合国海上货物运输公约》等。其中,《联合国国际货物销售合同公约》(简称《公约》)是迄今为止有关国际货物买卖合同的一项最重要的国际条约。由于我国已于1986年加入《公约》,是该公约的缔约国,而且参加该公约的国家日

微课:国际公约与国际惯例

益增多，该公约在国际货物买卖中所起的作用会越来越大。因此，本章节在介绍有关国际货物买卖的国际条约时将以该公约作为重点。

《公约》是由联合国国际贸易法委员会（UNCITRAL）主持制定的，于1980年在维也纳举行的外交会议上获得通过，并于1988年1月1日正式生效。截至2020年12月，该公约的缔约国已经达到96个。我国是该公约的成员之一，我国对该公约的态度是：基本上赞同该公约的内容，但在该公约允许的范围内，根据我国的具体情况提出了以下两项保留：

1. 关于国际货物买卖合同必须采用书面形式的保留

按照《公约》的规定，国际货物买卖合同不一定要以书面方式订立或以书面来证明，在形式方面不受限制。这就是说，无论采用书面形式、口头形式还是其他形式都被认为是有效的。这一规定同我国涉外经济合同法关于涉外经济合同（包括国际货物买卖合同）必须采用书面形式订立的规定是相悖的。因此，我国在批准该公约时对此提出了保留。我国坚持认为，国际货物买卖合同必须采用书面形式，不采用书面形式的国际货物买卖合同是无效的。

2. 关于《公约》适用范围的保留

《公约》在确定其适用范围时，是以当事人的营业地处于不同国家为标准的，对当事人的国籍不予考虑。按照《公约》的规定，如果合同双方当事人的营业地是处于不同的国家，而且这些国家都是该公约的缔约国，该公约就适用于这些当事人间订立的货物买卖合同。即《公约》适用于营业地处于不同的缔约国家的当事人之间订立的买卖合同。对于这一点，我国是同意的。但是，该公约又规定，只要当事人的营业地分处于不同的国家，即使他们营业地的所属国家不是《公约》的缔约国，但如果按照国际私法的规则指向适用某个缔约国的法律，则该公约亦将适用于这些当事人之间订立的买卖合同。这一规定的目的是扩大《公约》的适用范围，使它在某些情况下也可适用于营业地处于非缔约国的当事人之间订立的买卖合同。对于这一点，我国在核准该公约时亦提出了保留。根据这项保留，在我国，该公约的适用范围仅限于营业地分处于不同缔约国的当事人之间订立的货物买卖合同。

（二）有关货物买卖的国际惯例

国际贸易惯例是国际货物买卖法的另一个重要渊源。在国际货物买卖中，如果双方当事人在合同内规定采用某项惯例，它对双方当事人就具有约束力。在发生争议时，法院和仲裁机构也可以参照国际贸易惯例来确定当事人的权利与义务。关于国际货物买卖的国际惯例主要有以下几种：

1. 国际商会制定的《国际贸易术语解释通则》（INCOTERMS）

该通则制定于1935年，1953年做了修订。近年来为了适应国际货物运输方式的变化和电子技术的发展，又于1980年、1990年、2000年、2010年和2020年做了五次修改。《国际贸易术语解释通则2020》自2020年1月1日起施行。该通则在国际上已获得了广泛的承认和采用，我国在外贸业务中也大量使用。

2. 国际法协会1932年制定的《华沙—牛津规则》

该规则是针对CIF合同制定的，它对CIF合同中买卖双方所应承担的责任、风险与费用做了详细的规定，在国际上有相当大的影响。

3. 国际商会制定的《跟单信用证统一惯例》和《托收统一规则》

现行的《跟单信用证统一惯例》最新版本是2007年修订并于2007年7月1日起生效的。《托收统一规则》自1996年1月1日实施以来，被各国银行采用，已成为托收业务的国际惯例。这是两项有关国际贸易支付方面的重要惯例，它们确定了在采用信用证和托收方式时，银行与有关当事人之间的责任与义务，在国际上有很大的影响。我国在外贸业务中也普遍使用。

二、争议、索赔、不可抗力及仲裁

（一）争议与违约

1. 争议的含义及产生原因

争议（Dispute）是指交易一方认为另一方没有履行或没有完全履行合同规定的责任而引起的纠纷。在国际货物买卖合同的履行过程中，争议产生的原因主要有以下几方面：

（1）卖方违约。按照《公约》的规定，卖方的基本义务是向买方交付货物，移交单据并转移货物所有权。而如果卖方不同程度地违反了其承担的基本义务，如不交货，或未按合同规定的时间、品质、数量、包装交货，或移交的单证不全，或单证之间不符等，都会导致争议的产生。在实践中，卖方违约是产生争议和索赔案件的主要原因。

（2）买方违约。按照《公约》的规定，买方的基本义务是向卖方支付货款，受领货物。而如果买方不同程度地违反了其承担的基本义务，如不开或迟开信用证，不支付或不按时支付货款，无理拒收货物，或在FOB条件下不派船或不按期派船等，都有可能导致争议的产生。

（3）合同中的某些条款规定不当。买卖合同条款规定不当，会导致合同的履行失去可操作性，造成双方当事人对合同条件理解上的不一致，从而引发争议。如贸易术语选用不当，交货时间规定得过于笼统，对远期D/P的理解不一致，规定了"软条款"，以及对合同是否有效成立也有不同看法等。

（4）引用不可抗力事故条款争议。在合同的履行过程中，合同一方当事人认为发生了某种合同规定的不可预见或无法预防、无法控制的突发事件，

微课：履行合同发生的争议及违约后果

需要引用相关条款予以免责，而合同另一方当事人对此的解释又不一致时，也会导致争议的产生。

（5）与运输合同当事人、保险合同当事人的争议。国际货物买卖合同在履行过程中，涉及运输合同、保险合同相关当事人的责任。相关当事人违反了运输合同或保险合同的规定，未尽到自己应尽的责任，或合同双方对有关问题认定不清，也是产生争议的常见原因。

2. 违约的法律责任

因为争议产生的主要原因是违约（Breach of Contract），而违约行为不同，所导致的法律后果和违约方应承担的责任也不同。对此，各国法律及公约有着不同的规定。

《联合国国际货物销售合同公约》把违约分为根本性违约和非根本性违约两类，并规定：如果交易一方根本性违约，另一方有权撤销合同并要求损害赔偿，否则只能要求损害赔偿，不能撤销合同。虽然根据违约的法律责任不同，受损方可以有不同的救济措施，但最基本也是最主要的违约救济措施就是索赔。

（二）索赔与理赔

索赔（Claim），是指受损方向违约方提出损害赔偿要求。违约方对受损方所提出的赔偿要求予以受理并进行处理，称为理赔（Settlement of Claim）。可见，索赔和理赔是一个问题的两个方面。

索赔要有充分的索赔依据，且应在索赔期限内提出，否则即丧失索赔权。若是合同规定有索赔期的，应在合同规定的期限内提出索赔要求；若无，则应按有关法律或公约的规定办理。《联合国国际货物销售合同公约》第三十九条第二款规定：无论如何，如果买方不在实际收到货物之日起两年内将货物不符合合同情形通知卖方，他就丧失声称货物不符合合同的权利，除非这一时限与合同规定的保证期限不符。

根据损失的原因和责任不同，索赔有三种不同情况：凡属承保范围内的货物损失，向保险公司索赔；若系承运人的责任所造成的货物损失，向承运人索赔；如系买卖合同当事人的责任造成的损失，则向责任方提出索赔。

买卖合同当事人在向对方索赔时，应注意查明责任，遵守索赔期限，正确确定索赔款项，并备齐索赔所需的单证。在理赔时，则应认真分析对方所提索赔理由是否充分、情况是否属实、是否符合合同及法律规定，仔细审核对方的索赔单证和文件，合理确定赔付办法。

在国际货物买卖合同中，索赔条款有两种规定方式：一是只规定异议与索赔条款（Discrepancy and Claim Clause）；二是在规定异议与索赔条款的基础上再加一个罚金条款（Penalty Clause）。在一般合同中，只订异议与索赔条

微课：合同的违约及救济

微课：合同中的商检与索赔条款

款，只有在大宗商品或重大交易合同中，需要再次加订罚金条款。

1. 常用的异议与索赔条款举例

Any claim by the Buyers regarding the goods shipped shall be filed within × × × days after the arrival of the goods at the place of destination specified in relative multimodal transport documents, and supported by a survey report issued by a surveyor approved by the Sellers.

买方对于装运货物的任何异议，必须于货物抵达多式联运单据所列明的目的地 × × × 天内提出，并须提供经卖方同意的公证机构出具的检验报告。

2. 罚金条款

罚金条款也称违约金条款，是指在合同中规定，如果一方当事人未按合同履行义务，应向对方支付一定数额的罚金，以补偿对方损失的条款。其数额依违约时间长短或违约造成的损害程度而定，一般在合同中规定罚金的百分率。

罚金条款一般适用于卖方延期交货、买方延迟开立信用证或延期接货等情况。但是，罚金的支付并不解除违约方应继续履约的义务，违约方不仅要交罚金，而且要继续履行合同规定的义务。合同罚金条款举例：

Should the Buyers for its own sake fail to open the Letter of Credit on time stipulated in the contract, the Buyers shall pay the penalty to the Sellers. The penalty shall be charge at the rate × × ×% of the amount of Letter of Credit for every × × × days of delay in opening the Letter of Credit, however the penalty shall not exceed × × ×% of the total value of the Letter of Credit which the Buyers should have opened.

买方因自身原因不能按合同规定的时间开立信用证应向卖方支付罚金。罚金按迟开证每 × × × 天收取信用证金额的 × × ×%，不足 × × × 天者按 × × × 计算，但罚金总额不得超过买方应开信用证金额的 × × ×%。

（三）不可抗力

1. 不可抗力的含义及认定

不可抗力（Force Majeure）又称人力不可抗拒事故，是指买卖合同签订之后，不是由于任何一方当事人的疏忽或过失，而是由于发生了双方当事人不能预见和预防又无法控制的意外事故，致使合同不能履行或不能如期履行，遭受意外事故的一方当事人可依据合同或法律规定，或解除合同或适当变更合同，另一方当事人无权提出索赔。因此，合同中订立的不可抗力条款也可以称为免责条款（Escape Clause）。

不可抗力是《民法典》中的一个重要原则，同时它又是买卖合同中的一项免责条款，也就是说，如果一方当事人由于遭受不可抗力事故而未能

微课：合同中的不可抗力条款

211

按合同规定履行合同义务，此时，他可以免除不履约或不能如期履约的责任。

2. 不可抗力事故的范围

一般来讲，导致不可抗力事故发生的因素主要有两种：一种是地震、火灾、水灾、冰灾、雪灾、暴风雨、雷电等"自然力量"；另一种是战争、罢工、政府禁令、禁运、封锁等"社会力量"。对上述事故范围，各国对"自然力量"引起的事故解释比较一致，但对"社会力量"引起的事故解释往往不同。

另外，值得注意的是，并非所有阻碍合同履行的意外事故都可以归纳为不可抗力事故，综合国际上不同法律、法规对不可抗力的解释，可以认定构成不可抗力事故者必须同时具备下列三个条件：

（1）事故必须发生在买卖合同签订之后。在合同订立时，这种意外事故并没有发生。假如在订立合同时，这种事故已经存在，那么，当事人在签订合同时就应该考虑到该事故对合同的影响，这种事故就不具备偶然性和突发性，就不属于不可抗力事故。

（2）事故不是因当事人的疏忽或故意行为造成的。即当事人对意外事故的发生并无责任。如果是由于当事人的过失或故意行为而导致意外事故的发生，从而致使合同不能履行或不能如期履行，那么该事故就不属于不可抗力事故。

（3）事故是当事人不能预见、无法控制的。在意外事故发生之前，当事人根本无法预料到会发生这种事故，或者即使预测到可能发生该事故，但也无法阻止它的发生。

在实际业务中，应正确区分不可抗力事故与价格、汇率等因素所致的正常的商业风险之间的区别，以防止当事人随意扩大不可抗力事故的范围，推卸应承担的合同责任。

3. 不可抗力事故的法律后果

不可抗力事故的法律后果主要有两种：一种是解除合同；另一种是变更合同。变更合同是指由一方当事人提出并经另一方当事人同意，对合同的内容做适当的修改，包括延期履行、分期履行、替代履行和减量履行，其中延期履行是较常见的一种变更合同方式。

究竟什么情况下可以解除合同，什么情况下不能解除合同，而只能变更合同，要分析买卖双方在合同中是如何对不可抗力条款予以规定的。如果双方未在合同中做出明确规定，则应根据所发生事故的性质及其对合同履行的影响程度而定。一般的原则是：如果不可抗力事故的发生使履行合同成为不可能，则可以解除合同；如果不可抗力事故只是暂时阻碍了合同的履行，待不可抗力事故消失后，仍可以继续履行合同，那么，就只能变更合同，而不能解除合同。

4. 合同中的不可抗力条款

由于世界各国对不可抗力的认定及不可抗力所引起的法律后果的解释不完全一致，为了避免不必要的纠纷，防止当事人任意扩大或缩小不可抗力事故的范围，买卖双方需要在合同中对不可抗力条款做出明确具体的规定。

尽管国际上不同的货物买卖合同对不可抗力条款的规定不尽相同，有的烦琐，有的简单，但一般的货物买卖合同中的不可抗力条款主要包括四个方面：不可抗力事故的范围，不可抗力事故的法律后果，不可抗力事故的证明机构，不可抗力事故发生后通知对方的期限与方法。

合同中的不可抗力条款举例：

If the shipment of the contracted goods is prevented or delayed in whole or in part by reason or war, earthquake, fire, flood, heavy snow, storm or other causes of Force Majeure, the Sellers shall not be liable for non-shipment or late shipment of the goods of this contract. However, the Sellers shall notify the Buyers by cable or telex and furnish the letter within 15 days by registered airmail with a certificate issued by the China Council for Promotion of International Trade attesting such event or events.

由于战争、地震、火灾、洪水、雪灾、暴风雨或其他不可抗力事故，致使卖方不能全部或部分装运或延迟装运合同货物，卖方对于这种不能装运或延迟装运本合同的货物不负有责任。但卖方需用电报或电传方式通知买方，并应在15天内以航空挂号信向买方提供中国国际贸易促进委员会出具的证明此类事故的证明文件。

（四）仲裁

由于政治、经济、自然条件等诸多方面的变化和影响，买卖双方在履行合同的过程中，难免会有不履约或不完全履约的情况发生，以致双方产生争议。国际贸易中解决争议的方式有很多，仲裁是其中之一。由于采用仲裁方式解决争议具有诸多优点，因此它在国际贸易中被广泛采用，并作为条款被列入买卖合同中。

1. 国际贸易中解决争议的方式

在国际贸易中，一旦买卖双方发生争议，一般可以通过协商、调解、诉讼、仲裁四种途径来解决。可以说，这四种解决争议的方式各有利弊。

（1）协商。协商（Consultation Negotiation），又称友好协商，是指在争议发生后，买卖双方践行友好、协作的精神，在互谅、互让的基础上，不借助外界力量，自行协商解决纠纷，必要时双方或其中一方作出让步，消除分

微课：合同中的仲裁条款

歧，达成一致。采用协商方式解决争议的优势主要体现在：

① 双方可在较平和的气氛中自主解决问题，进一步加深对彼此的了解，不伤害彼此的感情，有利于日后双方贸易关系的发展。

② 由于是自行协商解决争议，没有任何第三方参与，可在很大程度上保守商业机密。

③ 不受程序和手续的限制，可节省时间、费用和精力。

由于协商方式不受任何形式上的限制，具有很大的灵活性，所以当买卖双方发生争议时，一般都愿意优先选择协商方式来解决纠纷。但这种方式也存在一定的局限性，因为有时协商的结果并不能使双方消除分歧、达成协议。此时，就需要寻求其他途径以解决争议。

（2）调解。调解（Conciliation），也称第三方调解，就是指买卖双方发生争议时，在自愿的基础上请第三方从中缓和矛盾，以消除双方的分歧，达成和解协议。

调解从本质上讲与协商并无太大的区别。它最重要的特点是：该方式的运用以双方当事人的自愿为前提，一方当事人或调解员无权强迫另一方当事人接受调解。因此，当事人可以通过调解员在平和的气氛中以比较灵活快捷的方式解决问题，调解的成功与否都不会对买卖双方已经建立起来的业务关系造成太大的不利影响。

但是，由于调解以当事人自愿为原则，所以，它的使用也有一定的局限性。当争议所涉及的金额巨大、性质严重或当事人对和解无诚意以致调解失败时，一般只能在诉讼和仲裁这两种方式中再做选择。

（3）诉讼。诉讼（Litigation），俗称打官司，是指发生争议的一方当事人依据一定的法律程序，要求有管辖权的法院对有关的争议予以审理，并依据法律作出裁决。

诉讼与协商及调解最本质的区别是：诉讼具有强制性。诉讼的强制性表现在法院的强制管辖和判决的强制执行两个方面。

由于采用诉讼方式解决争议程序复杂、耗时久、费用高，常常造成当事人关系紧张，不利于贸易关系的发展。而且诉讼多为跨国判决，执行起来较为困难。所以，目前国际贸易中越来越多地采用仲裁方式解决争议。

（4）仲裁。仲裁（Arbitration），俗称公断，指买卖双方按照在争议发生前或发生后签订协议（或约定合同条款），自愿将合同争议交给双方同意的仲裁机构进行裁决。

仲裁既不同于诉讼，也不同于协商和调解。仲裁比诉讼更加强调自愿性，而较之协商和调解更强调强制性。仲裁的自愿性主要表现在：向仲裁机构提起仲裁时必须有双方达成的协议；它的强制性则体现在仲裁裁决是终局性的，双方当事人必须遵照执行。此外，与诉讼相比，采用仲裁方式解决争议还有如下优势：

① 当事人双方可以选择仲裁员，仲裁员通常是各相关行业的资深专家、学者，裁决案件较为中肯和合乎情理。

② 仲裁机构是非官方机构，审理案件不受外界干预，可以有效地保证裁决的公正性，这就进一步增强了当事人对采用仲裁方式解决争议案件的意愿。

③ 仲裁案件的审理一般不公开，可以有效地保守商业机密，维护当事人商业信誉。

④ 仲裁程序比诉讼程序简单，而且仲裁裁决是终局性的。因此，采用仲裁方式解决争议通常比采用诉讼要迅速、及时，而且当事人所支出的仲裁费用较低。

⑤ 跨国仲裁的裁决，执行起来相对于诉讼较有保障。

1958年6月10日在纽约召开的联合国国际商业仲裁会议上签署的《承认及执行外国仲裁裁决公约》(The New York Convention on the Recognition and Enforcement of Foreign Arbitral Awards，简称《纽约公约》)，是处理外国仲裁裁决的承认和仲裁条款执行问题的公约，为承认和执行外国仲裁裁决提供了一定的保证和便利，推动了国际商事仲裁活动的发展。目前世界上已有包括我国在内的130多个国家和地区加入了《纽约公约》。

我国当事人所涉及的外国仲裁裁决时，除应遵守《中华人民共和国民事诉讼法》(简称《民事诉讼法》)和《仲裁法》的有关规定外，还应遵照《纽约公约》的规定。具体包括：

① 中国涉外仲裁机构仲裁裁决在中国的执行。按照我国《民事诉讼法》和《仲裁法》的有关规定，一方当事人不履行（裁决）的，对方当事人可以申请被申请人住所地或者财产所在地的中级人民法院执行。

② 中国涉外仲裁机构仲裁裁决在外国的承认和执行。依照我国《民事诉讼法》和《仲裁法》的规定，我国涉外仲裁机构作出的发生法律效力的仲裁裁决，当事人请求执行的，如果被执行人或者其财产不在中国领域内，应当由当事人直接向有管辖权的外国法院申请承认和执行。由于我国已加入《纽约公约》，当事人可依照公约规定直接到其他有关缔约国申请承认和执行我国涉外仲裁机构作出的裁决。

③ 外国仲裁裁决在中国的承认和执行。按照我国《民事诉讼法》的规定，国外仲裁机构的裁决需要我国人民法院承认和执行的，应由当事人直接向被执行人住所地或者其财产所在地的中级人民法院申请，人民法院应当依照我国缔结或者参加的国际条约或者按照互惠原则办理。

我国加入《纽约公约》时，作出两项保留声明：第一，我国只在互惠的基础上对在另一缔约国领土内作出的仲裁裁决的承认和执行适用该公约；第二，我国只对根据我国法律认为属于契约性和非契约性商事法律关系所引起的争议适用该公约。符合上述两个条件的外国仲裁裁决，当事人可依照《纽约公约》规定直接向我国有管辖权的人民法院申请承认和执行。对于在非缔约国领土内作出的仲裁裁决，需要我国法院承认和执行的，只能按照互惠原则办理。我国有管辖权的人民法院接到一方当事人的申请后，应对申请承认和执行的仲裁裁决进行审查，如果认为不违反我国缔结或参加的国际条件的有关规定或《民事诉讼法》的有关规定，应当裁决其效力，并依照《民事诉讼法》规定的程序执行，否则，裁定驳回申请，拒绝承认及执行。如果当事人向我国有管辖权的人民法院申请承认和执行外国仲裁机构作出的发生法律效力的裁决，但该仲裁机构所在国与我国没有缔结或共同参加有关国际条约，也没有互惠关系，当事人应该以仲裁裁决为依据向人民法院起诉，由有管辖权的人民法院作出判决，予以执行。

基于上述原因，在合同洽商过程中或在合同履行过程中发生争议而双方通过友好协商或调解不能达成一致时，一般都愿意选用仲裁方式来解决合同争议。

2. 仲裁协议的形式及作用

仲裁协议（Arbitration Agreement）是有关当事人自愿将已经发生或即将发生的争议提交双方同意的仲裁机构进行裁决的一种意思一致的表示，同时也是仲裁机构和仲裁员受理争议案件的依据。

（1）仲裁协议的形式。包括我国在内的绝大多数国家的仲裁规则及一些国际公约均规定，仲裁协议必须以书面方式订立。书面仲裁协议的形式主要有三种：

① 双方当事人在争议发生之前订立的，表示愿意将可能发生的争议提交仲裁裁决的协议。这种协议一般作为合同条款包含在买卖合同之中，即合同的"仲裁条款"（Arbitration Clause）。

② 由双方当事人在争议发生后订立的，表示同意将已经发生的争议提交仲裁裁决的协议。这种协议既可以采用协议书的形式，也可以通过双方的往来函件、电报或电传表示，被称为"提交仲裁的协议"（Submission）。

③ 由双方当事人在争议发生之前或发生之后，通过援引方式签订的仲裁协议，即当事人不直接拟定协议的具体内容，而只是同意有关争议按照某公约、双边条约、多边条约的仲裁条款所述的内容进行仲裁。

（2）仲裁协议的作用。以上三种仲裁协议虽然在形式上有所不同，但它们的法律效力是相同的。其作用表现在三个方面：第一，约束双方当事人按照协议的规定以仲裁方式解决争议，而不得向法院起诉；第二，排除法院对有关争议案件的管辖权；第三，授予仲裁机构和仲裁员对有关争议案件的管辖权。这三方面的作用既相互联系又相互制约，其中最关键的是第二条，即排除法院对有关争议案件的管辖权，也就是说，只要双方当事人签订仲裁协议，就意味着只能采取仲裁方式解决争议，而不得将有关案件提交法院审理。如果一方违反仲裁协议，自行向法院提起诉讼，另一方即可根据协议要求法院停止司法诉讼程序，把争议案发还仲裁庭审理。

虽然上述三种不同形式的仲裁协议在法律上具有相同的效力，但是在实际业务中，如果买卖双方在争议发生前，没有在合同中订立仲裁条款或没有以援引的方式签订仲裁协议，那么一旦争议发生，由于双方处于对立的地位，往往很难再达成仲裁协议，一方当事人就很可能向法院起诉。因此，如果当事人不愿将日后可能发生的争议通过司法诉讼予以解决，而是希望交付仲裁，就应该在买卖合同中加列仲裁条款，以免争议发生后，双方因不能达成提交仲裁的协议而不得不诉诸法律。正是由于上述原因，在国际货物买卖中，较常采取的是在合同中订立仲裁条款约定仲裁协议的形式。

3. 合同仲裁条款的内容

如上文所述，仲裁协议通常采用的形式是仲裁条款。仲裁条款，是指双方当事人在其签订的买卖合同中约定将日后可能发生的争议提交仲裁的条款。它通常包括仲裁地点、仲裁机构、仲裁程序与规则、仲裁裁决的效力等内容。

（1）仲裁地点。仲裁地点是指仲裁所选择的地点，一般是指仲裁机构的所在地。在什么地点进行仲裁是买卖双方十分关心的问题，因此也是仲裁条款中一项重要的内容。

在商定仲裁条款时，交易双方一般都愿意在本国仲裁，其原因主要是当事人对本国的仲裁机构和有关程序规则比较了解，而且没有语言障碍，还可以节省费用。除此之外，还有一个不容忽视的重要原因，那就是仲裁地点与仲裁所使用的程序法，甚至与买卖合同所适用的实体法都有着密切关系。根据许多国家法律的解释，凡属程序方面的问题，一般都适用审判地法律，即在哪个国家仲裁，如果没有相反的约定，就适用哪个国家的仲裁法规。

我国企业对外签订的贸易合同，在规定仲裁地点时，应首选在我国仲裁。如果争取不到在我国仲裁，可与对方协商，选择在被诉方所在国仲裁，或者规定在双方较信任的第三国进行仲裁。

（2）仲裁机构。明确了仲裁地点，买卖双方还应同时在合同中对仲裁机构加以确定。仲裁机构是指受理仲裁案件并作出裁决的机构。

目前，国际商事方面的仲裁机构有两种：一种是常设机构，如我国的国际经济贸易仲裁委员会和海事仲裁委员会、巴黎的国际商会仲裁院、英国伦敦国际仲裁院、瑞典斯德哥尔摩仲裁院、瑞士苏黎世商会仲裁院、日本商事仲裁协会、美国仲裁协会、意大利仲裁协会、中国香港国际仲裁中心。这种常设机构因其组织稳定、制度健全、人员齐备、选用方便，有利于仲裁的顺利进行，而被国际上绝大多数仲裁争议案件选用。另一种是临时性仲裁机构，是指专门为审理某一争议案件而临时组建的仲裁庭。组建仲裁庭的仲裁员由双方当事人指定，案件审理完毕后，仲裁庭即自动解散。在仲裁地点无常设仲裁机构，或当事人双方为解决特定争议而愿意指定仲裁员专审案件时，通常选择临时性仲裁机构进行仲裁。在选用临时性仲裁机构仲裁时，双方当事人应在合同的仲裁条款中就所选仲裁程序与规则，选定仲裁员的办法与人数、是否需要首席仲裁员等问题作出明确规定。

（3）仲裁程序与规则。仲裁程序与规则是指进行仲裁的程序和具体做法，包括如何提交仲裁申请，如何进行答辩，如何指定仲裁员，如何组成仲裁庭，如何进行仲裁审理，如何作出裁决及如何缴纳仲裁费等。

仲裁程序与规则的作用主要在于能为当事人和仲裁员提供一套仲裁时必须遵守的行为准则。为了便于仲裁的顺利进行，常设的仲裁机构一般都制定自己的仲裁规则，如中国国际经济贸易仲裁委员会制定的《中国国际经济贸易仲裁委员会仲裁规则》、国际商会仲裁院制定的《国际商会仲裁规则》。此外，一些区域性和国际性组织也制定仲裁规则，如《联合国欧洲经济委员会仲裁规则》《联合国亚洲及远东经济委员会国际商事仲裁规则》《联合国国际贸易法委员会仲裁规则》。

仲裁规则与仲裁机构有着密切的关系，通常情况下，合同的仲裁条款中规定在哪个仲裁机构进行仲裁，就应该按照哪个机构制定的仲裁规则办理。但是，也有不少国家允许当事人选择仲裁地点以外的其他国家仲裁机构的仲裁规则，但以不违反仲裁地国家仲裁法中的强制性规定为前提条件。临时性仲裁机构所适用的仲裁规则由双方当事人自行约定。

（4）仲裁裁决的效力。仲裁裁决的效力是指仲裁机构对争议案件审理后所作的裁决对双方当事人是否有约束力，是否是终局性的，以及能否向法院上诉，要求变更裁决。

在国际上，包括中国在内的绝大多数国家都规定，仲裁裁决具有终局效力，对当事人均具有约束力，双方必须遵照执行，任何一方都不得向法院起诉要求变更。也有少数国家允许不服裁决的当事人向法院上诉，但法院一般只审查程序，不审查实体，即只有在发现仲裁员未按仲裁程序规则审理案件时，法院才可以撤销裁决。为了明确仲裁裁决的效力，避免上诉情况的发生，当事人在订立合同的仲裁条款中应明确规定。仲裁条款中还可写明仲裁费用应由哪一方负担。多数合同规定仲裁费用由败诉方负担，但也有的合同规定由仲裁庭酌情掌握。

4. 合同仲裁条款举例

下面列举我国对外贸易合同中规定仲裁条款的三种范例。

（1）合同中规定在我国仲裁的条款。

Any dispute arising from or in connection with this contract shall be settled amicably through negotiation.In case no settlement can be reached through negotiation, the case shall then be submitted to the China International Economic and Trade Arbitration Commission for arbitration which shall be conducted by the Commission in Beijing in accordance with the Commissions arbitration rules.The arbitration award is final and binding upon both parties.

凡因本合同所引起的或与本合同有关的任何争议，双方应通过友好协商解决。如果协商不能解决，应提交中国国际经济贸易仲裁委员会按该会仲裁规则，在北京进行仲裁。仲裁裁决是终局的，对双方都有约束力。

（2）合同中规定在被诉方所在国仲裁的条款。

Any dispute arising from or in connection with this contract shall be settled amicably through negotiation.In case no settlement can be reached through negotiation, the case shall then be submitted for arbitration.The location of arbitration shall be in the country of domicile of the defendant.If in China, the arbitration shall be conducted by the China International Economic and Trade Arbitration Commission in Beijing in accordance with it's arbitration rules by... (name of the country of domicile of the defendant)，the arbitration shall be conducted by... (name of the arbitration organization) in... (name of the place) in accordance with its arbitration rules. The arbitration award is final and binding upon both parties.

凡因本合同所引起的或与本合同有关的任何争议，双方应通过友好协商解决。如果协商不能解决，应该交仲裁，仲裁在被诉一方所在国进行。如在中国，由中国国际经济贸易仲裁委员会根据该会仲裁规则在北京进行仲裁。如在……（被诉一方所在国家的名称），则由……（被诉一方所在国的仲裁机构的名称及所在城市）根据该仲裁机构的仲裁规则进行仲裁。仲裁裁决是终局的，对双方都有约束力。

（3）合同规定在第三国或对方所在国仲裁的条款。

Any dispute arising from or in connection with this contract shall be settled amicably through negotiation.In case no settlement can be reached through negotiation, the case shall then be submitted to... (name of the arbitration organization in the third country or the other country) in (name of the place) in accordance with it's arbitration rules.The arbitration award is final and binding upon both parties.

凡因本合同所引起的或与本合同有关的任何争议，双方应通过友好协商解决。如果协商不能解决，应提交……（某第三国或对方所在国仲裁机构的名称及所在城市）根据该仲裁机构的仲裁规则进行仲裁。仲裁裁决是终局的，对双方都有约束力。

三、进口善后业务归档

进口善后业务归档是企业管理的重要组成部分，可以分为进口单证资料存档和进口业务资料存档两部分。做好进口善后业务归档，不仅可以让企业了解业务进展情况、掌握客户基本信息，而且能在争议索赔发生时及时备齐索赔单证，提高索赔效率。

（一）进口单证资料存档

1. 进口单证管理的意义

外贸单证是对外贸易业务活动的资料，是商品流通的原始凭证。它反映了整个商品流转过程，在一定的时间内具有重要的参考价值，是一套重要的业务档案资料。因此，进口企业接收单据后应加强单证的档案管理。

（1）为统计提供原始资料。在对外贸易业务活动中，通过对单证的整理分类、登记统计，做到心中有数，对掌握货源、摸清进口进程、促进贸易任务的完成有着密切的关系。特别是对进口企业采购计划的编制、检查计划完成进度、实现计划准确性有重要的意义。

（2）为分析进口工作质量提供资料。检查进口各项工作指标完成情况，均需要资料，外贸单证是提供这些数据的可靠依据，从而促进进口企业经营管理的改善。

（3）为查询和处理业务差错事故提供资料。在外贸业务活动中，差错事故时有发生。特别对商品数量溢缺、品名规格（等级）不符、国别（地区）互串等导致的错收、错运、多装、少装等差错事故的发生，必须查明原因，分清责任，吸取教训，加强教育，采取措施，防范今后，以达到安全优质，不断提高进口工作质量。这些均要求外贸单证提供必要的资料。

（4）满足海关等相关管理部门对单据复查的要求。进口业务结束后，在一段时间内，海关等有关管理部门可能需要对已结关的单据进行查询，了解货物进口情况及进口付汇情况。因此，做好进口单据归档工作不仅是企业自身管理的需求，也是我国相关管理部门对进口企业的要求。

2. 进口单证的管理方法

企业内部建立单证管理制度，业务员自己缮制保管单证的，要注意归档管理。

进口外贸业务单证为业务上的测算和考核提供了依据，可供有关部门查询核实。在业务成交后，单证要全面收集汇总，并进行认真的检查核对，整理装订，编号归类，列档存查，妥善保管。

进口外贸单证保管的形式一般有两种：分散归档和集中归档。前者由各经办部门根据需要分别自行复印保管，后者由专门部门负责集中统一保管。虽然单证保管方法与形式不同，但总的单证保管要求相同，都应该做到单证齐全、单证相符、顺次排列、装订整齐、查询方便、有利业务。

（二）进口业务资料存档

进口业务资料存档主要包括除进口单证资料以外的客户资料归档及产品管理等。跟所有客户的交易，都必须完整地保留客人的资料信息，分类存档，并对进口产品流向进行跟踪管理。

1. 进口业务资料管理的意义

（1）进口业务资料管理，有助于分析客户的销售状况、资信状况、购买产品的走势。

（2）在制订采购计划时，可以根据客户生产产品情况，做出有针对性的进口计划，完善和优化采购方案。

（3）可以作为跟客户进行前瞻性沟通的依据。

（4）如果和客户发生商业纠纷，我们可以提供完整的证据链，争取我方的主动。

2. 进口业务资料的管理方法

（1）建立客户资料档案。建立客户资料档案不仅包括记录客户的联系方式、联系人、地址，客户资料管理也需要数据化、精细化、系统化。

客户资料管理的内容包括客户基础资料、产品信息、市场竞争状况及市场竞争能力、与我司交易状况。结合其资信能力、市场容量、经营业绩、客户组织架构、竞争对手状况等一系列的相关资料进行分析、归类、整理，并评价有能力的企业。

对客户资料管理工作坚持动态管理、重点管理、灵活运用以及专人负责四个方面的原则。把客户资料档案建立在已有资料的基础上并进行随时更新，而不是建立在一个静态档案上。随时了解客户的经营动态、市场变化、负责人的变动、体制转变等，加强对客户资料的收集、整理，以供企业管理人员做辅助参考决策。

对客户信息经常加以分析处理后归档留存。对风险性大的客户，如经营状况差、信誉度下降、面临破产改制的企业，随时了解其经营动态，做好记录，确保档案信息的准确性、时效性，并提醒业务经理、业务员客户当前状况，把风险控制在最小限度内，避免给企业造成损失。

（2）进口产品流向管理。根据《国务院关于加强食品等产品安全监督管理的特别规定》，销售者必须建立并执行进货检查验收制度，进口产品收货应当如实记录产品流向，记录保存期不少于两年。销售食品要做到货正源清。

《中华人民共和国食品安全法》第九十七条规定：进口的预包装食品、食品添加剂应当有中文标签；依法应当有说明书的，还应当有中文说明书。标签、说明书应当符合本法以及我国其他有关法律、行政法规的规定和食品安全国家标准的要求，载明食品的原产地以及境内代理商的名称、地址、联系方式。预包装食品没有中文标签、中文说明书或者标签、说明书不符合本条规定的，不得进口。

《中华人民共和国食品安全法》第九十八条规定：进口商应当建立食品、食品添加剂进口和销售记录制度，如实记录食品、食品添加剂的名称、规格、数量、生产日期、生产或者进口批号、保质期、出口商和购货者名称及联系方式、交货日期等内容，并保存相关凭证。记录和保存期限应当符合本法第五十条第二款的规定。

总之，进口单证资料、客户详细资料及交易产品的流向资料的整理与存档是重要的进口业务善后工作，进口公司要给予重视并做好相关工作。

了解进口贸易的相关国际条约、惯例及法律法规进口，有助于在进口贸易中降低违约风险，减少损失发生。在国际贸易中，买卖双方常因各自权利与义务等问题而引发争议，导致索赔。为预防与减少贸易纠纷和妥善处理合同争议，交易双方需要在合同中约定异议与索赔条款、不可抗力条款和仲裁条款。约定这些条款，一方面体现了合同的严肃性，有利于更好地促使合同当事人履约；另一方面，万一出现了合同因故未能履行或当事人违约的情况，也有利于有关各方分清事实、明确责任，并依据规定妥善处理履约中的争议。进口贸易善后工作中，做好进口单证资料、客户详细资料及交易产品的流向资料的整理与存档，不仅有助于了解业务进展情况、掌握客户基本信息，还有助于在争议索赔发生时及时备齐索赔单证，提高索赔效率。

项目八 进口代理业务操作

【学习目标】

知识目标:

● 掌握进口委托代理合同当事人之间的法律关系

● 熟悉进口委托代理合同的主要内容及操作要领

● 了解进口委托代理所涉及的特殊业务风险及防范方法

技能目标:

● 能根据进口委托代理业务的性质特点,妥善处理委托人
与被委托人的业务关系,处理各业务环节的操作方法

● 能够了解作为代理商在进口委托代理合同执行过程中的
风险利益关系,树立进口委托代理业务活动中的风险防
范意识

素养目标:

● 具备与国外客户协同处理进口代理业务所需的良好沟通
能力

● 具备与单证员、财务人员协同处理进口代理业务的良好
团队精神

先 导案例

（1）2021年年底，为了满足市场需求，海易公司需要从澳大利亚DH公司进口一批皇帝蟹。为此，海易公司委托了广东普华贸易公司作为进口代理。

普华公司接到该业务后详细了解海易公司的需求，并与海易公司签订了国际贸易代理框架协议。之后与澳大利亚DH公司取得联系，要求其报价，并拟订了三方进口合同。合同中澳大利亚DH公司为卖方，普华贸易公司为买方，海易公司为最终用户，合同在三方签字后即生效。

根据进口合同的约定，合同签约后一周内需对外支付20%合同金额的定金。于是，普华公司提前一周向海易公司发出催款通知，要求其将相应人民币款项汇入普华公司账户。这时海易公司因为资金周转问题，准备推迟支付定金。普华公司于是向澳方通报了海易公司的情况，希望能得到澳方的谅解。但澳方认为，这是买方的违约行为，若推迟支付定金，则交货期顺延，并要求买方支付违约金。

（2）我国A医院（以下简称"A医院"）于2020年10月20日及2021年1月18日，分别委托仪器进出口公司B（以下简称"B公司"）进口Immulite2000仪器（全自动化学发光免疫分析仪，仪器号为H3083和I3231）各一台，并与B公司签订了《进口委托代理协议书》。协议签订后，B公司依约为A医院办理了仪器的进口手续，但因进口的这两台仪器无法正常使用，2021年8月17日A医院与B公司签署了《退货协议》。依据该协议，B公司为A医院办理了两台仪器的退运手续，却以种种借口拒绝办理货物的退税手续，致使最终超过了退税期限而导致A医院损失了应得的退税款。A医院遂要求B公司赔偿上述损失。

（3）某公司受印刷企业C的委托，代理进口德国海德堡胶印设备一套，进口合同金额为961 000美元，预付款为合同金额的10%，其余90%的合同款（864 900美元）凭90天远期信用证支付。对内合同约定：委托人须于信用证偿付日前七天内将90%货款的开证余额汇入代理商指定账户，以便对外承付。在委托人支付了30%开证保证金后，由代理商根据进口合同向银行申请开出信用证。按照银行要求，委托人为代理商提供了信用证差额部分款项（合计605 430美元）的担保文件。卖方如期将货物装船并向银行交单，代理商审单无误后承兑了信用证项下的汇票，取得全套货物单据，清关提货，并很快将设备交付委托人安装运行，投入生产。信用证付款到期日前代理商虽多次催促，委托人却由于种种原因不能将信用证余额汇入代理商指定账户，付款期到时，银行在对外垫付了信用证款项后即冻结了代理商在该行的所有账户，要求代理商偿付信用证差额（605 430美元）并支付利息。代理商及银行同时要求委托人支付此款，但委托人由于资金困难迟迟不能付款，直到对外承付后第62天，委托人才支付了此款。而银行垫付产生的利息约42 000元人民币，银行则直接从代理商账户划付。委托人的延迟支付不仅造成代理商直接的经济损失，并影响了其在银行的其他业务，而且严重损害了代理商的银行信用。

（4）某公司受D企业的委托，代理进口芬兰乳制品加工设备。进口合同金额为109万美元，交货期为合同签订后四个月，合同金额10%的定金在合同签订后一周内付出，90%货款即期信用证支付（交货期三个月前开出）。对内合同约定：代理费为进口合同金额的1%，委托人在进口货物到达后三日内支付代理商。对外合同签订后，在委托人配合下，代理商按合同规定付出定金109 000美元。而当开证期临近时，委托企业却出现了较大的问题：资金无着落，项目停止实施。外方一再催促开证，我代理商难以应对。进而，外方提出了20%的违约补偿要求并附有材料及工时损失清单，要求我方再行支付其109 000美元（10%合同金额），代理商由此陷入对外合同纠纷。时隔半年余，国家外汇管理局又追究代理商109 000美元定金的逃汇问题。此项目从办理政府手续到技术交流及商务谈判、定金支付等，代理商做了大量工作，结果由于委托人的原因，代理商不仅一无所获，反而是内外交困，面临进一步的经济损失和国家外汇管理局的惩处。

（5）广州慧占公司，是广东省内一家主营国际性大型展览、会议等项目的专业会展公司。广东霍云公司，是一家广东省内的综合性国际货运代理公司。

一天慧占公司接到一个大型海外艺术品展览项目，该展览商品需从海外运至中国香港，再由中国香港转运至广州展出。为了有效完成上述运输过程，慧占公司委托霍云公司作为本次业务的进口货运代理，全权处理有关进口货运事宜。

货物到达香港后，慧占公司要求霍云在规定的日期之前于广州交付全部货物。霍云公司在中国香港接收货物后，通过定期货运卡车将大部分货物陆运到广州。但由于货运卡车出现季节性短缺，一小部分货物无法及时运抵。为了能在规定时间内将全部参展货物运抵广州，霍云公司打算额外雇用一辆货运卡车，运送这一小部分货物。并将上述想法告知了委托人，征得了委托人同意后，霍云在市场上雇用了一辆货运车，要求其将这小部分货物于指定日期前运抵广州。但谁知这个临时雇用的卡车，连同承载的货物一起下落不明！所丢失的艺术品中有我国元代著名画家赵孟頫所画的一幅御马图。

慧占公司要求霍云公司赔偿。而霍云公司则坚持认为自己只是代理人，按照委托人授权从事，自己无过错，不赔偿。于是慧占公司将霍云公司告上了法庭。

（6）广东普华公司从美国进口一批一级棉花，委托广东霍云公司作为货运代理，负责办理该批棉花的货运与保险手续。霍云为棉花安排运输后，普华指示霍云为该批棉花办理投保，但未指明应采用何种险别。开船在即，霍云公司即按照此种货物的习惯做法，为其投保了水渍险。

然而，开船后海面上遇上暴风雨。雨水借着风势，不断拍打着船体，导致雨水渗漏进船舱。普华公司购买的新鲜的一级棉花全部被雨水浸泡。

当船到达目的港后，普华公司棉花已经全部被水浸湿。普华公司随即向投保的保险公司索赔。保险公司经过仔细勘察、鉴别，认为货损是由于淡水雨淋造成的，但由于投保的是水渍险，该事故并未在承保范围内，所以拒绝理赔。

普华公司找到霍云公司，要求货运代理赔偿其损失。霍云公司辩称自己是代理方，按照委托人授权行事，并无过错，不能赔偿普华公司的损失。普华公司将霍云公司告上了法庭。

从对外履约、办理支付、接货、善后等工作程序看，进口委托代理的操作与前述的一般进口业务没有不同，但由于委托人（最终用户）与进口委托代理商的代理合同利益关系，进口委托代理操作就有了其特别的事务以及需要代理商对一些操作环节的不同控制，掌握一定的处理原则。本章将主要从其区别于一般进口的角度加以讲述。

<<<<<<<<<<<<<<<<<< **任** 务完成 <<<<<<<<<<<<<<<<<<<<<<<<<<<<<<<<<<<<<<<<<<<<<

（一）先导案例1解析

先导案例中海易公司与普华公司纠纷，属于典型的进口代理合同纠纷。根据案例，双方的进口代理合同关系已经形成，其中海易公司为被代理方，普华公司为代理方。现在纠纷的焦点就在于海易公司与普华公司的代理行为是否涉及融资垫款。如若涉及，则普华公司应当为海易公司垫资支付上述20%定金，该纠纷应为海易公司胜；若反之则应为普华公司胜。而这取决于双方所订立的进口代理协议。下面让我们来看一看它们之间的代理协议。

进口代理协议书
IMPORT SERVICE AGREEMENT

合约号码:

Contract No.: 2010211211

甲、乙双方本着平等互利、共同发展的原则，经友好协商，自愿签订本协议:

After friendly negotiations between the Parties and on the basis of mutual benefit and mutual development, Party A and Party B have reached the following agreement:

1. 协议开始日期: AGREEMENT INITIATION DATE:

本协议从 _____11月23日_____ ，2021开始生效。

This agreement enters into force on _____November 23rd_____ , 2021.

2. 协议方: PARTIES:

本协议涉及以下各方:

This agreement is made and entered by and between:

甲方: PARTY A: 海南海易商贸有限公司

公司: COMPANY: Hainan Hi Yeah Trading Company Limited

地址: ADDRESS: 海南省海口市流芳路10号（10 Liufang Road, Haikou City, Hainan Province）

国家: COUNTRY: 中华人民共和国（China）

电话: TEL: +0086-898-65915800

传真: FAX: +0086-898-65913200

电子邮件: E-MAIL: Hi Yeah@hotmail.com

AND 和

乙方: PARTY B: 广东普华国际贸易有限公司

公司: COMPANY: Puhua International Trade Co., Ltd. of Guangdong

地址: ADDRESS: 广东省广州市北京路220号（220 Beijing Road, Guangzhou City, Guangdong Province）

国家: COUNTRY: 中华人民共和国（China）

电话: TEL: +0086-20-87654321

传真: FAX: +0086-20-87654321

电子邮件: E-MAIL: Puhua@hotmail.com

一、甲方指定乙方为其在澳大利亚全权采购代理，采购甲方指定的"巨大拟滨蟹"。

The Party A appoints the Party B as its Exclusive Purchasing Agency in Australia, purchasing the "Pseudocarcinus gigas" as Part A refers.

二、甲方应在实际进口之前将进口详细计划告知乙方，并提供产品的品名、数量、重量、价格、产地，以便乙方及时开始准备工作，甲方应保证上述资料完整准确。

Before actual import, Party A shall provide Party B with its import plan in detail, indicating the name, prices, quantity, specifications, quality of goods and place of origin, so that Party B can start their preparation work. Party A shall ensure the accuracy of all these information.

三、甲方应积极配合乙方做好通关手续（随时提供海关所需资料），并提供必要协助。

Party A shall provide all the required documents at all times when required by the customs authorities and shall help Party B with customs clearance.

四、商品通关报检事宜由乙方负责处理，在通关过程中发生的费用，如仓费、法定商检费、查验费、保险费、运杂费等（以海关、商检、船务、运输公司开具的发票为准），由乙方负责结算。

Party B shall be responsible for the customs clearance and inspection of goods. The Miscellaneous Expenses incurred in the course of handling customs clearance for the imported goods, including but not limited to fees and expenses for commodity inspection, health quarantine, quarantine for animals and plants, transportation and incidental expenses, fees and expenses incurred in the port area, the port supervision authority, insurance fees and banks charges (Miscellaneous Fees) shall be borne by Party B.

五、乙方为甲方提供进口代理服务，仅涉及进口操作手续的办理，甲方需向乙方支付合同总价款的3%作为代理服务费。

Party B shall be provide import agent services for party A, only involve the import formalities. Party A shall pay party B 3% of the total contract price as agency fees.

六、乙方仅承担代理进口该商品的义务，其权利与义务受且仅受本代理协议约束。在代理过程中对于经甲方指示或确认而由乙方以自己名义代为签订的一系列形式合同，乙方不承担任何责任，而由甲方作为委托人承担。对于甲方与实际出口商等发生的一切争议，如产品质量、数量、规格、交货期等，乙方概不负责。

It is the Parties' understanding that Party B is an independent import agent of Party A. No employee of Party B shall be deemed to be an employee of Party A nothing contained in this Agreement shall be construed so as to create a partnership or joint venture； and neither Party hereto shall be liable for the debts or obligations of the other. Party B shall bear no liability for any contacts signed on behalf of Party A. Party B shall bear no liability for the disputes arising between Party A and the actual exporters of the goods with respect to the quality, quantity, specifications and delivery date of the goods.

七、违约责任LIABILITIES FOR BREACH。

如果本协议任一方未能履行本协议的全部或任一条款，或者以其他方式违反本协议，该方应向另一方承担未履行或违约而给对方造成的损失。所有未履行或违约而造成的间接或偶然损害或损失应排除在外。根据本协议和《中华人民共和国民法典》的规定，守约方对违约方的其他任何权利不受影响。

If either Party to this Agreement fails to fulfill all or any obligation (s) under this Agreement or commits any other breach of this Agreement, it shall be liable to the other Party for all direct losses or damages caused by such failure or breach. Any liability for indirect, consequential or incidental damages or losses caused by such failure or breach shall be excluded. Any other rights of the Party abiding the Agreement against the breaching Party under this Agreement and the PRC Civil Code shall not be affected.

八、不可抗力条款 FORCE MAJEURE。

因不可抗力造成无法履行或不能如期履行本协议时，根据不可抗力的实际影响，部分或全部免除未能履行协议一方的责任。

If an event of force majeure occurs, neither Party shall be responsible for any damage, increased costs or loss which the other Party may sustain by reason of such failure or delay of performance. The Party claiming force majeure shall take appropriate measures to minimize or remove the effect of force majeure and, within the shortest possible time, attempt to resume performance of the obligation (s) affected by the event of force majeure.

九、文字及效力 EFFECTIVENESS。

本协议经双方签字盖章后生效，有效期两年。本协议一式两份，双方各执一份，具有同等效力。

This Agreement shall be written in English and Chinese in two copies, each Party holds one copy. Both the English version and Chinese version are equally binding. This Agreement shall be valid for 2 years from the effective date upon signature of both parties.

十、适用法律 APPLICABLE LAW。

本协议适用中华人民共和国法律，若有其他未尽事宜，在双方友好协商未果时直接适用相关法律、法规的规定。

The formation of this Agreement, its validity, termination, interpretation, execution and the settlement of any dispute arising thereunder shall be governed by the law of the PRC. Other matters not mentioned herein shall be subject to relevant laws and regulations after friendly negotiation.

十一、争议的解决 DISPUTE SETTLEMENT。

有关本协议及其履行中发生的争议，双方应积极、友好地协商解决。如果在一方书面通知另一方该争议的存在后45天内协商不成的，应将该协议提交中国国际经济贸易仲裁委员会，依该会届时有效的仲裁规则进行仲裁。

All disputes arising from the execution of, or in connection with this Agreement shall be settled through friendly consultations between the Parties. If no settlement can be reached through consultation within forty five days after either Party has given written notice to the other Party of the existence of a dispute under this article, the dispute shall be submitted to arbitration with China International Economic and Trade Arbitration Commission (CIETAC) according to its arbitration rules in force at that point of time.

十二、附件MISCELLANEOUS。

由双方在合作过程中达成的其他协议，经双方确认签字后即成为本协议之不可分割部分，其效力及有效期与本协议相同。在中华人民共和国法律所许可的范围内，任何一方未行使或延迟行使其协议和附件项下的任何权利，不得视为对其权利的放弃。其行使单项权利或部分权利也不得排除对权利将来的行使。

Other agreements entered by 2 parts in the cooperation is the definite party of this agreement since both parts' signature and share the same validity, to the extent permitted by PRC law, failure or delay on the part of any Party hereto to exercise a right under this Agreement and the annexes hereto shall not operate as a waiver thereof, nor shall any single or partial exercise of a right preclude any future exercise thereof.

甲方Party A：海南海易商贸有限公司　　乙方Party B：广东普华国际贸易有限公司
签署日期Date：2021/11/23　　　　　　签署日期Date：2021/11/23
签署地点Address：中国·广州　　　　　签署地点Address：中国·广州
代表人Representative：陈易海　　　　　代表人Representative：黎普华
职务Title：总经理　　　　　　　　　　职务Title：总经理

1. 关于商品名称

我们生活中的商品一般都有若干个名称，即生活中所用商品名和"学名"（或"国际通用名"）。代理合同中的商品名称应采用学名。这是因为学名能够有效体现商品特性，以避免混淆。

本案例中的"巨大拟滨蟹"即是此种螃蟹的学名，"皇帝蟹"是其俗称。

2. 关于清关手续办理及费用承担

进口清关等手续一般应由代理方负责。但需要特别说明的是第三条中所提到的，报关时，需要被代理人协助提供海关所需资料。若因被代理人未及时提供或者提供资料有误，导致的推迟报关或者不准进口等风险则应由被代理人承担。

第四条中，清关过程的相关费用已明确由代理方承担。但"天下没有免费的午餐"，代理方也不可能自身亏损来协助你完成进口业务。其实，代理方已经将上述费用计入代理费用中一并收取。

3. 关于代理费用的约定

此处是解决海易与普华纠纷的关键。

该条款已经明确，普华公司作为海易公司的进口代理，仅涉及进口手续的办理。言外之意即为普华对海易无垫资义务。再者，合同中规定的代理服务费的费率，也仅为一般普通的代理服务费率，若是融资代理则该服务费，还应加上融资利息。

综上所述，由该案例中代理合同可知，普华公司作为海易公司的进口代理，仅提供进口操作手续的办理而不涉及融资等业务。因此海易无权要求普华为其垫资支付定金，普华公司的主张应得到支持。

（二）先导案例2解析

先导案例2属于进口委托代理中的退货情况。

本案中由于进口仪器与试剂不相匹配，致使A医院依约委托B公司办理退运事宜。而有关退税事宜虽然双方未在合同中达成一致，但是B公司在办理完退货事宜后，理应将办理出口退税的相关资料及时交付A医院，并善意提示其在有关期限内办理出口退税。现由于超过了办理出口退税的期限，而办理出口退税的相关资料仍然掌握在B公司，且B公司未能对此做出合理解释，故理应依约解释为B公司在办理退货事宜过程中，未能尽到办理退税这一附随义务，由此造成的损失理应由其承担。

（三）先导案例3解析

案例3中针对远期付款信用证业务项下的担保融资，代理商务必充分了解委托人的银行资信及经营状况，根据这些情况确定是否为其提供远期差额开证的条件。若无法准确了解委托人资信情况而又确须开立远期信用证时，一是可提高保证金的比例，减少融资额，当融资额降低到50%以下时，再结合对进口货物的物权质押就可大大减少代理商的风险；二是可采用双担保的做法，即在代理合同中要求委托人同时提供已在开证行有良好资信或有大宗经常性融资业务的第三方作为信用证差额的第二担保人。这样，若发生委托人到期不付，代理商就可要求第二担保人承担付款责任。即代理业务中若有代理商为委托人进行大宗贸易融资，除要求委托人担保之外再要求其提供更有效的第二担保。

另外，关于发生垫付时的银行利息，也应在代理合同中约定由委托人承担；关于发生垫付给代理商造成的信用损失，也可在代理合同中约定赔偿条款。

（四）先导案例4解析

先导案例4中，进口代理企业既未收到代理费，又面临着国外卖方违约金及国家外汇管理局的处罚。究其原因，主要包括：一是因为在其签订代理协议前未对委托商资信、行业情况进行有效的调查，贸然投入其中。二是不合理的代理费用支付方式。本案中代理费是在进口到货后三日内支付给代理商的，使代理商处于不利地位。三是支付方式的选取不当。既没有履约保函作为定金支付条件，也没有尾款凭验收证明支付，这样使其处于非常不利的境地。

综上所述，代理进口业务中合同关系复杂，代理商责任重大，这就不仅要求代理商具有较高的服务（执行进口合同的）能力，更要求代理商注重对委托人贯穿进口合同始终的资信考查，加上合同执行中的其他措施，以使自身的风险降到最低。

（五）先导案例5解析

上述案例中货运车造成的损失，货运代理是否也要负责呢？

有人认为，"货运代理仅为代理人，在租车前也征询了委托人的意见，货代的行为应视为代表货主行事，不应对处于承运人掌管期间的货物灭失负责"，也就是说在这个案例中赵孟頫那幅艺术品的损失不应该由霍云公司承担，应由租用的那辆车的车主承担责任。

然而，根据国际货运代理协会联合会（FIATA）关于货运代理谨慎责任之规定，货运代理应恪尽职守采取合理措施，否则需承担相应责任。

本案中造成货物灭失的原因与货运代理所选择的承运人有直接的关系。由于其未尽合理而谨慎职责，在把货物交给承运人掌管之前，甚至没有尽到最低限度的谨慎，检验承运人的证书，考察承运人的背景，致使货物灭失。因而他应对选择承运人的过失负责，承担由此给货主造成的货物灭失的责任。为此，霍云公司应当赔偿慧占公司的损失。

（六）先导案例6解析

上述案例中货运车造成的损失，货运代理是否也要负责呢？

该案例属于典型的国际货运保险代理纠纷。在实际国际贸易中，进口方为了减少麻烦，往往委托自己的货运代理方代买保险。这就构成了国际贸易中的另一种代理关系即保险代理关系。

在该案例中，普华公司是保险代理的委托人，霍云公司是保险代理的代理人。实务中一般双方除了货运代理合同外，不再另外签订保险代理合同。那么货运代理合同中通常要求以书面形式指示投保险别，如果进口商未明确指示投保何种险别，货运代理则有权按照习惯做法投保。

本案中作为货运代理的霍云公司已证明其遵循了保险业的习惯做法，这就很难认定货运代理有过失，而要求对此负责。因此最后法院对普华公司的诉讼请求不予支持。

知 识要点

一、我国有关代理的法律规定

改革开放以来，我国的外贸代理制经历了30多年的发展。1991年，原中华人民共和国对外贸易经济合作部以《关于对外贸易代理制的暂行规定》部门规章的形式确定了外贸代理的概念，并对外贸代理的适用范围，各方当事人的权利、义务，委托协议的作用及订立的原则、形式，争议解决办法等问题做了详细规定。

2016年修订的《中华人民共和国对外贸易法》以法律的形式确定了外贸代理对外签约的法律效力，明确了外贸代理的法律定位。

2021年颁布实施的《民法典》则为我国外贸业务实践中的间接代理提供了法律依据。在这种代理形式下，代理人在授权范围内以自己的名义为委托人办理进出口业务，并从中收取代理费。进出口合同的权利义务由代理人对外承担，代理人与委托人之间的权利义务由委托代理协议（代理进/出口合同）确定。

我国的外贸代理法律体系建设还在不断地探讨、进行中，但这并不影响我国外贸代理实际业务的发展。进出口代理业务的发展将为我国外贸代理法律体系的完善提供实践基础。

（一）代理的内涵

代理在法律上是指以他人的名义，在授权范围内进行对被代理人直接发生法律效力的法律行为。

（二）代理的特征

这里我们需要强调的是：

（1）代理行为有两个基本当事人，即代理人与被代理人，代理人一般应以被代理人的名义从事代理行为。

（2）被代理人要承担代理人行为的法律后果。

（3）代理人的代理行为必须在被代理人的授权范围内。

法律上代理的产生，有的是受他人委托，有的是由法律规定，有的是由有关部门指定。如在诉讼中，当事人聘请律师代理进行诉讼活动。

但有些情形不适合代理行为，如立遗嘱、结婚、生子等。

（三）代理的分类

依据产生的根据不同，代理分为：

（1）委托代理，又称意定代理，即代理人依照被代理人授权进行的代理，国际贸易中多数代理行为均属此类。

（2）法定代理，即根据法律直接规定而产生代理权的代理，如父母对未成年子女的代理。

（3）指定代理，即代理人依照有关机关的指定而进行的代理，如在民事诉讼中，当事人一方为无行为能力人而没有法定代理人，由法院另行指定代理人的代理。

上面讲的都是一般法律意义上的代理，国际贸易中的代理行为在《中华

微课：代理
的法律内涵

人民共和国对外贸易法》以及《民法典》中均有涉及。下面我们详细讲解一下国际贸易中的代理行为。

犹如上述案例所述，国际贸易中代理行为的开展，相当于国际贸易参与主体的增多，必然也意味着贸易成本的增加。

其实，在国际贸易中代理行为产生归结起来主要有以下几方面的原因：

（1）因没有资质而需代理。因为在我国从事国际贸易行为是需要相关资质的。一般贸易需要进出口经营权。虽然随着改革的深入目前进出口经营权的取得基本上不设门槛，仅需要备案即可，但这对于并非常年从事进出口业务的企业而言，也显得得不偿失。

微课：贸易代理产生的原因

另一些特殊贸易，还需要特别的审批或者许可，如许可证、配额等贸易形式。

上述情况下为了完成交易，没有进出口资格的实际进口人（最终用户）为了完成进口业务，以具有进出口资质的公司名义来实现进出口业务操作，并向其支付一定的费用。这种情况，对委托人来说不失为一种很好的选择。

当然，代理方在代理中也不是无利可图的，其在代理业务中向国内委托进口企业（单位）收取进口代理手续费。

中央外贸企业进口代理手续费标准如表8-1所示。

表8-1　中央外贸企业进口代理手续费标准表

成交合同金额/万美元	手续费率	备注
100以下（含100）	不超过2%	最低收费1 000元人民币
100~1 000（含1 000）	不超过1.5%	
1 000~5 000（含5 000）	不超过1%	
5 000以上	0.5% ~1%	

需要指出的是，上述标准仅适用于中央直属外贸企业。代理费的多少是市场行为，具体情况应根据代理难易程度、风险程度以及双方情形而定。

（2）因不专业而需代理。国际贸易中部分代理业务的发生是由于委托方初次从事或者对于某一项国际贸易业务操作并不熟练，为了避免麻烦与风险，委托方更倾向于聘任具有一定国际贸易操作技术的专业贸易公司来协助洽商和实施操作，并向其支付一定的费用。如工矿企业进行技术改造项目的机电设备进口业务。

（3）因没有渠道而需代理。进出口业务的发生是以一定的进出口渠道为依托的。在国际贸易中部分代理业务的发生是由于委托方自身不具备进出口的购买方、货源方的渠道，需要借助具有上述渠道的代理方完成进出口业务操作，并向其支付一定的费用。

如现在洋奶粉热销，某家公司在国内具备经销奶粉的资质，我也想进口洋奶粉，但苦于自身没有国外的进口渠道，所以选择代理。现在国内流行的"进口代购""跨境电商"很大一部分均属于此种情况。

（4）因没有资金而需代理。这种情况是有进出口资格的实际进口人（最终用户）以贸易融资为主要目的的国际贸易代理委托。这种情况多是经营或加工大宗原材料的进口商，由于业务本身需要银行的短期贸易融资支持，然而由于商业信用的原因，自己在银行的融资额度有限，不能满足业务需要。而大多经营良好的专业进出口公司具有良好的商业信用，在银行都有较大的综合授信额度，加之专业贸易公司的性质，接受委托，经营代理进口业务也是进出口公司利用优势发挥专长的业务经营方式。这类委托代理多为原辅材料进口业务。

二、进口委托代理业务操作的基本原则

代理进口业务的操作，由于涉及两个合同关系、三个贸易当事人的合作，同为进口商的代理业务操作与自营进口业务的操作有所不同，业务过程主要应遵循以下原则：

（1）业务操作中明确自己的代理地位，任何影响支付、交货等主要交易条件的变更，必须征得委托人的同意，切不可自作主张，即使是合理的建议、意见。具体联络过程宜以书面表达形式为准。

（2）机电设备代理进口业务中的政府批文及减免税证明的办理是委托人的责任，代理商不可大包大揽。进口批文、减免税证明是进口项目签订和履行的重要前提，它的取得关系重大。而机电设备进口项目政府批文申请的审核依据是用户单位的行业情况及进口设备的技术情况，政府是否准予和代理商无关，代理商不可承担此项责任。实际业务中一定要明确代理商只能协助委托人办理。

微课：代理行为的基本原则

（3）代理费与责任、风险成正比。一般而言，代理进口业务属于商业服务的范畴，代理商取得代理费的多少取决于其承担的责任大小或提供的服务质量的高低。但在含有贸易融资内容的代理进口业务中，代理商除提供正常服务外，还以自己的银行资信间接为委托人提供了融资，自身的风险大大增加，据此可向委托人提出较高的代理费要求。

（4）代理进口商品为成套机电设备时，应在代理合同中明确货物质量条款、技术培训等条件的商定由委托人负责。书面进口商务合同（或称主合同）的签订，由代理商作为进口方主签，将委托人作为最终用户在合同中写明并由其签字。对于合同的技术附件，代理商可不签或只做小签。

三、进口委托代理业务中代理商风险的防范

(一)进口业务中代理商风险产生的原因

普通代理业务中,从法律关系上讲,代理商是按照当事人的委托行事,所取得代理费收入也只是很小比例的服务报酬。故对于合同执行过程中产生的法律经济责任,理应由委托人承担,除非是代理人操作失误原因造成的损失。

但在进口代理操作实务中,代理商将会面对以下三大类风险:

一是违约风险。违约风险主要有两个:第一,委托人对卖方违约引起的风险;第二,因委托人违反代理合同带来的风险。

二是金融风险。进口代理业务中,由于存在代理商为委托人向银行短期融资的情况,一旦委托人无力偿还银行贷款,则代理商将面临银行的债务追索。在实际业务中就有这样的委托人利用代理融资,骗取代理方资金的行为。

三是政策风险。其指由于国家进口管理、外汇管理等政策的改变,使得原定交易不能正常进行,从而使进口代理商承担相应的经济或法律责任的风险。

(二)进口代理业务的风险防范

在完成进口委托代理业务时应做到:

1. 慎用融资工具

融资意味着代理商在承担一般进口风险的同时还要承担融资等金融风险。因此在进行进口代理业务时,谨慎选择并使用融资工具。

2. 对委托人进行资信调查

对于委托人的资信及企业经营状况进行充分了解,代理商应增加对进口项目可行性的考察。若考察后仍不能做到心中有数时,可在代理合同中要求委托人在履行进口合同对外付款时,同步提供第三方相应金额的履约担保。这样当发生委托人不能继续履行代理合同义务时,代理人可向担保人要求补救。

3. 关于代理费的支付

代理协议中关于代理费的支付,可以约定按对外合同支付或交货进程同步进行,如对外支付10%时,要求委托人同时支付代理商代理费的10%。这样就可避免由于委托人的原因导致合同中止时造成代理商不应有的损失。

4. 详细签订进口代理协议

进口代理协议是代理双方权利与义务正常履行的保证,也是纠纷解决的重要法律依据。因此,进口代理协议应详尽、确切地列明每一项条款,避免发生遗漏与歧义。

5. 委托期间委托方与代理方应保持畅通的联系

在进口合同开始执行后与委托人保持经常性的联系，如不定期到企业拜访等，从各方面去了解其经营、资金状况，及时发现项目执行中的问题。并适时地与卖方沟通、提出合同变更建议等。

这样做既可使对方有所准备，将发生意外情况时卖方的损失控制在最小，又有助于在风险发生及出现争议时得到卖方的理解。

6. 选择合适的支付方式

对于重大进口合同的货款支付方式，务必坚持以下原则：第一，以履约保函作为定金支付条件；第二，大部分货款以信用证方式支付；第三，尾款凭验收证明支付。这样既可以有效地防止委托人串通外方利用代理人逃汇，又可防范卖方不履约的风险，保证买方的基本合同利益。

四、代理与经销

在实际的进出口业务中，除了存在"代理"行为外，还存在一种与之非常相似的业务，称为"经销"。下面我们就来简单地比较一下两者的区别。

（一）经销

经销一般是指经销商与生产厂家或供货商达成协议，在规定的期限和地域内购销指定的商品。理解经销的定义重点在"购销"上。经销是"有购再有销"，经销商是用自己的钱买入货物，再加价销售出去的一种商业行为。在经销情形下，供货商和经销商之间是一种买卖关系。经销商的利润来源是购销商品过程中的差价。

微课：经销
与代理

例如，生活中大多数火车票代售点属于经销行为。因为代售点是自己垫资买入火车票，然后加价销售给客户。一般代售点在火车票票面金额外，每张票要加收5元手续费。这即是代售点的经销利润。

从法律关系上讲，供货商和经销商之间是本人对本人的关系，经销商是以自己的名义购进货物，在规定的区域内转售时，也是以自己的名义进行销售，货价涨落等经营风险要由经销商自己承担。

（二）代理

代理是指以他人的名义，在授权范围内进行对被代理人直接发生法律效力的法律行为。理解代理定义的重点在"以他人名义"，即代理商在代理行为中不是独立的当事人，其行为应视为被代理人的行为表示。代理商不用像经销商那样购销指定产品，他的利润来源是佣金。

例如，生活中大多数机票代售点属于代理行为。因为同一时间、同一航班、同一销售时刻，消费者从机票代售处购买的机票，与从航空公司官方渠道购买的机票价格是一样的。那么，机票代售点销售机票的利润来源在哪里呢？其利润来源是航空公司支付给代销点的机票佣金。

（三）经销与代理的区别

具体来说，代理与经销主要有以下几点区别：

（1）代理的双方是一种代理关系，而经销双方则是一种买卖关系。

（2）代理是以委托人即厂商的名义销售，签订销售合同，而经销商则是以自己的名义从事销售。

（3）代理商的收入是佣金，而经销商的收入则是商品买卖的差价收入。

（4）从法律关系上讲，代理行为即委托人行为，代理商与第三人之间在授权范围内发生的民事行为的法律后果归于委托人（供货商），而经销商与用户之间发生的民事行为的法律后果须由其自己承担。

由此我们可以看出，经销商和代理商的区别主要在有没有涉及商品所有权上。代理只是在买卖双方之间起到媒介作用，促成交易，从中赚取佣金。而经销是对所经营的商品有产权地独立经营。

五、国际货运中的代理行为

国际贸易中的代理行为，并不仅仅指进出口代理。国际货运作为货物运输环节，也是国际贸易的有机组成部分。而由于国际货运的专业性、渠道性和复杂性，国际贸易的交易双方往往难以自己直接驾驭，这就产生了一个新的代理种类"国际货运代理"。本节我们简单介绍一下国际货运代理中的当事人及其权利与义务。

（一）托运人

托运人是指在货物运输合同中，将货物托付承运人按照合同约定的时间运送到指定地点，并向承运人支付相应报酬的一方当事人。按照我国《海商法》第四十二条第三项的规定，"托运人"是指本人或者委托他人以本人名义或者委托他人为本人与承运人订立海上货物运输合同的人；本人或者委托他人以本人名义或者委托他人为本人将货物交给与海上货物运输合同有关的承运人的人。请注意这里实际交付货物的人，可能是货主也可能是货代；上述案例中的霍云公司即属此列。

（二）货代

货代即货主的代理人。从字面来看是货运代理的简称。从工作内容来看是接受客户的委托完成货物运输的某一个环节或与此有关的环节，涉及这方面的工作都可以直接或间接地找货代来完成，以节省资本。根据不同货物也有海外代理。货运代理是指在流通领域专门为货物运输需求者和运力供给者提供各种运输服务业务的总称。它们面向全社会服务，是货主和运力供给者之间的桥梁和纽带。

货运代理，英文为 Freight Forwarding，是货主与承运人之间的中间人、经纪人和运输组织者。在中国，国际货运代理是指一种新兴的产业，是处于国际贸易和国际货物运输之间的"共生产业"或"边缘产业"。

根据国际货运代理协会联合会（FIATA）的规定，国际货运代理是根据客户的指示，并为客户的利益而揽取运输的人，其本身并不是承运人。国际货运代理的服务范围包括：国外提货，国外报关，订舱，包装，国内清关，国内仓储，国内派送等。

进口业务中货代的主要职责有：

（1）报告货物动态。

（2）接收和审核所有与运输有关的单据。

（3）提货和付运费。

（4）安排报关和付税及其他费用。

（5）安排运输过程中的存仓。

（6）向收货人交付已结关的货物。

（7）协助收货人储存或分拨货物等。

作为多式联运经营人，它收取货物并签发多式联运提单，承担承运人的风险责任，对货主提供运输服务。在发达国家，由于货运代理发挥运输组织者的作用较大，故有不少货运代理主要从事国际多式联运业务，而在发展中国家，由于交通基础设施较差，有关法规不健全以及货运代理的素质普遍不高，国际货运代理的素质普遍不高，国际货运代理在作为多式联运经营人方面发挥的作用较小。

其他服务，如根据客户的特殊需要进行监装、监卸、货物混装和集装箱拼装拆箱运输咨询服务等。

（三）船代

船代即船方代理人或船公司的代理人。船代一般分为船务代理和订舱代理。这里的船务不是大家一般认为的贸易公司的订舱、报关等相关的船务工作，而是船的安排、停泊等相关事宜。

代理与船舶有关业务的单位，其工作范围有办理引水、检疫、拖轮、停泊、装卸货、物料、证件等。船代负责船舶业务，办理船舶进出口手续，协调船方和港口各部门，以保证装卸货顺利进行，另外完成船方的委托事项，如更换船员，物料、伙食补给，船舶航修等。有时船方也会委托船代代签提单。

需要指出的是，货代与船代有时就是一家公司，其在某项业务中，具体扮演什么角色，要依据其在具体业务中的职能而定。

（四）货代与船代的主要区别

（1）货代是货运代理人，不是船公司实际承运人。

（2）货代与物流（第三方）、货运公司本质上是一样的。

（3）货代又不同于船代，船代可以代表船公司处理有关订舱、签单、改单、放箱等工作。

<<<<<<<<<<< 能 **力训练** <<<<<<<<<<<<<<<<<<<<<<<<<<<<<<<<<<<<<

浙江华美有限公司与意大利友宁机械制造股份公司（Union Officine Meccaniche Spa.）经多次技术交流、商谈后，2021年8月10日达成了有机包装材料生产设备（名称及型号为：Organic Template Facility—1100T）进口协议。浙江华美有限公司委托浙江金苑进出口有限公司作为此项目的进口代理商。双方拟定进口代理合同如下：

代理进口合同

合同号：HM080234

甲方：浙江华美有限公司　　　　　　　乙方：浙江金苑进出口有限公司
地址：中国杭州市延安路179号　　　　　地址：杭州市学源街118号

经甲、乙双方友好协商，达成如下协议：

一、总则

甲方委托乙方作为进口有机包装材料生产设备 Organic Template Facility—1100T的甲方代理人。进口货物计划进度严格按照外贸合同进度执行。

二、进口货物货款支付时间及结算方式

1. 甲方应在对外开立信用证前七日内，将合同金额80%（EUR）及时转入乙方指定的银行账户，乙方根据对外合同条款向外方开立不可撤销的不可转让即期信用证。

2. 甲方在签署最终用户系统设备初验证明后七个工作日内，应将合同金额的20%（EUR）的初验款按电汇当日汇率折成人民币转入受托人指定的银行账户，由受托人根据对外合同条款对外电汇付款。

三、代理费

1. 计算方法和数额：

1 328 000.00欧元 × 当天牌价汇率 × 0.5%＝进口代理费

2. 支付时间：全部货物到达杭州并收到受托人通知后7个工作日内。

3. 结算方式：转账支票。

四、双方的权利和义务

1. 甲方的权利义务

（1）甲方有权决定供应商的选择、设备选型、技术选型及定价，有权在进口合同上附签。

（2）甲方对所进口的货物享有完全物权，享有因进口货物产生的任何权利。

（3）负责办妥项目建议书、可行性报告、扩初设计等审批手续，并向乙方提供有关正式批准文件。

（4）组织引进小组参与谈判前期的准备工作，作为技术、商务谈判的发起人，负责起草有关技术附件。

（5）负责支付进口过程由甲方承担的费用（包括货款、代理费、银行手续费、海关关税、增值税、商检费等）。

（6）负责对供应商所提供设备的安装、调试的督促以及验收事宜。

2. 乙方的权利义务

（1）负责协助甲方进行供应商的选择及询价。

（2）参与商务谈判。

（3）协助甲方起草进口合同并在进口合同上主签。

（4）负责并协助办理各种对外申请审批手续（办理运输、开证、审单、减免税、付汇、报关、清关、提货等手续）。

（5）承办设备（技术）引进合同执行中的对外联系工作，协助设备的安装、调试、验收。

（6）保证在正常情况下于收到到货通知后7个工作日内办理完清关手续，并协助将货物送至甲方指定地点。

（7）设备到货后，如果出现货物短缺和损坏，乙方应及时办理商检手续并负责办理货物的复进口报关手续。有关商检结果报告在10个工作日做出，并负责对外索赔和退运手续。

（8）未经甲方同意，乙方不得将代理合同转由他人代理或转执行。若乙方未守约，甲方有权解除合同，并要求赔偿损失。

五、乙方的保密责任

合同执行中或执行完毕，乙方保证不经委托人事先同意，不向任何第三方泄露与合同有关的任何情况。

六、违约责任

1. 在开证、审单、报关、纳税、索赔等环节由于乙方过错而产生的损失，责任由乙方承担，并应赔偿甲方因此产生的损失。

2. 因乙方原因未及时清关而产生的滞报金应由乙方承担外，乙方还应赔偿甲方由此产生的损失，每延误一个工作日应承担相当于进口合同总价0.1%的违约金；延误超过30日，甲方有权解除合同，并要求乙方按进口合同总价5%支付违约金。

3. 乙方在及时收到甲方的进口货物的货款后未按进口合同规定支付给供应商，出此产生的法律后果由乙方承担。

4. 甲方未按合同规定支付所委托事项的费用，则每逾期一天应按中国人民银行同期贷款利率对逾期付款金额部分支付违约金。

5. 甲方所提供的减免税手续的材料应真实、完整，并在减免税许可范围内使用进口货物，否则，由此产生的法律后果由甲方承担。

6. 乙方应按照国家有关法律规定办理进口有关手续，不得采用非法手段偷逃关税及其他税费，否则由此产生的法律后果由乙方自行承担。

七、争议的解决

凡因履行本合同所产生的争议，双方应友好协商解决，若协商不成，双方则应提交杭州市仲裁委员会仲裁。

八、本合同未尽事宜，双方另行协商

九、本合同自双方签字之日起生效，合同一式三份，甲方执二份，乙方执一份

甲方（盖章）：浙江华美有限公司　　　　乙方（盖章）：浙江金苑进出口有限公司
代表（签字）：　　陈华美　　　　　　　代表（签字）：　　李　立
　　　　2021年8月10日　　　　　　　　　　　2021年8月10日

浙江金苑进出口有限公司外贸业务员王敏需根据以下与意大利友宁机械制造股份公司达成的主要协议内容填制进口合同：

（1）商品：有机包装材料生产设备一套，原产地意大利。

（2）单价：CIF杭州，1 328 000.00欧元。

（3）交货：交货期为买方开出信用证后3个月内，从意大利空运港口运到杭州萧山机场，不允许转运和分批装运。

在合同货物备妥待运前不迟于3天，卖方应以传真或电传通知买方以下内容：①合同号；②货物备妥待运日期；③货物大约总体积以及单件体积；④货物大约总毛重以及单件毛重；⑤总包装件数；⑥装运港口；⑦任何重量超过2吨或体积超过1米×1米×2米的货物的总重量和总尺寸。

卖方应在合同设备装运后2小时内通过航空特快专递将每批货物的整套交货文件（货物价值100%的正本清关发票、装箱单各一式三份）分别寄给买方和用户，以便买方清关。如果卖方未按合同要求制作单据，致使买方无法按时清关，所造成的一切额外费用由卖方承担。

（4）付款：买方在装运前两周并收到预发货通知后，开立合同总额80%的不可撤销不可转让即期信用证，在全部设备到达杭州萧山机场后，买卖双方两周内凭下列单据议付：

① 全套正本空运提单，注明"运费预付"、合同号、交货号、唛头，空白背书，以便至目的港时通知买方和最终用户。

② 以中文英文开具的商业发票4套正本，标明合同号、唛头，详细注明货物的品名、型号、数量、单价及总价。

③ 装箱单4份正本，3份副本，列明货物品名型号、数量，并与发票一致。

④ 卖方出具的质量与数量证明书，3份正本，3份副本。

⑤ 投保以最终用户为受益人相当于发票价值110%的一切险与战争险的保险单，1份正本，2套副本。

⑥ 卖方出具的原产地证明书，2份正本，3份副本。

⑦ 货物装运后24小时内，卖方发给买方一封通知装运细节的电报或传真。

⑧ 由卖方和最终用户签署的全部设备签收清单，1份正本，2份副本。

买方在本合同系统开通正常运行，并收到以下合格单据后的14个工作日内，以T/T方式向卖方支付合同金额20%的终验款。

① 最终用户和卖方签发的合同系统终验证书，2份正本。

② 等值的形式发票，3份正本。

③ 由卖方银行出具的作为卖方履约保证的不可撤销保函，该保函以最终用户为受益人，金额为合同总价15%，从终验后算起为期12个月的保函，1份正本，1份副本。

（5）保险：卖方应负责对合同设备和技术资料按发票全额110%投保一切险和战争险，保险受益人为最终用户。

（6）安装和质量保证：卖方负责到设备的现场安装指导和运行调试，负责对买方操作人员的技术培训，设备质量保证期为一年。

CONTRACT

THE BUYER:	Zhejiang Jinyuan Import and Export Co., Ltd.
	118 Xueyuan Street, Hangzhou, China
	Tel：0086-571-86739177
	Fax：0086-571-86739178
THE SELLER:	Union Officine Meccaniche Spa.
	Via 1 Maggio 12/14 S.Vittore Olona (MI) Italy
	Tel：0039-331-5193-00
	Fax：0039-331-183-70
THE END-USER:	Zhejiang Huamei Co., Ltd.
	No. 179 Yan'an Road, Hangzhou, China
	Tel：0086-571-85676688
	Fax：0086-571-85676699

Sales Contract No.：ZJHM08013   Sales Contract Date：Aug. 10, 2021

Referring to our negotiations we hereby confirm our Contract on basis of our General Business Conditions.

Commodity：

Quantity：

Price：

Delivery：

Payment：

Insurance：

Erection and Quality Warranty：

Other terms：   Omitted.

Signed by：

THE BUYER：   Zhejiang Jinyuan Import and Export Co., Ltd.

                              李 立

THE SELLER：   Union Officine Meccaniche Spa.

                              T.TONA

THE END-USER：   Zhejiang Huamei Co. Ltd.

                              陈华美

参考文献 <<<<<<<<<<<<<

1. 黎孝先，王健.国际贸易实务［M］.7版.北京：对外经济贸易大学出版社，2021.

2. 孙丽萍.进出口报关实务［M］.北京：中国商务出版社，2021.

3. 章安平.进出口业务操作［M］.3版.北京：高等教育出版社，2019.

4. 许正环.进出口业务操作［M］.武汉：武汉理工大学出版社，2017.

5.《进出口税则对照使用手册》编写组.进出口税则对照使用手册（2022）［M］.北京：中国海关出版社有限公司，2022.

6. 张彦欣.进出口业务操作实务［M］.北京：中国纺织出版社，2019.

7. 陈广，符兴新.国际贸易制单实务［M］.3版.北京：中国经济出版社，2015.

8. 杨敏.葡萄酒的基础知识与品鉴［M］.北京：清华大学出版社，2013.

郑重声明

防伪查询说明

用户购书后刮开封底防伪涂层，利用手机微信等软件扫描二维码，会跳转至防伪查询网页，获得所购图书详细信息。用户也可将防伪二维码下的20位密码按从左到右、从上到下的顺序发送短信至106695881280，免费查询所购图书真伪。

反盗版短信举报

编辑短信"JB，图书名称，出版社，购买地点"发送至10669588128

防伪客服电话

（010）58582300

资源服务提示

欢迎访问职业教育数字化学习中心——"智慧职教"（http://www.icve.com.cn），以前未在本网站注册的用户，请先注册。用户登录后，在首页或"MOOC学院"频道搜索本书对应课程"国际贸易理论与实务"进行在线学习。

授课老师如需获得本书配套教辅资源，请登录"高等教育出版社产品信息检索系统"（http://xuanshu.hep.com.cn/）搜索本书并下载资源。首次使用本系统的用户，请先注册并进行教师资格认证。

也可电邮至资源服务支持邮箱：songchen@hep.com.cn，申请获得相关资源。

高教社高职国贸QQ群：188542748